JN281163

PUBLIC HEROES, PRIVATE FELONS
by Jeff Benedict

Copyright © 1997 by Jeff Benedict
Japanese translation published by arrangement
with Northeastern University Press
through The English Agency (Japan) Ltd.

はじめに

一九八六年から一九九六年の間に、四二五人以上のプロスポーツ選手と大学スポーツ選手が、女性に対して暴力犯罪を犯したと報道された。一九九五年と一九九六年だけを見ても、一九九人もの選手が女性に危害を加えたか、あるいは性暴力をふるったという容疑をかけられている。裁判で有罪となった者は少なく、ましてや刑務所入りした者はもっと少ない。今日の社会では、人気スポーツ選手は理想の男性モデルだと見られているが、その理想のモデルが、妻や恋人の虐待、強姦、輪姦などの暴力犯罪を犯しても、その責任を問われないのが日常茶飯事のこととなっている。そのため、スポーツ選手の違法行為が日に日に悪化しているのを、一般の人々は真剣に受け止めようとしていない。

すべての事実関係をこの本では明らかにしたいので、私自身の背景についても読者に知らせておきたい。私は、一九九二年から一九九六年まで、「社会におけるスポーツ研究センター」という団体で働いていた。この団体は、スポーツ選手を理想のモデルとしてプロモートする、アメリカを代表する団体である。これは、組織立てて運営されるスポーツが本来の意義をまっとうできるように助力することを目的とした団体であったが、事実上、NBAやNFL、それにNCAAの体育学部から受ける財政的、政治的援助に頼った存在であった。当時、女性に対する暴行の加害者として、スポーツ選手がそうでない人に比べて数倍多く告発されている、という声が多く聞かれるようになっていた。その時私は、研究センターのリサーチ部門長だったので、その声に反論できるようなデータを集めるという仕事があった。具体的には、アメリカ中の大都市新聞に目を通して、強姦や、妻・恋人に対する暴力の容疑をかけられたスポーツ選手についての記事を集めていた。

このリサーチに基づいて研究センターは、次のように指摘した。強姦事件や妻・恋人の虐待事件は毎年全米で何千と起きている。その中で、スポーツ選手の事件はほんの一握りなのに、その一握りの事件が大々的に報道されるために、スポーツ選手が誤解されるようになったのだ、と。これは、スポーツ業界の弁明と全く同じだった。また研究センターは、今の社会で若者の最良のモデルとなっているのはスポーツ選手だと売り込んでいたが、それに対する批評家たちの攻撃をかわすのにも、この弁明が好都合だった。

それでも、有名スポーツ選手が次から次へと逮捕されていく現実を受けてさまざまな憶測がなされ、憶測だけではらちがあかないということで、研究センターはあるリサーチ・プロジェクトを始めた。それは、大学スポーツ選手が女性に性暴力をふるったり恋人を虐待したりしている現状を調べるものだったが、対象としたスポーツ選手は、ＮＣＡＡ所属の大学で全米上位二十位以内を常に保っているバスケットボールチームとフットボールチームでプレイしている者とした。研究センターは大学の体育学部に信頼されていたこともあって、計十校が調査に協力するという前代未聞の体制が整った。選手の名前は明かさないという約束で、学内で司法処理された事件の記録を調べる許可をもらった。この調査の結果わかったことは、一九九一年から一九九三年までの間にこの十校で報告された性暴力の訴えは六十九件あり、そのうち二十パーセントは男性スポーツ選手が加害者のケースだった、ということだった。男性スポーツ選手は全生徒の三パーセントを占めるだけだという事実と合わせると、これは非常に高い割合だと言わざるをえない。またこれらの事件は、警察や報道機関には報告されていないものがほとんどなので、この数値の示唆するものは大きいとも言える。

この調査の結果は、研究センターの熱心な支持者たち――つまり、体育学部長、コーチ、そして選手の面々――の反感を買うことが確実だったので、センターは結果を出版することを差し控えた。その代わりに、私と一緒に調査にあたったトッド・クロセット博士と私が、センターとは独立して、この結果をある研究雑誌に二つの論文として発表した。更に、私はこれをきっかけに、スポーツ選手が女性に対して犯す犯罪について、もっと総合的な調査を始めた。私は立場上、学者や社会問題に取り組むジャーナリストたちが答えを見つけることのできなかった問題にまでメスを入れることができたと思っている。

私は、これまでに報告された性暴力事件と妻・恋人の虐待事件で、スポーツ選手が加害者とされたケースを何百件と調べた後、更に詳しい分析をするために、約二十五のケースを取り上げることにした。ケースの多様性を期すために、加害者と被害者の関係、暴力の度合い、そして裁判の結果、という三点でさまざまに違うケースを選んだ。これらのケースを詳しく追跡することで、私は次の三点を理解しようとした。一．スポーツ選手が女性に対する暴力で訴えられるケースが多いが、その要因は何か。二．これらの訴えは、裁判に持ち込まれるとどうなるのか。三．スポーツ業界は、このような訴えにどのように対応しているのか。

私は、実際に事件に関与した人々の話を聞くことを、この調査の主な手法とし、合計三〇〇以上のインタビューを行った。相手は、プロスポーツ選手と大学スポーツ選手（主に起訴された者とそのチームメイト）、性暴力や家庭内暴力の被害に遭った女性、刑事犯罪訴追検事、被告側弁護士、原告側弁護士、判事、陪審員、証人、警察官、被害者擁護団体の職員、医療関係者、強姦被害者のためのカウンセラー、スポーツチームのコーチとエージェント、それに、チームや連盟の役員であった。インタビューの大半は録音した。インタビューはされたくないという人も大勢いて、その人達とは、短く言葉を交わしたり、手紙でやりとりしたりした。また、刑事訴訟と民事訴訟の記録や、公的機関の管轄している記録、報道記事なども何千ページと読んだ。

一九九五年一一月、この本をまだ完成させる前だったが、私はCBS放送の「四十八時間」というニュース番組に出演した。その時、ネブラスカ大学のフットボール選手が刑事犯罪容疑で次々と検挙されていたので、それについてコメントをするためだった。そこで私は、スポーツ選手が理想のモデルとされているため、彼らに強姦されたと訴える女性には様々な障害物が待っているのだと述べた。これを受けてただちに、研究センター所長のリチャード・ラプチックは、私に、研究部門長職を辞職するか、部長職に残りたいなら今後公にスポーツ選手を批判することはしないという正式な同意書にサインしろ、と迫った。プラチックは、私の批判的立場が研究センターの使命に反することを憂いていたのだが、それ以上に、私がネブラスカ大学を批判することで、大学のフットボールコーチ、トム・オズボーンと研究センターとの関係にひびがはいることを恐れていたのだった。なんといってもオズボーンは、センターの有力顧問だったからだ。

ラプチックはオズボーンに、私の結論はいい加減なリサーチから出てきたものだと吹き込み、彼に都合のいい統計を提供した。オズボーンはその統計を用いて、自分のフットボールプログラムのバラ色のイメージを擁護した。オズボーンが一九九六年に出版した本、『ゆるぎない基盤の上で』*On Solid Ground*の一節で、オズボーンは次のように書いている。「社会におけるスポーツ研究センター所長のリチャード・ラプチックは、ベネディクトが『リサーチ』と称して導いた結論に反発している。ラプチックが言うには、ベネディクトの結論はたった六十九のケースに基づいて出されたもので、しかもアルコールの関与という鍵となる要因を全く勘定に入れていなかった、ということだ」これはラプチックの巧妙な言い口だった。彼は当時私の雇用主だったので、私が「四十八時間」で述べたことは、一つの研究調査のみに基づいたのではなく、いろいろな手法を用いた研究調査に基づいていたことを彼は知っていたのだ。そのうちの一つの研究は、スポーツ選手に強姦されたという事件を一つ一つ別個に分析したもので、そこにはたまたま、ネブラスカ大学フットボールチームのクリスチャン・ピーターを加害者とする警察の報告三件も含まれていた。

スポーツ選手の女性に対する暴力事件で、アルコールがどう影響しているかについては、麻薬やステロイド剤と同様にアルコールも暴力に付随するものとして私も分類するケースはある。しかし私は、女性に対する暴力行為をアルコールや麻薬などの濫用のせいにする、というスポーツ業界の風潮に迎合するものではない。もとよりこの本の目的は、麻薬やアルコールなどの濫用が暴力行為や虐待行為をエスカレートさせることがある、という衆知の事実を今更強調することではないのである。それより、私が焦点としたのは、今までにあまり調べられることのなかった、暴力行為の環境的要因である。つまり、人気スポーツ選手の特殊なライフスタイルが、女性に対する虐待行為を触発するのだ、という側面にメスを入れたのである。

スポーツ選手は、そうでない者に比べて女性に暴行を加えることが多いか否かという議論は不毛である。その不毛な議論の下に埋もれている、もっと長期的に重要な点に、我々は目を向けなければならない。それは、理想の男性モデルと若い世代に仰がれている男たちには、女性を根本的に蔑視している者が非常に多いという事実だ。性的嫌がらせや、殴打、強姦、といったスポーツ選手の女性に対する犯罪が増えているが、その大元には、女性は自分たちの性的自己満足のための獲物でしかないとする彼らの女性観がある。残念なことに、指導的立場にいる男性で、女性に対するこういった暴力を非難する勇気のある者は少ない。スポーツ選手を怒らせたり、組織内で保っている自分の地位を失ったりするのが怖くて、本来ならば良心的なこれらの男性たちは、アメリカで一番人気の暴力犯罪者や強姦者に立ち向かうことができないでいるのだ。

スポーツ・ヒーローと性犯罪――目次

はじめに　1

序章　11

1章　強靱な肉体の脆弱な男たち　21
集団レイプの横行　22／もみ消し工作　23／男らしさを試される　26
チームメンバーとしての連帯意識　32／曖昧な結末　39

2章　女たちは敵か　51
競技場外での暴力　52／女性へのコントロール願望　54
女性虐待性向の増長　65

3章　お手軽な獲物　73
スターを追う女性たち　74／ユニークな特典　77
危険と隣合わせのスリル　87／予期せぬ暴力　90
信用されない訴え　96

4章　越権行為　101
名声と社会的責任の免除　103／誘惑の多いライフスタイル　108
自己顕示欲の暴走　116／自制心のないスターたち　123

5章　いわれのない偏見　127
有罪への遠い道のり　128／法律はすべての人を平等に守る　130／ウェッブ事件　134
問題行動の暴露と隠蔽　140／NOと言える権利　143／有罪答弁　148
偏見への果敢な挑戦　156

6章　ミス・ネブラスカがアメリカ代表選手を告訴するまで　161
罪を免れるスター選手たち　162／ミス・ネブラスカの訴え　168
ストリッパーの訴え　180／対照的な審判　184

7章　仮面の裏　189
栄誉の裏の暴挙　191／ステップ1　証拠を集める　198
ステップ2　法の番人と渡り合う　201／ステップ3　チームとしての処分を決める　208
ステップ4　人々を納得させる　212／常習犯を生むサポートシステム　220

8章　正義の代償　225
マイク・タイソンによる強姦事件　227／被害者への人格攻撃　236
再審請求却下　242／世論の逆転　248

9章　セックスで感染する病気　253
ウイルスの容赦ない攻撃　255／レイプによる性病感染　263
道徳観念の頽廃　270／性病感染の温床　278

10章　背信とドメスティック・バイオレンス　283

困難な結婚生活　285／妻への残酷な仕打ち　290
夫を告発しない妻　295／乱れた性生活と妻への暴力　304

11章　流血を止めるには　311
スポーツ・ヒーローは何をしても許されるのか　312／三つの提案　322

訳者あとがき　333

序章

O・J・シンプソンが、ギャング間抗争に見られるような無差別、非常識、そして残忍な殺人事件で告発されたのは記憶に新しい。この事件の起こる数十年前、シンプソン少年は一歩間違えば、犯罪人になるかならないかのところにいたのである。サンフランシスコの低所得者用住宅で、父親はなく、暴力や脅しに頼って育っていたシンプソンの人生が一変したのは、ある日、野球界の伝説的名選手ウィリー・メイズの訪問を受けたのがきっかけだった。

ウィリーがシンプソンに特別な興味を示したので、高校のフットボール関係者は、このチャンスを逃がす手はないと直感した。なんとかシンプソンに、非行とギャング活動から足を洗わせ、まともな人生を送る唯一のチャンスをつかみ取らせたいと思ったのだ。そうでなければ、シンプソンの将来はドンづまりだった。大都市に住む貧しい少年たちの多くが同じ境遇だったといってもいい。シンプソンの人並はずれた運動神経を生かせば、もっとましな人生への切符を手に入れることができるはずだった。

ウィリー・メイズに啓発されて、シンプソンはスポーツ選手の栄光への道を歩み始めた。フットボール選手として奨学金を得、南カリファオルニア大学を卒業したあと、プロフットボールの伝説的名選手として、メイズと同じような名声を手にした。それと同時にシンプソンの公的イメージも変わった。ワルの少年期とは裏腹に、シンプソンは一九七〇年、八〇年代を通じて、企業イメージを大切にする商品広告に使われるスポーツ選手として、最も顔の売れた存在となったといってもいい(1)。

一方で、一九八〇年代、シンプソンは妻への暴行を繰り返し、何回も警察のご厄介になっていた。一九八九年、シンプソンはロサンゼルスの自宅で妻を殴打した罪で、とうとう逮捕され有罪となった。しかし、シンプソンは、トレードマークの笑顔と人なつっこさを武器に、一回限りの夫婦ゲンカが大袈裟に扱われただけだとこの事件を一笑に付した。ところが、その五年後、すでにシンプソンと別れていた同じ女性と彼女の男友達がめった切りにされて血の海に横たわっているのが発見された。シンプソンは再び逮捕され、人気スポーツ選手が女性を虐待する事件が増えているのは、暴力的、攻撃的なスポーツを職業としているからではないかとする人々が、まず例に挙げる人物となってしまった。

シンプソンが二人の殺害事件から無罪放免となってから三か月とたたない、九六年のスーパーボウルのほんの数日前、アメリカ議会はＮＦＬに対して「たび重なる女性への残忍な暴行事件にプロのフットボール選手が関わっている」ことに対して何らかの処置を講ずるように申し入れた。九六年一月二四日付けの手紙で、バーモント州選出の議員バーナード・サンダースは、ＮＦＬの理事ポール・タグリアビューに次のように通達した。「我々アメリカ議会は、家庭内での女性への暴力に歯止めをかけるため、多方面に方策を講ずるにあたって、ＮＦＬが議会とともに尽力するよう、強く要請するものであります。そのような方策として、カウンセリングや、必要とあらば厳しい懲戒処分、家庭内での女性への暴力は間違っていると教える教育や広告キャンペーンを大々的に行うこと、などが考えられます」。以下は、この手紙からの抜粋である。

ＮＦＬの選手が、今現在と将来、家庭内で女性に暴力をふるうのに歯止めをかけるべく、ＮＦＬこそが先頭に立って尽力すべきときがきたと我々は信じています。（中略）プロレベルと大学レベルのフットボール選手が家庭内でよく女性に暴力をふるうのは、スポーツの問題か社会の問

題かと長い間議論されてきていますが、それは全く無意味で結論の出るはずもない議論でありま
す。明らかに、これは両方の問題であります。スポーツ選手はそうでない普通の人と比べて女性
に暴力をふるう割合が高い、といかに細かいデータを出せたとしても、そのような数値を待つま
でもなく、これまで繰り返されてきたフットボール選手の関わる残忍な事件を顧みれば、民間の
努力と立法措置とが足並みをそろえてこの問題に取り組まなければならないことは明らかなはず
です。

プロレベルと大学レベルのスターフットボール選手が、理想のモデルとして社会に与える影響がいかに大きいかを貴殿はもとよりご承知のことでしょう。多くの男性は自分をNFLの選手になぞらえて見ているのです。そのヒーローや理想のモデルが、家庭で女性に暴力をふるっても、法廷ではお目玉を食らう程度、NFLからは何の処分も受けないとなると、それはアメリカ国民の多くに欺瞞に満ちた有害なメッセージを送っていることになります。遺憾なことに、現在送られているメッセージは、家庭内で女性に暴力をふるうのは大したことではない、弁解の余地のない深刻な犯罪であるのに、そうではない、というものです。

最後にNFLのコミュニケーション局長グレッグ・アイエロの公的発言にも遺憾の意を表します。彼は選手が家庭内で女性に暴力をふるっても、それがフットボールプレーの領域に影響を及ぼさない限り、NFLとしては選手の懲戒処分を避けるべきだと発言しました。選手に正式な容疑がかけられていても、です。そしてその理由として、NFLが告訴される可能性を挙げていました。これは選手が家庭で女性に暴力をふるうのに、NFLが目をつむり続けるのを正当化する

近視眼的な理屈だとしか思えません。
プロとしてフットボールができるという特権を持つ男性たちが、社会の理想のモデルとしての責任を果たす意味で、女性への暴力を深刻な犯罪として公に非難し、その罪科を自ら逃れることのないように指導することを、貴殿の最重要課題として取り組まれるよう、切に訴えるものであります。

この手紙を受けて、NFLのコミュニケーション及び行政部門の副代表、ジョー・ブラウンは九六年四月一九日付けの手紙で、NFLの選手が女性に暴力をはたらくという問題は存在しないと述べ、存在するというならば、それは人種差別に基づくものだと主張して、サンダース議員を窮地に陥れた。「スポーツ選手を特に取り上げるのは、社会にはびこる、特定の民族や人種に対する先入観や紋切り型な態度をますます助長することになり、人種差別撤回などに取り組む努力を阻むことになります」とブラウンは書いた。

さらにスポーツ選手にはとりわけ女性に暴力を加える性向がある、という根も歯もない汚名を着せられるのは、不当であります。（中略）この問題に関してスポーツ選手のみに絞って出された結論は（その意味では、明白な根拠もなく矢面に立たされる他のどんなグループのみに絞って出された結論に関しても）、非常に不適切で差別だと非難されても仕方ないものであります(2)。

人気スポーツ選手が暴行容疑で逮捕される事件が相次ぐ中で、問題を理解し是正するのに、人種という要素が最も深刻な障害となっている。ドル箱となっているスポーツ選手は圧倒的にアフリカ系アメリカ人が多いからだ。九四年には、NBAの選手の八十二パーセントとNFLの選手の七十パーセントがアフリカ系アメリカ人であった。したがって、女性に対する犯罪で告発されたバスケットボール選手の大多数もまたアフリカ系アメリカ人である。もちろん、法を遵守する選手の大多数もアフリカ系アメリカ人であることを忘れてはならない。

いずれにせよ、大学レベルとプロレベルのスポーツが、アメリカでは脚光を浴びる存在であることと、アフリカ系選手が圧倒的に多いことが組合わさって、人種を即犯罪に結び付けようという歪曲した考えがはびこるようになっている。その結果、スポーツ選手が犯罪で告発されたときには、人種という要素ばかりが過度に強調されるようになってしまっている。

スポーツ選手の加害者が圧倒的にアフリカ系なのは、アフリカ系という人種だからというわけではない。それより、社会的に準備のできていない若者、社会生活を営む上での問題を多く抱えている若者をスポーツ選手として入団させる結果、アフリカ系アメリカ人が圧倒的に多いスポーツ選手の加害者が圧倒的にアフリカ系ということになるのだ。「スポーツ選手を非難する人々は、彼らの背景をそもそも理解していないのです」と、NFL管財担当部長でミネソタ・バイキングズの代表取締役、ロジャー・ヘドリックは話す。

彼ら（プロスポーツ選手）のこれまでの人生が、どんなに問題をはらんでいたかは、全く信じられないくらいですよ。躾は皆無といってよいし、父親が与えるような的確なアドバイスや指導、方向づけを全くもらってないのです。というのも、彼らの多くには父親がいないからです。母親か祖母が、かろうじて彼らをつなぎとめてきたのです。彼らは自分たちの持つべき責任について、一般の人々とは非常にかけ離れた考えを持っています。模範を示す人がだれもいなかったからでしょう。この問題の解決策として家族の絆を持ち出すのはいやですが、——昨今家族の絆という言葉は政治家の決まり文句ですから——彼らはその人生で『息子よ、そういうことはしないものだよ』とか、『ばかなことはよして、しっかりしろよ』などといってくれる父親がいなかったのです。母親は、家族を養うために一日に二つの職場で働いています。こういった環境に育った若者の多くにとってその人生のゴールは、プロスポーツで名を成して、母親に家を買ってやることなのです。そうして、母親を一日十六時間労働から解放してやるのです。

大都市での社会生活への準備が十分でないまま育った若者に、スポーツ選手としての奨学金を与え、エリート大学のキャンパスに送り込めば、これまでの思考や行動様式を一変させるだろうと期待するのは、あまりにも非現実的だ。それどころか、恵まれない環境に育った若者にとって脚光を浴びるスポーツ界でプレーすることに付随するさまざまな誘惑は、非常に問題が多いといえる。スポーツ選手として大学に送り込まれたアフリカ系アメリカ人の若者で、社会に入る準備のできてない者がレイプや暴行やその他の犯罪で逮捕されるという問題は、もはや見逃すことはできない。真っ正面から取り組むことをためらってはならない。

ところが、アメリカには、人種のからむ問題に敏感な政治的状況があるため、人種差別主義者のレッテルを貼られることを恐れ、報道関係者も学者も男性ヒーローを仰ぐという文化の存在する一方で、被害者となる女性が増えているという問題にどう対応していったらいいか、戸惑いを見せている。その結果、なぜスポーツ選手が再三女性を虐待するかは、激しく体のぶつかり合うスポーツの延長だと解釈されている。そしてその激しいスポーツでは攻撃性や相手を圧する力が報酬に結び付き、女性を侮辱する隠語が飛び交い、男性だけがチームメンバーになれるからだと説明されている。しかし、こんないい加減な説明ではスポーツ選手が女性に対して犯す犯罪の最も根本的な背景を見逃しているといわざるをえない。その背景とは、一、改心の見込みのない選手に対してスポーツ業界は何の処分もしないこと、二、多くのスポーツ選手の自由奔放で節制のないライフスタイル、の二つである。

どのような男性スポーツ選手が女性に対して犯罪を犯しやすいか、誰もが予測できるような道具はない。ただ、これまでに女性への暴行で告発されたスポーツ選手に共通して見られる特徴として次の二つがある。犯罪歴があること（特に女性に対する犯罪行為）と、非合法ではないが、アブノーマルなセックスに身をやつすことである。この一触即発の組み合わせを抱えるスポーツ選手が、往々にして女性に暴行を働き、あるいは繰り返し女性を虐待する。それだけでなく、性病や非摘出子、家庭内暴力、離婚などの問題にも及ぶ。そして、この国に特徴的な社会状況は、スポーツ選手が女性を都合のいい性的カモだとみる風潮を助長している。

スポーツ業界という狭い世界は、暴力行為に走りやすい選手が実際にいるという事実をなかなか認めようとしない。また、有名選手のしるしとなっている羽目を外した性生活をとがめようともしない。

それどころか、スポーツ選手にでもならなければ犯罪と絶望が待ち受けているだけの若者に、夢と希望を与える救世主であるかのように、大学スポーツとプロスポーツを描く利他主義的な傾向がある。ところが、実際には、これらの若者こそが、性暴力や家庭内暴力の容疑で起訴されるスポーツ選手の長いリストの大半を占めているのである。

註

(1)O・J・シンプソンが、非行少年からスーパースターにのし上がったいきさつは、Teresa Carpenter,"The Man behind the Mask," *Esquire* 122, No.5 (November 1994) 84. に詳しい。

(2)一九九六年四月一九日、ブラウンからサンダースへの手紙より

1章　強靱な肉体の脆弱な男たち

▼集団レイプの横行

一九八九年、ニュージャージーのグレンリッジからの報道に、アメリカ国民は身震いした。高校のスポーツ選手の一団が、彼等と同じ裕福な地区に住む知能の遅れた女生徒に、暴行を加えたという。女生徒はオーラルセックスを強要された上、野球のバットとガラスびんで殴打された。この暴行の生々しい描写は、大学進学を控えた前途有望な若者たちの将来像とは相入れなかった。告訴された少年たちは、とりわけハンサムで、学校では人気者だったのだ。知能指数が六歳レベルの無防備な女生徒を獲物にするような性的倒錯者のイメージとはほど遠かった。

この少年たちの暴挙は、彼等の優れた運動能力とは直接関係はない。しかし、この小さなコミュニティーでは彼等は一目おかれているので、その犯罪はいっそう深刻だ。スポーツ選手は、多くの少年の憧れの象徴だからだ。しかし、自分のアイデンティティーを形成するのにスポーツ活動での実績のみに頼っている男には、決定的な弱みがある。自分の男らしさが試されているのではないかと不安になりやすいのだ。グレンリッジのスポーツ選手グループのうちの幾人かは、グループリーダーたちの行為に内心いたたまれない思いをしていた。それで、直接手は下さず、見物側にまわったのだが、仲間をやめさせることまではしかねたのだった。「グループセックスの一種のようなものに手を出すのには抵抗があった」と一人の少年は話した。「でも、何かいけないことを自分たちがしているのはわかっていたんだ。（中略）タンクいっぱいのピラニヤに友達が食べられているのを黙って見ているような」(1)

スポーツ選手は、たいてい人気者で一目おかれているが、仲間からの圧力に押されて集団レイプまでおかすような者もいないわけではない。それどころか、彼等の社会的地位が高いのは、優れた肉体的能力が認められた結果なので、男らしさや性的能力が問われるような場面には特に敏感なスポーツ選手もいる。八六年から九六年の間に報告された統計では、大学レベルとプロのスポーツ選手が容疑者とされる性暴力事件のうち、三十三パーセントは二人以上の容疑者が関わっている。集団レイプは、スポーツ選手が性欲を満たすためというよりも、仲間うちでの自分の地位を維持するための手段となっている。それは、集団レイプの起こる典型的な状況と、被害者となる女性に共通する特徴とを見れば明らかである。最もよく見られる状況としては、被害者側は加害者側に人数的、体力的にはるかに圧倒されていることである。被害者の特徴としては、意識がしっかりしていない不安定な状態にいること（アルコールか麻薬の使用が典型的な原因）、もしくは、男性を対象とする娯楽、接客業界で働いていること（売春婦、ストリップ劇場のダンサーなど）である。

▼もみ消し工作

キンコー・コピーセンターの店員が、しわくちゃになった四枚の一ドル札を握って待っている間、ビクトリア・アレクサンダーはかばんの中をかきまわしていた。ファックス使用料にもう一ドル必要だったのだ。探しあてて支払いを済ませ、領収書をジーンズのポケットに押し込みながら、アレクサンダーはカウンターの端に移動した。そして、不安そうにファックスから時計に目をやり、また時計からファックスに目を移した。やっと緑のランプが点滅し始め、ファックスから最初のページが出てきた。そのページの頭には、「全クレームの放棄」と太字で見出しが書かれていた。

巻物のように出てくる書類の最初の段落に、アレクサンダーは自分の名前を見出した。「ワシントン州シアトル在住のビクトリア・アレクサンダーの申し立てによると、一九九〇年一〇月四日木曜日、ある数人の人物がワシントン州シアトルにおいてビクトリア・アレクサンダーと接触した。その接触は、ビクトリア・アレクサンダーにとって不快であり、彼女の同意を伴うものではなかった。（後略）」。ファックスから出てくる書類の上に身を乗り出すようにして、アレクサンダーは続きを読んだ。「ビクトリア・アレクサンダーの申し立ての中で接触人物として指名された者たちは、全クレームを示談にする決意を断固として示している。（中略）［そして］名前及び示談の条件を公表されないことを望む」(2)

四段落目まで目を通すと、そこに示談金の額が示されていた。三万ドルであった。その額に続く語句には、アレクサンダーはあまり注意を払わなかった。そこには、この示談金を払う人物の名前は公表しない旨が書かれていた。名前は、この同意書を作成した弁護士ジェームズ・E・ペリーが保管しておくことと書かれていた。

アレクサンダーは、書類にサインするのに気がはやるあまり、書類のコピーもとらずにコピーセンターから走り出た。全速力でアパートにもどり、すぐさま受話器をとりあげて、シンシナティのジェームズ・ペリーの弁護士事務所に電話をした。

ペリーは、二十年の経験を持つ刑事専門被告側弁護士で、オハイオ州最高裁の苦情処理及び規律維持理事会の前理事であった。彼にまわってきた今回の件は、十四人のプロフットボール選手がシアトルのホテルの一室でアレクサンダーを輪姦したという訴えだった。ペリーは、問題の選手たちの責任を追及せず、アレクサンダーが事件を公表しない旨の同意書を作成した。アレクサンダーが同意書にサインするのと引き換えに、選手たちは三万ドル支払うことを約束したのだった。

ペリーは、それまでシンシナティ・ベンガルズの選手たちの犯罪事件を多く扱ってきたので、今回も彼に白羽の矢が立ったのだった。ベンガルズの運営責任者、マイク・ブラウンによる人選だった。ブラウンは、一年前にベンガルズのスタープレーヤー、イッキー・ウッズの泊まっていたホテルの部屋で女性がレイプされたと訴えていると聞き、すぐペリーに連絡をとった。ブラウン自身も弁護士であるため、こういう時の要領は心得ていた。ブラウンはオフィスにウッズとアレクサンダーの指名したもう一人の選手を呼んだ。ブラウンは、まずアレクサンダーの訴えを読み上げた。ベンガルズの渉外部長から渡されたメモに書かれた訴えだった。そして、二人の選手にこう伝えた。「この訴えは事実に基づいているのか、それとも、単なるたちの悪いジョークなのか、わたしにはわからない」

ところが、ブラウンの話を聞くウッズの表情は、これはジョークでも何でもないと物語っていた。アレクサンダーの訴えが事実かどうか直接ウッズには聞かず、ブラウンは小さな紙きれを彼に差し出した。「ジェームズ・ペリーという弁護士がいる。彼が助けになるかもしれない」とブラウンは言った。ウッズはアレクサンダーの自宅の電話番号も書き留めた。

ブラウンのオフィスを出てからウッズはベンガルズの練習におもむき、遅刻した理由をチームメイトの幾人かに知らせた。練習の後、チームメイトが数人、ウッズのロッカーのまわりに集まった。一年前には自慢げに事件のことを話していた男たちが、今はそれをもみ消すのに必死になっていた。

ウッズは結婚していて、この訴えが公になると最も困る選手のうちの一人だった。彼は、ポケットからしわくちゃになった紙切れをとり出した。アレクサンダーの自宅の電話番号が書かれていた。他の選手たちも、その番号を書き写した。数人の選手たちがアレクサンダーに電話をしたが、示談の交渉をしたのはウッズだった。そして、弁護士のペリーに代理人を依頼したのも彼だった。アレクサンダーが最初にベンガルズの事務所にコンタクトをとった時には、お金を請求したわけではなかった。しかし、この訴えを決して公にしないという約束と引き換えに、ウッズは九人のチームメイトとともに示談金を支払うことにしたのだ。ウッズは、三万ドルを現金でペリーに委託し、正式な同意書を作成してこの取り引きを完了するよう依頼したのだった。

アレクサンダーの電話はペリーにつながった。ファックスで送られてきた同意書にサインをする際、そのサインを公証人に認証してもらってから、同意書を送り返すようにとペリーは指示した。電話をきると、アレクサンダーは最寄りの中古車ディーラーのところへ歩いて行き、サインを認証してもらった。そしてその足でスポケン空港へ向かい、フェデラルエクスプレスで同意書を送った。週末が来る前に同意書がシンシナティへ着くようにするためだった。

月曜の朝、スポケンからのフェデラルエクスプレスがペリーの法律事務所に届いた。ペリーのアシスタントがただちに三万ドルをアレクサンダーの銀行口座に振り込んだ。ワシントン・トラスト・バンクに新しく開かれた口座だった。こうして事務処理があわただしく進み、一年にわたるアレクサンダーの試練に幕が降りるかに見えた。一年前、アレクサンダーは、ベンガルズのスタープレーヤーに会おうとシアトルのダブルトゥリー・インのロビーに足を踏み入れたのだった。そしてその数時間後、集団レイプの被害にあったと訴えながら出てきたのだった。

▼男らしさを試される

一九九〇年九月三〇日、ベンガルズはシーホークスとのゲームを控えシアトルに降り立った。その当時、ロッカールームでの女性の扱いがひどいという訴えがあり、それに対するNFLの対応が注目されていた。その二週間前、『ボストン・ヘラルド』紙のフットボール担当記者リサ・オルソンが苦情を訴えたのがきっかけだった。オルソンは、ニューイングランド・パトリオッツのロッカールームで取材のためのインタビュー中、選手たちから性的意味合いの濃いしぐさを見せられたり、嘲るようなコメントを浴びたりしたと訴えた。これを受けて、NFLの理事ポール・タグリアビューは、NFLの全二十八チームにリーグのイコールアクセスルール（記者の性別その他に基づいて取材の範囲を不平等に定めないというルール）を守るように指示した。更に、この事件の調査の監督役をハーバード大学の法律学者フィリップ・ヘイマンに依頼したと発表した。

ところが、ベンガルズがシアトルに滞在している一週間の間に、パトリオッツからベンガルズにスポットライトが移ることになる。月曜ナイターフットボールでベンガルズがシーホークスに負けた後、『USAトゥデイ』のリポーター、デニス・トムがゲーム後のインタビューをしにロッカールームへ入ろうとすると、ヘッドコーチのサム・ワイチがそれを差しとどめた。「裸の男が五十人もいるところへ、女性を入らせるわけにはいかない」と宣言して、クオーターバックのブーマー・エザイアソンをインタビューするならキングドームの下の廊下で行うようにとワイチは言い張った。

この一件に対して、タグリアビューはワイチに二万五千ドルの罰金を課した。これは、リーグ史上ヘッドコーチに課せられた最大の額だった。ワイチは、ベンガルズが週末にロサンジェルスでラムズとゲームをするまでシアトルに居残り、その一週間の間に「人間の品位」のためにと銘うつ改革運動を展開した。まず、一〇月四日水曜日の朝、ＡＢＣ（アメリカ放送局）の「おはようアメリカ」に出演した。その後、チームのメンバーと取材禁止のミーティングを行った。ロッカールームに女性が入って来ることについての話し合いも議題にはいっていた。ミーティングが終わると、肩ならし程度の練習をして、その日は自由時間とされた。

ベンガルズの選手たちと、ワイチの一件を追う報道陣たちは、ダブルトゥリー・スウィーツというホテルに泊まっていた。ここのインフィニティーラウンジでは、毎週レディーズナイトを開催していて、その夜はちょうどレディーズナイトだった。インフィニティーラウンジは、シアトル周辺に集まるスポーツ選手の好んで利用する場所だった。ホテルの騒々しさを避けようとシアトルの繁華街へ向かうベンガルズの選手もいたが、ほとんどの選手は自分の部屋にいた。

ベンガルズを取り巻くいざこざがあるとは知らずに、アレクサンダーはホテルのロビーに足を踏み入れた。当時三十四歳、二度の離婚経験者で、四人の子供をもっていた。レギンズとパンプスをはき、おなかのでるシャツを着ていた。シンシナティ・ベンガルズの選手に会おうと、一時間以上待っていると、やがて、ベンガルズのジャケットを肩にかけた二人の大男が現れた。二人はエレベーターから降りて来て出口の方へ向かった。アレクサンダーは、二人の通り道に立ちはだかって、ルーキーのリン・ジェームズとベテランのソロモン・ウィルコッツと顔を合わせた。

「よお、あんたこの辺に住んでるのか」とジェームズが尋ねた。「なんで?」とアレクサンダーが答えた。「酒屋がどこにあるのか知りたいんで」とジェームズは言った。

すぐ近くに一つあるとアレクサンダーは答え、そこまで車で連れて行くと申し出た。二人はその申し出を受け入れた。ウィルコッツはアレクサンダーのようなタイプはおなじみだった。月曜のゲームを見に来て、選手の名前と背番号を覚え、ホテルのロビーに来ていたのだろう。酒屋からホテルの駐車場に戻ると、ウィルコッツは、コートの中にお酒の入った紙袋を押し込み、後ろの座席からこっそり抜け出した。ジェームズとアレクサンダーは二人きりになった。その後少しして、ジェームズは、一杯やらないかとアレクサンダーを自室へ誘った。アレクサンダーは車のエンジンを切って、ジェームズの後についてホテルに入っていった。

二人がジェームズのスウィートに入ると、ベッドルームにはチームメイトのレジー・レンバートと彼の連れのコニー・ヘップワースがいた。ヘップワースは、非常に魅力的な女性で、クルーズ船の乗務員をしていた。レンバートはシアトルのレストランで彼女と出会ったのだった。ジェームズがレンバートに目で合図すると、レンバートはヘップワースに、食べかけの中華料理を隣の部屋へ持って行ってビデオの続きを見ようと誘った。

三十分とたたないうちに、アレクサンダーとジェームズはベッドルームから出てきた。アレクサンダーは服や髪に手をやり、まだ身づくろいしているところだった。ジェームズはアレクサンダーをエスコートしてレンバートとヘップワースのいる部屋を通り抜け、隣のスウィートに入って行った。そこは、イッキー・ウッズのスウィートだった。女性はアレクサンダーひとりだけだったが、それを気にする様子もなく、アレクサンダーはそこに腰をすえた。パーティーの真っ最中で、アレクサンダーは注目の的となった。

レンバートは、チームメイトがウッズのスウィートから出たり入ったりしているのを見ていたが、何をしているのかと気になって自分も見に行った。その間にジェームズが部屋に戻って来て、ヘップワースがひとりでいるのを見つけた。

「こっちへおいでよ。こっちへおいでよ」とジェームズはヘップワースのウエストに手をあてて誘った。「何なのよ」とヘップワースが聞いた。「こっちへおいでよ」とジェームズは繰り返し、ヘップワースをベッドルームの方へいざなった。「何するのよ」と、ヘップワースはジェームズを押しのけた。「なんだ、てっきり……」と言い始めたジェームズをさえぎって、ヘップワースは、「そう、あなたの勘違いよ」と言った。

ヘップワースは、ジェームズのアプローチに腹をたてた。「わたしが部屋にいたってことだけで、セックスしたがってるってあの人は思ったんだわ」とヘップワースはインタビューで話した。「スポーツ選手に会って舞い上がっちゃう人もいるけど、わたしにとってはどうってことないもの」

ヘップワースがレンバートと知り合ったのはほんの三日前だった。ヘップワースの女友達がレンバートのチームメイトのひとりと同じ大学に通っていたってで、レンバートを紹介されたのだった。ヘップワースはレンバートにたいして魅かれたわけではなかった。ただ、金持ちの男にシアトル近辺を数日エスコートされるのが気持ちよかっただけだった。そして、レンバートが部屋に戻って来て、隣で何が起こっているのかを報告した時、ヘップワースはきっぱりとホテルを出ることにした。

「あそこでやつらが何してるのか、言っても信じないだろうな」とレンバートは切り出した。「なに？」とヘップワースが聞いた。「あの女、あそこでだれかれ構わずやっちゃってるんだぜ」

レンバートがとなりの状況を臆面もなく報告するのを聞いて、ヘップワースはもう潮時だと思った。

「レンバートは、なにかいけないことが起こっているというようにはとってなかったのよね」とヘップワースは話した。「ごくあたりまえのことのように、あの女がみんなとやってるって言うのよ。それを聞いてわたしはもちろんびっくりしたけど、むしろ腹がたったの」。ヘップワースがレンバートの部屋をあとにしてから、レンバートもチームメイトに混じってアレクサンダーを辱めたと、後日ヘップワースは知った。「それを聞いたら、ああ、やっぱりねって感じだったわ」

レンバートと同じように、他のチームメイトもこの情事にいとも簡単に参加した。この事件は後に訴訟となるのだが、その被告のひとりは次のように言って、この情事がいかに歯止めがきかなくなっていったかを説明した。「チームメイトの前で、自分はいかに巧みにセックスができるかを披露しなければならないというプレッシャーがもともとの問題でした。これは、チームメイトの前でお酒を飲んで見せなければならないというプレッシャーとよく似ています。結婚している男なら、こっそり部屋を抜け出しそうなものですが、みんなから、『ヘイ、ヘイ』と呼び止められると、抜け出すわけにはいかなくなります。騒がしいし、音楽もがんがん鳴っている。『おい、(本名削除)、今度はおまえの番だ』と言われると、『いや、やめとく』とは言いづらいのです。ひやかしやからかいの的となるからです。これは仲間からのプレッシャーだと思います。三十にもなって、仲間からのプレッシャーもなにもないだろうと思うかもしれませんが、それがあるのです。十代の子供が、ヴォッカが飲めるかとプレッシャーをかけられるのと同じ様なものです。いや、やめとくと言ったことの代償は大きい。あとについてまわるレッテルは、誰もほしくないでしょう」

「チームメイトといるときはタフに見られたいというプレッシャーが、根本的な問題だと思います。

もしぼくがあの情事の場から立ち去ったとしたら、仲間はぼくの性格をあざわらうでしょう。『あいつはおれたちと飲みに行かないやつだ』と思われるのと似ています」

アレクサンダーは、ジェームズとのセックスには同意したが、その後の展開まではコントロールできなかった。「ぼくたちの悪いところは」と、前出の被告の選手が続ける。「挑戦されたら挑戦し返すという癖がついていることです。ぼくたちスポーツ選手は、相手が挑戦してきたらそれに堂々と立ち向かうように訓練されています。スポーツ選手は、いつでも挑戦に応じてきました。『おれはおまえに負けやしない。体力的にも、精神的にも、負けやしない』ってね。一瞬でも、ひるんだり、勝てないと思ったりしたら、もうそこでぼくたちは負けなんです。そういう意味では、この件での挑戦はあの女性とはむしろ関係がなかったと思います。チームメイトの前で恥をかきたくないというプレッシャーが、挑戦されたらそれに応じるという行動パターンを生み出しているのです」

▼チームメンバーとしての連帯意識

ベンガルズの選手たちから三万ドルの示談金を受け取って五か月しかたたないうちに、アレクサンダーはそのお金をつかい果たしてしまった。そこで、弁護士をたのんで示談金の額をさらに交渉することにした。アレクサンダーは、地元のスポケン地区で大きく取り上げられた性暴力事件を数件受け持った弁護士ディック・エイマンの名前を覚えていて、彼に電話をすることにした。エイマンの交渉にもかかわらず、ベンガルズは示談金をさらに支払うことを拒否したので、エイマンはベンガルズを相手どって訴訟を起こした。九二年四月のことだった。

訴訟では問題の選手は指名されなかったが、事件自体がセンセーショナルだったので、報道機関は一斉に注目した。ベンガルズの運営責任者マイク・ブラウンは、次のように対応した。「わがチームのプレーヤーが、同意に基づく一種の乱交パーティーに加わっていたとわかったとしたら、それは、私個人の意見としては、非難すべき行為だと思います。しかし、それで自動的に出場停止処分になるというところまではいっていないと思います。確かにこのことは、問題のプレーヤーの汚点にはなるでしょう」

訴訟を起こしてから、エイマンはシアトルの弁護士ビクトリア・ブリーランドに助っ人を頼んだ。ブリーランドは、「キング地区レイプ犠牲者救済会」の前会長だった。この会は、後に、性暴力に対応しその傷を癒す組織として、アメリカ全土のモデルとなった。ブリーランドはまた、ワシントン州の「被害者の権利保障法」の草案を書くのにも助力した経験があった。

ブリーランドの参与で、訴訟の詳細が修正されることになり、事件に加わった選手も訴訟の相手として訴えることになった。ブリーランドとエイマンは、アレクサンダーの記憶を頼りに、事件に加わった人物を割り出す作業にはいった。「私たちは、ベンガルズに、選手の写真と、ゲームのビデオと、「ペリーの作成した同意書に示された」選手の名前を提供するように申し入れました」とブリーランドは話した。「ところが、ベンガルズは、ゲームのときに配るプログラムを送ってきただけでした。私たちのほしかったのは写真であって、プログラムではなかったのです」

この事件から既に二年がたっていたし、事件に加わった選手は十二人以上いた。その選手ひとりひとりを正確に割り出すことは、アレクサンダーにとっても、ベンガルズの無実の選手にとっても大きなリスクをはらんでいた。もしアレクサンダーが間違って無実の選手を指名したとしたら、その選手は事実に反して強姦者の汚名を着せられる。一方、アレクサンダーの方も、彼女の陳述全体の信憑性が疑われることになり、公判で弁護側に有利な展開となりかねない。

ベンガルズの無実の選手たちも、事件の詳細は知っていた。一人の選手は次のように話した。「事件の翌日に、何かあったと聞きました。女と遊んだって当事者たちが話していましたから。よくあることではありませんが、口をあんぐり開けてぶったまげたようには見せませんよ。詳しいことを知ったのは、ここ［シンシナティ］に帰ってきてからです。帰ってきてから、当事者はあのことを少しずつ話すようになっていきました」

選手の大半は、誰が事件に加わっていたのか、だいたい何が起こったのかを知っていたが、チームメイトに義理をたてて口外することはしなかった。「誰も互いの告げ口なんかしたくなかったんです」と一人の選手は話した。

同じように、ジェームズもチームメイトの告げ口などしたくなかったが、訴訟には巻き込まれまいとした。ジェームズはアレクサンダーに電話をして、自分の無実をアピールした。「きみはもう部屋から出ていくんだと思っていたんだ。でも、ちょうどそのとき、他の男たちが部屋に押し寄せて来て、これからどうなるのかわからなかった。おれは、やつらのすることまでコントロールできないよ。あんなことが起こるようにしむけたわけじゃ、決してないよ。決してそんなことはない」とジェームズは言った(3)。

アレクサンダーが訴訟に加える二十人の名前のリストを完成させたとき、ジェームズの名前はリストからはずされていた。ベンガルズがシアトルでゲームをする日まで選手の名前は伏せておくようにと、公判を審理する国選判事は命じた。ベンガルズが問題の二十人の名前を知らされてから、ヘッドコーチのデイビッド・シューラはチームミーティングを開いた。チームがシアトルに飛ぶ直前のことだった。ミーティングでシューラは、チームがシアトルにいる間に、二十人の選手に連邦裁判所執行官から召喚令状が出されるからその心づもりでいるように、と告げた。

ミーティングの後で、ディフェンスのバーニー・バシーとワイドレシーバーのスタープレーヤー、ティム・マッギーは、自分たちのロッカーに腰をかけ、忍び笑いをしていた。ふたりはこの事件には関与していなかったが、事件が訴訟に至っていることは知っていた。

「やつらには、気の毒だな」とマッギーが言った。「ああ、かなり面倒なことになるぞ」とバシーが言った。「まったくだ。やつらが引き起こしたことだから、やつらの問題だが、チームもとばっちりをくらうだろう。それにしても、これからやつらは家にいづらくなるだろうな」とマッギーは言った。

その日の夕方、シューラはマッギーをオフィスに呼んだ。マッギーは、ベンガルズのチーム内でも、シンシナティのコミュニティーでも、最も尊敬されている選手のひとりに数えられていた。チームメイトを弁護するための証言を頼まれるのだろうと予想して、マッギーはシューラのオフィスに座った。ドアを閉めたオフィスで、シューラはマッギーに言った。「きみは強姦者のひとりとして訴えられている」。驚きのあまり言葉も出なかった。頭をよぎる思いは、「おれのワイフの家族は、おれのことをどう思うだろう。おれの家族は？　おれの友達は？」

郊外の自宅に戻り、玄関を入るやいなや、マッギーは妻に言った。「信じられないことが起こったよ」。夫のチームメイトが数人、女性のからむ事件で訴えられそうだと妻は聞いていた。「えっ、なに?」と彼女は答えた。「おれも訴えられたんだ」「ちょっと待ってよ」「それが、ホテルにいなかったやつらまで訴えられてるんだ」とマッギーは抗議した。子供たちが駆けて来て、とうさん、おかえり、とあいさつしていた。次の日の朝、チームメイト十九名の名前と共にマッギーの名前がシンシナティの新聞の一面に載った。マッギーは今や強姦者のレッテルを貼られたのだ。マッギーの他に、バーナード・バシー、デイビッド・ディクソン、エリック・ボール、レオ・バーカー、ディビッド・フアルチャー、ルイス・ビラップスがリストに加えられていた。彼等はみな、事件のあったときにはホテルから遠く離れた所にいたと証言していた。

さらには、アレクサンダーと性的交渉をもち、最初の示談金の一部を支払ったにもかかわらず、訴訟には加えられなかった選手もいた。彼等は、罪科を免れたと大得意になり、無実なのに訴えられた七人のチームメイトに同情のかけらも示さなかった。

公に恥と屈辱を味わわされた無実の選手たちは、チームメイトが自分たちの無実を明らかにすべきだと思った。「ぼくたちの顔写真が、新聞の一面に載ったんです、それもカラーで」とマッギーは言った。「いったいどうしてくれるんだ、と言いたかったですね。ぼくは結婚してるし、バシーも、バーカーも結婚しているんです。当事者のうちの誰かに正直に言ってほしかったんです。『私は強姦罪は否定するが、事件の現場にはいました。それで、そこにいなかった人物まで訴えられているのを証言します。マッギー、バシー、ボール、バーカーはそこにいなかったのです』。それなのに、そこにいたのに訴えられなかった者たちは、ゆうゆうとしてこういう感じなんです。『おれは訴えられていないから、関係ないよ。ハハハ。訴えられたやつらがどうにかしろよ』とね。もちろん、そいつらに話をしましたよ。こういう感じで。『うちに帰って笑いとばしてるって、いったいどういうことなんだ。なんでおれたちにぬれぎぬ着せて平気でいられるんだ』。誰もぼくたちを弁護しようとしなかったのには、頭にきましたね。ぼくたちがそこにいなかったと知っていながら、ぼくたちに罪を着せて平気でいたんです」

無実の七人の選手たちの評判は報道関係者の間でガタ落ちになり、彼等の家族も非常に恥をかかされたのだが、七人の選手たちは、本当に事件に加わった人物を公表することは差し控えた。「彼等を守るためじゃありませんよ。ぼくの家族を守るためにね」とマッギーは言った。「でも、問題の核心は、『彼女はレイプされたのかどうか』でしょう。あの部屋で実際に何があったのかはぼくは知らないわけだから、何も言わないようにと言われていたんです」

マッギーのように無実の選手たちは、弁護士から何も言わないようにとアドバイスされていた。何か言ったことからその責任を追及されるのを避けるためだった。このアドバイスは、無実なのに訴えられた選手たちより、実際に行為に及んだ選手たちの方に有利に働いた。しかし、事件に関与していたにも関わらずその責任を逃れようともくろんでいた選手たちは、このアドバイスには不服だった。

一人の既婚の選手は、マッギーと他の無実の選手たちに、自分の話す事件の全容が事実だと支持するように説得にかかった。「彼はそもそも『助けてくれ』と言っていたんです」とマッギーは話した。マッギーはその選手にこう答えた。「それはできないね。おまえの話を支持すれば、事件の現場におれたちがいたってことを認めることになるからな。この事件が犯罪だと立証されるようなことになったら、おれたちは犯罪人だ。そんなことはごめんだね」

マッギーはチームメイトに裏切られたという思いを否めなかったが、その思いは、レンバートの裏切り行為がわかってさらに深まっていた。マッギーはレンバートを友達だと思っていたのだが、その友達のせいでマッギーが訴えられることになったのだった。アレクサンダーと性交渉の最中、自分はティム・マッギーだとレンバートが名乗ったのだった。しかし、マッギーは、レンバートを非難しようとはしなかった。「自分が何か言ったために、今度は他の誰かが窮地に陥るようなことはしたくありませんから」とマッギーは説明した。「手のひらを返したように、友達に不利なコメントはしたくありませんからね」

ブリーランドはこの点を次のように解釈した。チームのメンバーであるという連帯意識から、選手はチームメイトを事件に連座させようとはしない。「チームの概念が彼等の頭にたたきこまれているからです」とブリーランドは話した。「個人よりチームの方が大切で、友達のことを密告するようなことはしないのです。街頭で誰かが怪我をしたり撃たれたりしたのを見ても、誰がやったのかを口外しないのと同じです。もし口外したら、その人も殺されますからね。この黙秘の掟が、チームの中でも守られているのです」

本人は現場にいなかったと主張しているのだが、アレクサンダーの方が集団レイプに直接手を下した張本人だと主張する選手は、マッギーの他にもいた。チームのスターディフェンス、ルイス・ビラップスがそうだった。アレクサンダーの陳述によると、ビラップスが事を起こした張本人だという。ビラップスはアレクサンダーをバスルームから引きずり出して、ベッドに押し倒し、抵抗するアレクサンダーをそこに押さえつけた、と彼女は述べた。

ビラップスが女性に対する暴力犯罪で告発されたのはこれが初めてではなかった。ベンガルズでプレーするようになって以来、ビラップスはシンシナティで幾度となく逮捕されていた。それだけでなく、フロリダでも、レイプと恐喝の疑いで連れの男とともに逮捕されていた。アレクサンダーがシアトルで民事修正訴訟を起こしてから三か月とたたないときだった。フロリダで被害にあった女性は、ビラップスにまず引きずり出されて、それから彼と連れの男にレイプされたと主張した。ビラップスと連れの男は、この暴行をビデオテープに撮っていた。

ビラップスはこの件に関しては司法取引をして、刑務所行きをまぬがれた。ところが、一九九三年の春、ジョージア州の連邦判事が別の件でビラップスに懲役一年の刑を言い渡した。ビラップスが被害者に数回脅迫電話をかけていたのを、FBIの盗聴器が録音していたのが証拠になっていた。

ビラップスがジョージアで服役していたため、アレクサンダーの法廷代理人たちはシアトルでの民事訴訟の準備のための証言録取書を作成することができなかった。しかし、ビラップスの行動パターンがアレクサンダーの申し立てに合致すると、代理人たちは確信を深めていった。ブリーランドはこう説明した。「ビラップスがフロリダで逮捕されたのと、麻薬を常用しているのとで、わたしたちは考え始めたのです。『やっぱり、ここで集団レイプは起こったんじゃないか。アレクサンダーは最初の男［リン・ジェームズ］にはめられたんじゃないか』と」

▼曖昧な結末

事件が異様で、被告人の数が多いので、弁護団は強力なチームが組まれることになった。シアトルで特に評判の高いいくつかの弁護士事務所がシンシナティに呼ばれて、面接が行われた。ベンガルズの選手たちは、自分たちのエージェントや法廷代理人に伴われて現われ、弁護士たちに一連の質問をして人選にのぞんだ。企業の管理職を商事訴訟で弁護するのを主な仕事としてきた弁護士たちは、集団レイプで訴えられているスウェットスーツの億万長者を弁護しようとしていた。最終的に、シアトルの二つの弁護士事務所が選手たちの法廷代理人として選ばれた。

問題の夜、事件現場の部屋にはいなかったと主張する選手たちを弁護するのに雇われたのは、バーンズ・アンド・ケラーというシアトルで最も尊敬され経験も豊かな公判弁護士のグループだった。これほど大きく取り上げられた事件でプロスポーツ選手を弁護するのは初めてだった。グループの目的は、弁護依頼人たちは事件現場にいなかったと立証することだった。これが立証できれば、依頼人たちは事件に対して何の責任もないと証明できることになる。

一方、アレクサンダーと性交渉をもったことは認めるが、それはあくまでアレクサンダーの同意に基づいた交渉だったと主張する選手たちを弁護するのは、スペンサー・ホール率いる弁護士チームだった。このチームは、商事訴訟と民事訴訟を専門としていたが、スポーツ選手を弁護するのは、初めてではなかった。

依頼人はあくまで、事件は同意に基づいたグループセックスだったと主張すると知らされて、ホールは自分に課せられた仕事の難しさを痛感した。シアトルの中心街にある事務所から壮々たるピュージェット湾を眺めながら、ホールは次のように回顧した。「このような性交渉が本当に起こりえると普通の人々は考えられるかどうか、疑問に思いましたね。『女性でなくても、知らない人たちばかりの部屋に一人で入っていって、よろこんでグループセックスをする、というようなことを、ごく普通の陪審員は信じられるかどうか』とね」

弁護を引き受けたものの、一般の人々は依頼人の行為を不道徳きわまりないと糾弾するに違いなかった。しかし、ホールは自分に言い聞かせた。「自分自身の道徳基準に照らし合わせてことの善悪を判断してしまいがちですが、その判断は本当にするべき審判とは違う場合が多いのです。つまり、この事件の場合、争点は、フットボール選手が見知らぬ女性とたとえ一対一でもセックスをするのは良識的かどうか、ではありません。また、グループセックスという行為は良識に基づいているのか、あるいは道徳的なのか、でもありません。争点は、この女性はレイプされたかどうか、の一点なのです。証拠が明らかになってくるにつれて、私自身にも事件が扱いやすくなってきました。この女性が言っていることは、実際には起こらなかったと私には思えてきたからです。実際に起こったとしたら、弁護するのは難しいケースだったと思います」

弁護側の仕事は容易ではなかった。まず、一人の女性が、自分の体の二倍もの大きさがある男、それも赤の他人で十二人という人数と、よろこんで性交渉をもった、と陪審員たちを説得できるかどうか。それに、十人の選手が口止め料を払っているという事実があった。しかも、この口止め料が内密に支払われていたため、何か知られては困ることがあったのだという印象をぬぐいきれなかった。

これに対して弁護側は、金銭問題や責任問題は常時示談で解決されていると主張した。しかも、その示談は通常公にしない。「法律のからむ争いが秘密性保持の同意に基づいて解決されるのは日常茶飯事のことです。それで、うまくいっているのです」とホールは説明した。

しかし、今回の件は、企業が欠陥品を製造したかどで訴えられているのとはわけが違う。社会のロールモデルとされている男たちが、サディスティックな集団レイプで訴えられているのだ。もしこの訴えが根も葉もない嘘なら、その嘘つきにお金を払う必要はないはずだった。しかし、イッキー・ウッズはそうはとらなかった。「彼女は、フットボール選手からお金をまきあげようとしていたんでしょう。お金がどうしてもいりようだったから。そこで、『そうだ、プロフットボールプレーヤーに接近してゆすってやろう。普通のプレーヤーなら、自分の無実を証明するのにいちいち弁護士を雇ったりなんて面倒なことはしないだろうから』と思いついたんでしょう」

ホールは次のように解釈した。「プロのエンターテイナー、つまり、プロフットボール選手としては、おかしくない取り引きだと思いますね。『この女性は話をでっちあげている。しかし、チームの誰かが彼女と何かしたのは事実らしい。それを声高に宣伝されるのは都合が悪い』という計算です。そこには独身で、妻に申し開きをする必要のない選手もいました。また、細君のいる選手も、彼女かフィアンセのいる選手もいました。性交渉が同意に基づいていたにせよ、好んで宣伝するようなことではなかったわけです」

ところが、最初の示談金の一部を支払った選手の一人は、法廷までいって争う気はなく、アレクサンダーの弁護士と交渉を始めた。オールスターゲームで活躍したタイトエンド、ロドニー・ホールマンだった。ホールマンのこの決断は突然だった。彼は、あの夜、自分がなぜイッキーの部屋にいたのかわからない、そして、なぜあのような明らかに間違ったことに関わったのかわからない、と述べた。アレクサンダーの弁護士と示談の話がつくと、ホールマンは訴えからはずされた。

こうして両者の弁護人たちが着々と準備を進めていった。公判が大きくとりあげられることは間違いなしであった。この公判の裁判長には、ウォルター・マックガバーン判事が連邦裁判所から任命された。最初に任命された判事が任務を忌避した後のことだった。マックガバーンは、一九七〇年代に裁判官職について以来、イエズス会の牧師で生涯の友のフィル・ルーシッドを専属のアシスタントとして、執務をとってきた。ルーシッドとともに、マックガバーンはそれまでに重要な政治汚職事件や企業責任追及訴訟などを数えきれないほど扱っていた。しかし、レイプ事件はおろか、NFLプレーヤー二十人の関わる事件を扱うのは初めてであった。

ルーシッドがビデオテープに撮られたアレクサンダーの陳述を吟味する役目を負った。陳述は三十六時間に及び、そのうち六時間は、どのように自分が強姦され、オーラルセックスやアナルセックスを強要されたかを詳しく物語るものだった。アレクサンダーが被告側弁護士の容赦ない質問に答えるのを聞きながら、ルーシッドは苦痛で顔をゆがめた。そこに物語られていたのは、世にも厭わしい野蛮な行為の数々だった。

「アレクサンダーは、テーブルに顔をうずめてすすり泣きしていました。それが何分も何分も続いていました」とルーシッドは語った。「被告側弁護士は、アレクサンダーが暴行だと訴えている事件の詳細を突っ込んで尋ねたのです。大人数が加わって、はやしたてていた、と彼女は語りました。あまりの辱めのため、地面に這いつくばって嗚咽し、涙を流しているようでした。とうてい見ていられない光景でした」

買ったばかりのジョン・グリシャムとスコット・トゥロウの小説の並ぶ本棚を背に、マックガバーンはこのビデオテープについて話した。ルーシッドの伝えたアレクサンダーの様子に、マックガバーンは苦悩の色を隠せなかった。マックガバーン自身、大学時代はスポーツ選手で、一九五〇年代にアメリカで上位にランクされた大学バスケットボールチームのスタープレーヤーだった。その彼は、ビデオに物語られた行為に胸の悪くなる思いがしたと言う。彼は、声に出して疑問をぶつけた。「いったいどういう事情で、あの男たちはこんなことにのめりこんでいったのでしょうか。ただ単に、その場の雰囲気で、『何もかも忘れてやってしまえ』とばかりに雪崩式にのめりこんでいったのでしょうか。でも、常識をわきまえていて、道徳観念がある選手もいるはずです。そこのところが弱い選手が、仲間につられてのめりこんでしまったのでしょうか」

マックガバーンは、競技スポーツをする人物が犯罪で訴えられることなどほとんどなかった時代を振り返る。「あの当時は、スポーツ自体に暴力的側面はなかったように思います。大学フットボールとプロフットボールをプレーしていた友達が幾人かいましたが、彼等はみな完璧な紳士でした。聖人と言ってもいいくらいです。立派な人物でした。このような行為は、とうてい思いつかないでしょう」

選手たちの事件の解釈にも、マックガバーンは困惑した。社会的に地位の高い男性が許容範囲だと認める行為の幅の広さが信じられなかった。「私がナイーブなのかもしれませんが、グループセックスをする人の気が知れません」とマックガバーンは話した。ところが、それこそが被告側の主張であった。事件は集団レイプではなくて、単なるグループセックスだったと。「本人たちが、これはグループセックスだとお互いに言い合ってやっていたのかどうかは疑問です」とマックガバーンは言う。「暗黙の了解のようなものがあるいはあったのかもしれません。が、私自身がそれを見ないように、聞かないようにしていたことも考えられます。気持ちのいいことではありませんからね。でも、本当に本人たちがグループセックスだと言っていたとしても、不思議ではないでしょう。実際のあさましい状況を聞かなくても、この国の九十九パーセントの人々は、選手たちのこの行為に不快感を覚えるでしょう」

被告の選手たちの認めたグループセックスという行為だけでも、陪審員たちには不道徳にとられるだろう。それだけでなく、被告側はアレクサンダーこそが事を起こした張本人である、従って事件は自業自得だと主張していた。そのため、被告側の供述の信憑性がさらに疑われることとなった。

「この男たちは巨大なんですよ」とブリーランドは言う。「アレクサンダーの身長はたった五フィートで、体重も百ポンドしかないんです。彼女と比べればあの男たちは巨人ですよ。私は証言録取書を作成するためにあの男たちに会いましたが、恐ろしいような人たちでしたよ。体が大きくて、体でものを言っているような感じですから。それに、一種のあくどさを感じるのです。前に私の義理の兄だった人を含めて、NFLのプレーヤーを幾人か個人的に知っていますが、目にあのようなあくどさが光っているような人はいません」

被告弁護側の最難関は、アレクサンダーはシアトルのホテルの一室で起こったことをむしろ歓迎していたと陪審員に納得させることだった。ケラー弁護士の言葉を引用すれば、「一人の女性が数人の男と連続して性交しうるということを一般の人々に納得させることが、我々にとっては一番難しいことです」

両サイドの語る事件の「真相」はあまりに矛盾しており、マックガバーンは、胸の悪くなるような証言の数々を何週間も聞き続ける気がしなかった。そこで、一九九三年二月一九日、マックガバーンはレイプ公判を中断し、それに代わる予備公判を命じて世間を驚かせた。予備公判は、アレクサンダーとベンガルズの選手たちが最初に交した契約の中の、秘密を保持することという同意が、法的に有効かどうかを判断するというものだった。

「もし、クレーム放棄の同意書が法的に有効であると認められれば、証言や反証言のさもしいやりとりを聞かずに済むはずです」とマックガバーンは説明した。「既に聞いたあさましい状況に、更に深く足を突っ込みたくはなかったのです」

予備公判で、マックガバーンはこの公判の争点を陪審員たちに明らかにした。「この公判は、『全クレームの放棄』と題された同意書の法的有効性を問うものです。この同意書は、一九九〇年一〇月にダブルトゥリー・スウィーツで起こったとして原告と被告の争っている出来事に関して作成されたものですが、その出来事の真偽を見定めるのがあなた方の仕事ではありません。この公判でのあなた方の仕事は、このクレーム放棄の同意書が法的に有効かどうか、この一点を見定めることです」(4)

こうして、同意書の有効性が公判の焦点となったので、ウッズが被告の中でも一番重要な証人となった。彼がそもそも同意書作成の指揮をとったからだった。したがって、ウッズをはじめとするほんの一握りの選手だけが公判で証言することになった。事件が起こった当時、ウッズはシンシナティの英雄だった。一九八八年にチームがスーパーボウルまで勝ち進んだ立役者だったからだ。当時、ウッズの年俸は百万ドルを超えていた。三年後、公判が始まった時には、怪我のためウッズは既にフットボール界から去っていた。そして、その時には弁護士を雇うだけの財力がなかったので、法廷では自分で自分を弁護せざるをえなかった。これは彼にとっては気の遠くなるような話だった。アメリカでもトップのラッシャーとしてラスベガスのネバダ大学を出たウッズは、実は文盲であった。

ともあれ、公判は二週間続き、アレクサンダーの精神状態についての証言がなされた。陪審はそれを吟味した結果、アレクサンダーは三万ドルの示談金を受け取った時、それに伴う契約事項を理解していたと判断した。陪審の一人、シンディ・カートライトのコメントによると、大多数の陪審員はアレクサンダーはレイプされたのだと思ったが、争点である彼女の精神状態については、示談の際不安定ではなかったと判断した、ということだった。

この審判が下ると、ウッズは法廷から飛び出して、裁判所の建物を背にする階段の上で得意のタッチダウンダンスを踊った。あの名高いイッキー・シャッフルだった。そして、報道陣に向かってこう言った。「レイプなんてなかったのさ。彼女の方であいまいなサインなんてのもなかったわけだ。どうして彼女があれをレイプなんて言ったのか、わからないね。どうせ金目当てだったんだろう」

ルーシッドは、連邦裁判所で仕事をしてきた二十年間でさまざまなことを目にしてきたが、ウッズのような行動は初めてだった。「ひと言で暴力と言ってもその種類には幅がありますが、あのような思いやりのなさは一種の暴力と言えるでしょう」とルーシッドは語った。「暴力の中でも一番悪いか、それ以下の悪行と言えると思います。暴力というのは、いろいろなかたちで表れてきますからね。イッキー・ウッズに、模範的な思いやりを示すことを期待していたわけではもちろんありませんが。そんなことにはほど遠い人物ですからね」

ウッズはウッズで、アレクサンダーは「楽しんでいた」と報道陣に言い張っていたが、もう一人の被告も同じようなコメントをした。「犯罪とされるような残虐行為などではなかった」とその選手は主張した。「楽しい、人間らしい行為だったのです」

事件をふりかえって、その選手は考えた。「いったいいつ、ぼくたちはロールモデルでなくなれるんでしょうね。たとえば、スポーツ選手は『プレイボーイ』は読まない、とは言えませんよね。ぼくが言いたいのは、独身の男は結婚している男が味わえるような楽しみ、というか、同じようなことができないわけです。結婚している男は、うちへ帰れば、そこでやりたいことをやればいい。でも、ひとりものはどこかでそれをしなくちゃやっていけない」

公判のほとぼりがさめると、当事者たちはそれぞれ自分の生活の立て直しをはかったが、その成果はさまざまだった。ベンガルズは、事件に加わったとして訴えられた選手のうち、最終的に二人を残してその他全員をトレードするか解雇するかした。

ティム・マッギーは、一九九五年、ベンガルズでの十年間のキャリアに幕を閉じて、引退した。彼は、訴えられた二十人の選手のうち、ベンガルズに残った二人の選手のうちの一人だった。「事件の当事者たちは、むしろ刑事犯罪の疑いで告発された方がよかったと思います。そうなれば、検察側の捜査があって、実際に加わっていた人物が明らかになったはずです」とマッギーは語った。「この訴訟には、自腹で二万二千ドルもかかりました。弁護士たちはおそらく八十万ドルくらい稼いだでしょう。これが終わって今、ぼくの肩をたたいて『すまなかった』と言ってくれる人は誰もいません。それに比べて、これに関わっていたのに訴えられなかった者は、未だに『無実』なんですから」

イッキー・ウッズは、NFLで再起をはかったが叶わず、パッケージ入り肉の訪問販売をして生計を立て始めた。そして、一九九五年にシンシナティで逮捕された。銃器を隠し持っていた疑いと、麻薬所持の疑いだった。

レジー・レンバートは、一九九三年にベンガルズを解雇された。その後、一連の違法行為により、懲役一年の刑を言い渡された。

ルイス・ビラップスは、連邦刑務所で一年の服役を終えた。出所して六日後の一九九四年四月九日、車を運転していたビラップスは、制限速度を百マイル超えるスピードでセメントの道路壁に激突した。ビラップスも助手席に乗っていた人物も即死した。

ビクトリア・アレクサンダーは、長引く鬱病や、その他の健康上の問題に悩んだ。彼女の子供たちは、彼女のもとから引き離されて、祖父母に育てられることになった。相変わらず仕事はなく、三度目の離婚もした。アレクサンダーの弁護士たちでさえ、結局は彼女の不安定な精神状態を傍観するしかなかった。

註
(1) Christopher Kilbourne, "Like 'Feeding a Tank of Piran has,'" *The Record*, October 22, 1992, p. 1.
(2) ケース番号C92-658、一九九二年六月五日付けでファイルされている被告側の公判準備書面参考
(3) 一九九二年五月一一日。電話会社で録音された一語一語を言葉通り筆記したもの。ケース番号C92-658M、P830
(4) 裁判官から陪審員への説示。ケース番号C92-658M

2章　女たちは敵か

▼競技場外での暴力

警察に通報される性暴力や家庭内での女性に対する暴力は、毎年増え続けている。それにもかかわらず、大手報道機関はこの種の犯罪をほとんど取り上げない。しかし、例外が一つある。名の知れた人物がこの種の事件に関わっているときだ。とりわけスポーツ選手は、ロールモデルと有名人というユニークなブレンドで取り上げられやすい。暴力犯罪のかどでスポーツ選手が告発されるケースが増えているため、これまで何十年と見過ごされてきた社会問題にやっと注目が集まるようになってきた。女性を虐待する風潮は社会に浸透しており、その加害者はもちろんスポーツ選手に限らない。しかし、スポーツ選手は通常人気者で、注目を浴びる存在であるため、彼等の犯罪は、スポーツカルチャーが徹底的に調べられるきっかけとなった。研究者たちは、チームスポーツと、競技場外で起こる暴力とのつながりを追った。その結果、元来攻撃的で、弱肉強食的な男性スポーツの世界が、女性に対する暴力犯罪を起こすひきがねとなりうるという考えが広がっている。

男性スポーツ界をとりまく環境は、女性蔑視を助長する傾向がなきにしもあらずだ。しかし、スポーツ選手の女性蔑視的態度こそが、彼等が女性に暴力をふるう最たる原因だとするのは、短絡的すぎる。両者の関係を強調しすぎる反面、また、簡略化しすぎるのだ。チームスポーツに参加すること自体で、男性が女性を虐待するようになるわけではない。女性を虐待するような性向のもともとあった男性が、たまたまチームスポーツに参加することで、その性向がより強く浮き出てくるということはある。また、男性スポーツのカルチャー（女性蔑視の表現に溢れたロッカールームでのやりとり、攻撃性が報酬に結び付き、暴力が正当化されるシステムなど）は、明らかに女性差別的態度を助長する。

男性スポーツ選手と女性への犯罪行為を結ぶもっと太い線が実はある。それは、競技場外ですすむスポーツ選手の社会化の過程と、彼等の有名人としての地位だ。名選手として名を成した男たちはちやほやされ、その結果、不法行為に手を出しやすくなる。多いのは不法な性行為だ。もともと性暴力や肉体的暴力をふるう性向のあったスポーツ選手たちは、自分たちの社会的地位と世間の信頼をかさにきて、女性を食い物にする。女性の方では、このスポーツ選手たちを品行方正な市民だと誤解していることが多いのだ。

女性に暴力をふるう性向のある男性のうちでも、スポーツで活躍する者たちはその性向に拍車がかかるということはあるかもしれない。結果として、スポーツ選手の暴力事件が多発する。しかしこれは、競技に参加しているからというより、その選手たちが、現代ポップカルチャーの英雄的存在になっているという事実を反映しているといった方が正確だ。

ところが、攻撃能力の激しさで凌ぎをけずっている男たちが支えている産業には、ある種の危険が伴っている。それは、異性に対する怒りをおさえきれないという問題を抱える男たちの巣となることだ。スポーツ業界は、女性に対する暴力犯罪を繰り返しながら女性をさげすんでやまない男たちを、事実上かこってきた。スポーツ業界の特殊な状況がそれを許してきたのだ。競技スポーツは主に肉体的優越性を競うものであること、そして、攻撃的で対決好きな超男くささがものをいうこと、さらには、有名選手になると、競技場内だけでなく社会的にも認められる、そういった状況が、スポーツ選手の犯罪人を野放しにしてきたのだ。

▼女性へのコントロール願望

一九九四年四月九日の午前〇時過ぎ、元プロフットボール選手ルイス・ビラップスは、自分の車の運転席に乗り込んだ。一九八七年製のコンバーティブルのコルベットだった。そして、フロリダを通る州連絡高速道路四番を猛スピードで走り始めた。ビラップスは、その六日前に出所したばかりだった。ある女性の命を奪うと脅した罪で、懲役一年の刑を言い渡され、その服役を終えたところだったのだ。ビラップスは連れを一人乗せて、時速百マイル以上のスピードで走っていた。と、その時、前の車が急に車線を変えたので、ビラップスは追突を避けようととっさにハンドルをきった。それでビラップスの車は一回転し、コントロールがきかなくなった。そして、五十フィートある金属製のガードレールに激突した。警察が午前一時にかけつけた時には、ビラップスは車から投げ出されて道路に横たわっていた。彼の連れは即死と診断された。ビラップスはオーランドー地区医療センターに運ばれたが、数時間後に死亡した。

このビラップスの無残な事故死に、安堵のため息をつく女性が数知れずいた。「彼が死んでも、まだわたしはおびえているんです」とジェニー・チャップマンは話した。チャップマンがストーキング（跡をつけられること）を訴えたことが、結局ビラップスの刑務所入りに結びついたのだった。「彼がまだ生きていたとしたら、たまったものではありません。あの当時のことを思い出すだけでも体が震えるんですから。生きていたら、また何をされるかと考えるだけでも怖くなるんです。あんなふうに死んでくれて、本当によかった。そうでなければ、いっときも安心できませんから」(1)

NFLでプレーし始めた初年の早いうちから、ビラップスは女性に暴力をふるうという荒々しい性向をむき出しにしていた。一九八六年にシンシナティ・ベンガルズと契約して間もなく、ビラップスはトレイシー・フェアと出会った。フェアはシンシナティ在住の女性で、やがてビラップスのガールフレンドとなり、彼の暴力のターゲットとなった。「わたしは殺される寸前までいきました」とフェアは語った。「彼は三時間半もわたしを殴り続けたんです。そのうち三時間ぐらいは頭を殴られていました。整形手術は六回も受けました。鼻を六回、耳を一回です。顔をまともに殴られていましたから。それでもあきたらず、彼はわたしの髪の毛も切り落としました」

フェアが殺される寸前まで殴られたのは、彼女がビラップスにもう別れたいと告げた後だった。繰り返される暴行に、フェアはもうこれ以上耐えかねたのだった。「彼は、『おまえを二度と見られない顔にしてやる』と繰り返していました」とフェアは語った。「『そんな顔じゃ、おまえをほしがるようなやつはいないだろう。だからおれといるしかないんだよ。おまえはおれのものだ』と言っていました」とフェアは続けた。

「ビラップスはトレイシーの身も心もめちゃめちゃにしたんだ」とチームメイトの一人は語った。「彼は、トレイシーの耐え忍んだ暴行を知っていた。「彼女は愛らしい人だった。なのに、ビラップスは彼女の心をめちゃめちゃにしたんだ」

長い入院生活や数回にわたる整形手術を余儀なくされ、フェアはビラップスを警察に訴えた。そして、ビラップスには暴行の容疑がかけられた。ところが、このケースが起訴される前に、フェアは訴えを取り下げた。「これを進めれば、彼に殺されることは間違いないと思ったからです」とフェアは言った。「彼はこうも言ったんです。誰かを雇って今度こそわたしの顔を殴りつぶしてやるって。乱暴されてきた女性がどんなにおびえて暮らしているかは、わかってもらえないでしょう。だからみんな、こんなことを平気で言うんです。『フェアはうそつきだ。訴えを取り下げたんだから。暴行なんてなかったんだ。ビラップスは有名なフットボールプレーヤーだ。フェアは彼に汚名を着せているんだ』。名もないシンシナティの一市民のわたしが、有名人のフットボールプレーヤーにいちゃもんをつけてるっていうわけです」

ＮＦＬで七年間プレーしている間に、ビラップスはフェア以外にも多くの女性に、レイプ、殴打、脅迫などの暴挙をはたらいた。それで逮捕され、起訴され、暴力的性向を示す生々しい証拠があげられていたにもかかわらず、ＮＦＬもベンガルズもビラップスを正式に処分しようとはしなかった。それに、ビラップスのチームメイトも誰ひとりとして彼を諭そうとはしなかった。ビラップスの怒りが、チームメイトには一度も向けられなかったからだ。「おれたちは仲良くやってたよ」と一人の元チームメイトは話した。「競技場の外では問題があったらしいけど、他のプレーヤーとはいざこざなんか一度もなかったね」

もう一人のチームメイトでビラップスの友達だった者もこう語った。「一緒にいるときには、ものの静かなやつだったね。晩ごはんはおごってくれるし、一緒に出かけたりするとおもしろいやつだったね。それにあいつは、ぼくの妻にとびきり優しかったね。他のプレーヤーの細君にも優しかった。なのに、つきあっていた女にはひどいやつだったね。ドアを閉めてふたりきりになると、どういうわけか、その女を殴るか、［性的に］自分の思い通りにしないと気がすまないやつだった。甘やかされたガキだったんだな」

女性に対してむごたらしい仕打ちを繰り返していたビラップスだったが、クラブやその他の社交場で出会う女性には好印象を与えていた。スタイリッシュな服に身をつつみ、贅沢にお金をつかうことで、なびきやすい女性をひっかけていた。ひっかかった女性は、彼の自宅やふたりだけになるような場所へ二つ返事でついて行き、そこで虐待されるのだった。

NBAのスタープレーヤー、レックス・チャップマンの妹ジェニー・チャップマンも、ビラップスの罠にはまった。フェアの場合と同じように、チャップマンもやがてビラップスにひんぱんに殴られるようになった。「彼はにぎりこぶしで殴るんです」とチャップマンは話した。「平手打ちもくわされました。首を絞められることもありました。息ができなくなって気絶して、次の朝気がつくと、また一から殴られるんです」

名声を手にしたスポーツ選手のライフスタイルが、ビラップスの暴力に火をつけた、とチャップマンはみる。「彼がフットボール界にはいって、あまりにも急にお金持ちになったのが問題だったんではないでしょうか」とチャップマンは話した。「それまでただの一度も、ありあまるほどの大金なんか手にしたことのなかった人が、突然そんな大金を手にして、それと同時にものすごいパワーと名声が舞い込んできたんです。どこで何をしたって、誰にも文句を言われないようなパワーと名声がね。だから、何でも自分の思い通りにするのに慣れていたんですよ、彼は。それで、わたしが思い通りにならないと、暴力をふるったんです」

ビラップスの親しかった友達で、チームメイトだった人物は、ビラップスの女性をコントロールしようとする強い性向を次のように説明した。「スポーツ選手は、有名で、金持ちでしょう。だから、なんでも自分の思い通りにするパワーがあると思いこむわけだ。ルイスは自分の名声、富、パワーをフルに活用したやつだった。なんてったって、やつは大金持ちだったんだ。ランボルギーニやコルベットを乗り回してたし、フロリダのオーランドーに超エレガントな豪華ハウスを持ってたんだから」「でも、それだけではやつは満足しなかった。誰かを自分の思い通りに操るパワーを使いたかったんだ。『おい、おれはルイス・ビラップスだ。何から何まで持ってるし、何でもできるんだぜ』ってね。それで、誰かをうちに連れて来ると、そいつを自分の思い通りにコントロールしたかったんだね。ジェニーもそうやってコントロールしたかったんだ。彼女の身も心も、すべて自分の思い通りにね」

スポーツ選手という職業柄、ビラップスには女性に近づく機会がいくらでもあり彼もそれを利用したわけだが、女性をコントロールしたいという願望は、スポーツそのものとは関係がなかった。それよりもっと複雑な要素が、彼の暴力的性向にはからんでいた。「パワーとコントロール願望と女性への侮蔑の念が入り組んでいるんです」とビクトリア・ブリーランドは話した。ブリーランドは、ビラップスをレイプで訴えたビクトリア・アレクサンダーの弁護士のひとりで、ビラップスのような行動パターンを持つ男たちの心理をよく知っていた。

「加害者から見れば、その人［暴行の被害者］は人間ではなくて、物なんです。人間を物だと思い込むことで、コントロールしやすくなるでしょう。社会生活のなかで、自分にはパワーやコントロール能力がないと感じて大きくなってきた人や、劣等感にさいなまれてきた人にとっては、物化された人間ならコントロールしやすいですよね。『おれにもできるんだ』ってね。自分が無力だと感じている子供のすることとよく似ています。この無力感は、子供たちの心の中でねじ曲がって、他の子供をいじめることで自分の力を確認する、というかたちで出てきます。人間を物化することや犯罪に慣れて育ってきた人々にとっては、人間を殺したり、傷つけたりすることなどなんでもないんです。相手は人間じゃないんですから」

ビラップスは、プロフットボール界では脚光を浴びていても、私生活では自尊心の欠如という問題にさいなまれていた。競技場での輝かしい業績も、この空洞を埋めることはできなかった。競技場でのパワーとコントロールを、競技場の外の世界でも味わうのは、絶望的だった。そこで最終的には、腕力に訴えてでも自分の思い通りにしようとしたのだった。チャップマンがもう別れたいときりだしたときに、ビラップスは、そんなことは二度と言えないように痛めつけてやると脅した。チャップマンがその脅しにもひるまなかったので、ビラップスはまともに相手にされなかったと激怒した。そこで今度は、チャップマンの家族、特に兄のレックスを痛めつけてやると脅した。

チャップマンがビラップスの暴力行為をその筋に訴えてから、FBIが調査を始めた。FBIはチャップマンの電話に盗聴器をとりつけ、ビラップスがチャップマンや彼女の家族を数回にわたって脅すのを録音した。以下にその録音の一部を引用する。この部分は、ビラップスがいかに自分の男らしさというものに自信がなかったかを如実に示している。そして、暴力と脅しに訴えて関心をひこうとしていることがうかがわれる。

ジェニー・チャップマン　あんた、そのきたないこと、誰かにやらせるの、それとも、自分でやるの。

ルイス・ビラップス　自分の手は汚しゃしないよ、ジェニー。
ジェニー・チャップマン　そりゃそうよね。ほんとに男だったら、自分でやるもんね。
ルイス・ビラップス　いや、ほんとの男でパワーのあるやつは、わざわざ自分じゃやらないよ。
ジェニー・チャップマン　あんた、あたしがあんたみたいな人と一緒にいたいなんて、思うわけないじゃないの。あたしの愛する人たちを脅すような、あんたみたいな人と。あたしがそんな人とつきあいたいなんて、本気で思ってんの。
ルイス・ビラップス　ああ、思ってるさ。おれはただじゃひっこまないやつだからな。そいつをおまえにも思い知らせてやるよ、必ずな。おれの母親の命にかけてよ。

「やつ［ビラップス］には威圧感があった」と、ビラップスのチームメイトのひとりも認めた。「白人の女性を威圧する傾向があったと思う。白人の女性を自分に従わせるパワーがあると思っていたんだ。彼女たちをコントロールしようとしていた。そうして自分に自信をつけたかったんじゃないかな。自分のエゴを満足させるというか。とにかくやつは、しようと思えばいつでも白人の女性をコントロールできると思っていたんだ」

連邦当局がビラップスの脅迫電話の調査を進めている間に、ビラップスのキャリアは早くも終わった。シンシナティ・ベンガルズで六シーズンプレーしただけで、解雇されたのだ。若手のプレーヤーを入れるために、押し出されたかたちだった。グリーンベイ・パッカーズにひろわれたのも束の間、若くてより運動能力に優れたプレーヤーにけおとされて、再び解雇された。ビラップスはプロフットボール選手として何百万ドルもかせいだが、贅沢三昧の暮らしをしていたため、その時までには一文無しになっていた。次の手紙は、ビラップスがアメリカンエクスプレス社宛に書いたものだ。パッカーズに解雇されてから数週間後に書いたもので、富とパワーを運んでくる唯一の元手を失ったビラップスの思いあまったようすがよく表れている。

私、ルイス・ビラップスは、アメリカンエクスプレス・センチュリオン銀行に支払いをすることができません。なぜなら、一九九二年一〇月七日に、私はグリーンベイ・パッカーズから解雇されたからです。現在、別のチームと契約交渉中です。これ以外の雇用先や入金先はありません。現在、私の銀行口座には一銭も残っていません。家と車を売ってお金を工面しようとしているところです。しかし、売れるまでお金は全くありません。どうぞ御理解ください(2)。

一方、アレクサンダーの起こした民事訴訟でビラップスの代理人となっていた弁護士たちは、代理人を降りた。ビラップスが弁護士料を払えなかったからだ。こうしてビラップスの自尊心は打ち砕かれ、女性に暴力をふるうことだけが彼に残された唯一のパワーのよりどころとなった。自分はまだプロレベルでプレーできるとフットボールチームと契約交渉している間も、ビラップスは金持ちで有名なスポーツ選手の仮面をかぶり続けた。そして、一九九二年一一月三〇日、オーランドーの名士の妻がビラップスにひっかかった。彼女は、ビラップスの自宅でレイプされたのだった。

被害者は、ウェンディ・ウィリアムズだった。夫とうまくいかなくなっていたウィリアムズは、オーランドーの豪しゃなクラブに出入りし始めていた。そこで彼女はグレッグ・キャロウェイに出会った。キャロウェイはビラップスの親しい友人だった。しばらくして、キャロウェイはウィリアムズをビラップスに紹介し、ビラップスの家で三人で昼食をともにすることになった。「何か好奇心をそそられることだったんでしょう」とスチュワート・ストーンは話した。ストーンは、セミノール郡の検察官で、後にビラップスとキャロウェイを起訴した人物だ。「ウィリアムズは二人の若い金持ちの男と出かけることに興味津々で、わくわくしていたのです。なんといっても、ひとりはプロフットボールの選手ですから。気がついたときには、深みに足を踏み入れてしまっていたのです」

八十万ドルの豪邸へウィリアムズを招き入れると、ビラップスはウィリアムズにすすめた飲み物に密かに抑制薬を混ぜ込み、それを飲んだ彼女をレイプした。キャロウェイはその一部始終をビデオに撮っていた。ウィリアムズは、地域のメディアに騒がれるのを恐れ、警察にこの件を訴えなかった。彼女は、レイプがビデオに撮られていたことを知らなかったが、数日後、ビラップスとキャロウェイがその一部始終をおさめたビデオカセットをちらつかせ、二万ドル渡さなければこれを彼女の夫に送りつけると脅した。ウィリアムズがうんと言わなかったので、キャロウェイはさらに脅しつけた。「あんたの最悪の悪夢になってやるぜ」(3)。ウィリアムズは、二人の脅迫電話や昼間の不意の来訪などに日に日に疲れ切っていった。そこで、とうとう警察に連絡した。

ウィリアムズが警察に連絡してから数分とたたないうちに、ビラップスとキャロウェイはウィリアムズの自宅付近で逮捕された。その際、警察はビラップスの車の後部座席から問題のビデオテープを押収した。「テープは性交渉のもようをおさめていました」と検察官のストーンは話した。「被害者は酔っ払っているように見えましたが、明らかにそうだとは言いきれません。力づくでいやがる女性を、という状況ではありませんでした。しかし、力づくでレイプしたと証明する必要はなかったのです。ビラップスの容疑は、正常な精神状態を奪われ、したがって抵抗のできない女性をレイプしたというものだったわけですから」

ビラップス逮捕のニュースが報道された翌日、更に六人の女性がウィリアムズと同じような目にあったと訴え出た。皆オーランドー地域に住む女性で、ビラップスに誘惑され、レイプされ、それをビデオに撮られたと訴えた。「ビラップスがこれらの事件を起こしたことは間違いないと確信していました」とストーンは語った。「明らかにビラップスとキャロウェイの計画的犯行でした」

ビラップスとキャロウェイを起訴するにあたって検察側が調査を進めると、ビラップスの暴力的性向を裏付ける証拠の数々があがってきた。

＊一九九二年一二月三日、ビラップスは酔っ払い運転で逮捕されていた。オーランドー地区のバーの外でもめごとが起こっていたので、警察が呼ばれた。そこでは、ビラップスがパティ・アブデルメシーをののしり、唾をはきかけていた。アブデルメシーは、ビラップスに無理やり車に押し込まれようとしていたもう一人の女性を助けようとして、ビラップスの怒りをかったのだった。アブデルメシーは、この女性がトイレで苦しそうにうめいて汗だくになっているのを見ていた。ビラップスが彼女にお酒を買って飲ませていたのだった。「泥酔させるつもりじゃなかったよ」とビラップスの連れの男は話した。ビラップスは、警察の質問に答えるのを拒否し、車に乗って走り去ろうとしたので、酔っ払い運転で逮捕された。

＊一一月には、一人の女性が、ビラップスの豪邸内を見物中に暴行されたと警察に訴えた。訴えによると、彼女は裸にされ、レイプされ、かばんの中の五十ドルをとられた上、家から放り出されて、着ていた服を背後から投げつけられたという。この女性は、容疑を正式に訴えるのは拒んだため、ビラップスの逮捕には至らなかった。
＊七月には、オーランドーに住む女性の訴えで、ビラップスがその女性に近づくことの法的禁止命令が出された。その女性の訴えによると、ビラップスは彼女に敵意をむき出しにして口ぎたなくののしったりしており、そのうち暴力をふるうことも辞さないと脅していたという。
＊隣接郡の保安官事務所が把握している情報によると、ビラップスはナイトクラブで起こった少なくとも三つの事件に関わっていた。そしてその三つとも警察の介入を要したという。
こうして、ビラップスの女性敵視の証拠が次から次へと明らかになっていったのだが、ウィリアムズの事件の検察側は入獄処分を含まない司法取引に応じた。有罪判決の鍵を握るウィリアムズが、法廷で証言するのをいやがったからだった。「公に証言するのは、非常に困難だったのです。彼女はビラップスを恐れていましたから」とストーンは話した。「証言するとなるとメディアの注目を集めます。それが、彼女の夫のキャリアに響かないとも限りませんでした。夫は著名な医師でしたから」

ビラップスがウィリアムズの事件で有罪答弁をした時には、彼はすでにジョージアで懲役一年の刑に服していた。前述のチャップマンへ脅迫電話をかけたことで有罪となっていたのだった。凶悪行為の数々を犯したビラップスには、もっと厳しい刑が言い渡されてもいいはずだったが、彼は刑務所入りを何度もまぬがれてきた。これには、法執行機関で働く官吏の側にも責任があると言える。実際、被害者側は、彼を制そうと異例なまでの努力をしてきたのだが、ビラップスは法の網の目をくぐり抜けてきた。「やはり、彼は有名なスポーツ選手だということで、より厳しい訴追はなされなかったようです」とストーンは話した。

司法機関より、プロスポーツ連盟や選手のプレーするチームの方が、選手を制する力が大きい。連盟やチームからの懲戒処分が待っていれば、選手はビラップスのように暴走するのを思いとどまるからだ。ところが、連盟やチームはめったに選手を処分しようとはしない。選手が競技場内で活躍しさえすれば、競技場外で暴力犯罪を犯そうと知ったことではないのだ。確かに、ビラップスの行為は例外のうちに入るだろう。ビラップスと同じような条件で生活し働いていながら、女性に暴力犯罪を犯すことなどないスポーツ選手は数え切れないほどいる。それでも、ビラップスのような犯罪者がプロスポーツ選手としてプレーすることを許されているという事実は、プロスポーツチームのオーナーや経営責任者やコーチがいかに無神経であるかを物語っている。

▼女性虐待性向の増長

スポーツ選手に暴行される女性のほとんどは、その選手と顔見知りである。これは、女性暴行事件の全体像を見ても同じで、その加害者はほとんど被害者の知り合いである。

女性に暴力をふるう性向のある選手たちはほんの一握りだが、彼等には、女性に出会う機会が、そして最終的には被害に遭わせる機会が、無限にある。ビラップスと似たような手管を使って、マイク・タイソンは十八歳のデジレイ・ワシントンを餌食にした。ナイーブな彼女をダンスに誘って、その途中で自分のホテルへ連れ込んだのだった。

ワシントンをレイプしたとしてマイク・タイソンを有罪に追い込んだ特殊任務検察官グレッグ・ギャリソンは、次のような感想をもらした。女性に暴力をふるう性向のある選手の大部分がそうであるように、タイソンの場合もスポーツでキャリアを積むことでその性向がいっそう悪化したと言える。「プロスポーツ選手は、王様になっていますから、コミュニティーの道徳を無視しても平気でいられるのです」とギャリソンは話した。「スーパースターなら何をしてもかまわない、という風潮がみられます。何をしても許されるんです」これは、女性に暴力をふるう性向のある者がからむと、とりわけ危険なシナリオだ。彼等が女性と接触する機会が増えるのは必至で、それだけ女性が危険にさらされる。「プロスポーツ選手は、自分たちの名声を印籠代わりに使って、相手の女性より優位に立とうとするのです」とギャリソンは話した。「タイソンはデジレイをレイプしたと自分でわかっていましたが、それがどうした、という態度なんです。おれのやることに文句があるか、というわけですね」

あるNFLプレーヤーもギャリソンの見方を支持した。このプレーヤーは、タイソンが女性とどのように接するかを見て知っていた。「言っても想像できるかな」とこのプレーヤーは匿名を条件に明かした。「やつとは社交的な集まりに何度か行ったことがある。会場に入るとすぐ、『さあ、一発やりてえな。女はどこだ』とくる。いろんなやつらと出歩いたことがあるけど、タイソンみたいなやつはいなかったね。あいつみたいに、いつでもできるって自慢してるやつは。バーで酒を注文するようなもんだよ。単なる物だね。感情なんてもんはひとかけらもないよ。女は、力づくで従わせるもんだと思ってるんだ。あいつのいた今までの環境で、そういうもんだと思ってるんだよ」

タイソンは、小さい頃から女性虐待の性向を表してきた。そしてそれは、ボクサーとして頭角を現すにつれてますます悪化してきたのだ。子供のとき、母親の男友達が母親にひどい暴力をふるうのを何度も見ていた。十代の初めごろには、同じ年ごろの女生徒たちに、かん高い声とずんぐりした体をからかわれ、彼女たちを軽蔑していた。その後、街頭をさまよう暴力犯罪者になりかかっていたが、有名なボクシングトレーナーのカス・ダマトに救われた。それ以来、タイソンのトレーナーたちは、タイソンのまれに見る体力と怒りをとぎすまして、情け容赦のないファイティングマシンをつくりあげた。トレーナーたちは、タイソンの持っていた他人への不信と怒りを戦意に転じて、リング上での闘争心をかりたてたのだった。

ダマトはある時、タイソンに野球のバットを見せた。タイソンは「これは何に使うんだ」と尋ねた。「女に使うんだ」とダマトは答えた。「おまえがチャンピオンになったら、おまえにたかる女どもを振り払うものがいるからな」。このように言うのは、タイソンの自信を回復させるためだと言われるが、それ以外のメッセージが伝わるのも明らかだ。そのメッセージはタイソンが既に持っていた危険な女性敵視の態度を増長することとなった。

タイソンは二十歳の誕生日を迎える前にチャンピオンになり、様々な女性と数え切れないほどの性交渉を持った。ところが、タイソンの女性をさげすむ態度は悪化する一方だった。あるとき彼は、ボクサー仲間のホゼ・トレズに明かした。「とっておきのことを教えてやろうか。おれは女と寝るとき、そいつを痛めつけてやるのが快感なんだ、悲鳴をあげるまでな。そいつを聞くのは最高さ。血なんか出りゃたまんないよ。すっげえ快感さ」「おい、そんなふうに女を扱う男っていうのは、たぶん女嫌いなんだぜ。胸の奥では、女を嫌ってるんじゃないのか」とトレズは答えた。「そうかもしれないな」とタイソンは言った。「そんなこと言うやつはおまえが初めてだ。ふーん、ほんとにそうかもしれないぞ」

女性が自分に興味を示すのは、単に自分が有名人だからであって、自分の人柄とか考え方に興味があるわけではないと、タイソンには痛いほどわかっていた。それならその知名度をフルに利用して、性欲を満たし、女性を従えようとした。主に売春婦やいわゆるグルーピー（※本書でいう「グルーピー」とは、単なる「追っかけ」ではなく、あくまでも有名人との性交渉のみを目的とする熱狂的なファンのことを指す）と繰り返し性交渉を持つことで、タイソンの性欲は底無しになった。ワシントンをレイプする前の二十四時間の間に、タイソンはホテルの自室で、二人の女性と別々に性交渉を持っていた。

ギャリソンは、タイソンのもともとの女性蔑視の態度がボクサートレーニングによってフルに発現したと見る。女性が彼の性的アプローチを拒むと、彼は、ボクシングリング上の敵に挑むかのようにその女性に挑んだ。ギャリソンは言う。「たとえばこういうことです。弁護士の妻たちは、口をそろえてこう言います。『うちの夫と討論なんかしないほうがいいわよ。うちの人は、討論するのが商売なんだから。あなたの言い分は正しいかもしれないけど、討論には勝てっこないわよ』。たぶんその通りでしょう。わたしも、妻や子供と議論になったら、耳をそばだてて相手の一語一句を聞かないわけにはいきません。相手の言い分の論理的矛盾を探しているのです。あったらそれをつかまえて論破します。職業柄、私生活でもそういう癖がついているのです」

「では、ボクサーの場合はどうでしょう。ある方向に動くと見せかけて別の方向に動く。左を打つと見せかけて右を打つ。形勢不利と見せかけて実は攻勢のチャンスをねらっている。相手が油断したすきをつくわけです。ボクシングはだますことが職業なのです。リングを一歩出たらボクサーでなくなる、というわけにはいきません。公判で陪審員たちに強調したかったのは、この男にはだまされやすいということです。彼は、だましの名人なのですから」

ワシントンも、タイソンに実際に暴行されるまで、彼との短い出会いの中で暴行のぼの字も思い浮かばなかった。ワシントンはボクシングに興味があったわけではなく、タイソンのことをなぜ知っていたかというと父親がタイソンを崇拝していたからだった。それにタイソンは、黒人コミュニティーでは傑出したロールモデルともなっていた。当時、ワシントンは高校を卒業したばかりの十八歳で、キリスト教を厚く信仰する家庭環境で育ってきていた。そのワシントンは、タイソンに出会って感銘を受けたのだった。インディアナポリスで開かれていたブラック博覧会でのことだった。その美人コンテストにワシントンは参加していた。そのときタイソンは「キリストのみもとに我々は生きる」と書かれたピンを胸にはめ、ジェシー・ジャクソン師と並んで公開礼拝に参加していた。その博覧会でタイソンは、その日の夜ダンスに行こうとワシントンと彼女のルームメイトを誘った。ワシントンは喜んだが、まさかタイソンが自分を本気で相手にしているとは思わなかった。だから、午前一時三十分にタイソンからの電話で起こされたときには驚いた。タイソンは、ワシントンのホテルのすぐ外にリムジンを止め、そこから電話していたのだ。ワシントンの証言によると、タイソンは次のように言ったという。「ちょっと出られないかな。そこまでドライブしようよ。きみと話がしたいんだ。ちょっと出られないかな」

タイソン起訴の準備のため、ギャリソンとそのチームは、他にもタイソンに暴行されたと訴える女性をインタビューした。いずれもインディアナポリス周辺地区に住む女性たちだった。彼女たちは、ワシントンの事件の詳細は知らなかった。ワシントンの起訴陪審（起訴するかどうかを決定する陪審）での証言は公開されていなかったからだ。彼女たちの話から、タイソンの手口にはパターンがあることがわかってきた。「タイソンが彼女たちにどう近づいたか、そして何をしたかについては、どのケースも同じだったと判明しました」とギャリソンは話した。「まず、『きみと話がしたいんだ』。そして、『さあ、ぼくのとなりに座らないか』。そしてドアをロックして、あとはお決まりのコースです」

ワシントンを乗せてナイトクラブへ走る途中、タイソンは持って行きたいものがあるから自分のホテルに寄ってもいいかと聞いた。ワシントンは特にいやでもなく、豪華なスウィートまで彼について行った。ホテルのロビーを二人が歩いて行くのを、人々はため息をついて見送った。有名人と一緒にいるということでワシントンは有頂天になっていたが、いったんタイソンのスウィートに入るとその興奮状態もさめてしまった。タイソンには、部屋から出る気が全くなかったからだ。博覧会とリムジンの中では、礼儀正しく世間話などをしていたのが、今は性的興味をほのめかすきわどい会話になっていた。タイソンの豹変に、ワシントンは全く不意をつかれた。「『こんなことってある？　この人はマイク・タイソンよ。パパはこの人を崇拝してるのよ』。こういう信じ難い思いに、彼女はさいなまれていたのです」とギャリソンは話した。

ワシントンがタイソンのアプローチを拒み、逃げようとすると、タイソンはすばやく彼女の服をはぎとり、押し倒した。ワシントンはやめてと懇願したが、タイソンの性欲は止まらなかった。「タイソンのスポーツ選手としてのトレーニングが明らかに要因になっていると言えます。プロのスポーツ選手は、驚くべき肉体的能力を持っているのです」とギャリソンは話す。「プロスポーツチームをクビになる男は、普通の男に比べれば天才的運動選手です。では、プロでもトップの運動選手はというと、これはもう想像を絶するすごさです。O・J・シンプソンが同じ一つのナイフで二人も人間を殺せたか。もちろん殺せましたよ。しかも、二人とも、何が自分たちを襲ったのか全く見当もつかないうちにおだぶつです。シンプソンがフットボール競技場を走るのを見たことがあるでしょう。彼にタックルするなんて至難の業ですよ。逃げられて、みんな空気をタックルしてましたから、洗濯物がひらひらするみたいにね。プロでもトップの選手は、このシンプソンと同じくらいすごいんです。シンプソンは煙のごとく速かった。タイソンも同じです。タイソンは全く別のことを考えているようで実は獲物をねらっている。気がついたときには、もう遅い」

ここで見分けなければならないのは、スポーツがタイソンを強姦者に仕立て上げたわけではないという点だ。そうではなくて、スポーツ選手になる前からタイソンには問題があった。女性にしていいことについて間違った考えを持っており、その考えを実行に移すのに、スポーツで鍛えられた体が危険な武器になったのだ。この点は見分けなければならない重要な点である。

「『おれが手に入れたければ、手に入れるまでだ』という発想に、タイソンは慣らされていました」とギャリソンは言う。「『おれがおまえを殴り倒したければ、おまえは殴り倒されるまでだ』というわけです。困ったことに、この発想は間違ったことを正当化してしまいます。タイソンがレイプを認めないのは、あれは自分のほしいものを手に入れただけだったと思っているからです。レイプなどしなかったからでもなく、あれはレイプではなかったと思っているからでもないのです。ただ単に、自分のほしいものを手に入れた行為だった、そのどこが悪いのかというわけです」

ビラップスとタイソンが示した女性をさげすむ態度は、他の一握りのスポーツ選手たちにも共通している。レイプや暴力で繰り返し訴えられている選手たちだ。女性に暴力犯罪を犯す男たちはごまんといるが、その中でもスポーツ選手のように、優れた肉体的能力を備え、且つ人々の信頼も得ているという男たちはそうはいない。利潤追求しか眼中にないスポーツ業界では、もともと女性に暴力をふるう性向のある男たちが野放しにされている。通常性犯罪や家庭内での暴力犯罪を犯した男たちが受ける処罰や社会的非難を、彼等は免れている。

註

◇本章執筆にあたっては、筆者の行ったインタビューのほか、ESPN（アメリカのテレビ局）の報道と文献を参考にした

(1)ESPN放送からの引用。（当人のプライバシーを守るため、仮名を使っている）

(2)この手紙は、一九九四年四月一〇日付けの*Orlando Sentinel*に載った

(3)逮捕に至るまでの状況説明書より。ケース番号E92-4510CKA、P31

3章　お手軽な獲物

▼スターを追う女性たち

性暴力で起訴されるスポーツ選手を弁護する弁護士たちは、スポーツ選手は他の男たちより性犯罪に走りやすいとは思っていない。しかし、スポーツ選手の女性を見る目は、ゆがんでいる傾向があると言う。合意上のセックスをする機会が山ほどあるからだ。「女性がスポーツ選手を追いかけるからです」とブラッド・ケラーは話した。ケラーは、レイプで訴えられたシンシナティ・ベンガルズの選手たちの法廷代理人となった弁護士だった。「ごく普通の健康なアメリカ人男性だったら、プロスポーツ選手のように女性はいつでも手ごろだというようなことはありません。女性が手軽に手に入ることが、彼等の男女観に影響を与えているのです」

ヘビー級ボクサー、マイク・タイソンの弁護士、アラン・ダーショウィッツも、同じ意見だった。有名スポーツ選手は、複数の女性と数知れず合意上の性交渉を持つので、女性を見る目がゆがむばかりでなく、性交渉に相手の合意を得たと思い込みやすくなる、という。大量にセックスをこなす選手は、女性と見ればセックスの相手としか見ないため、女性が有名スポーツ選手とふたりきりになったときには、その気がなければ女性の方ではっきりそれを伝えなければならない、とダーショウィッツは話した。ダーショウィッツは、デジレイ・ワシントンについて、こう述べた。「スポーツ選手はグルーピーにはおなじみですからね。そういう意味では、午前三時にスポーツ選手の部屋に入って行く場合には、自分はグルーピーではないと十分念を押してからにすべきでしたね」

もともと女性が自分の性欲を満たす存在以外のなにものでもないと見る男性は、確かにいる。有名スポーツ選手の多くもそうだ。また、女性を自分の性欲の対象としか見ないように経験で訓練されてきた男たちは、性的アプローチが拒まれたときには無理じいしてはいけないという、性暴力に関する法を犯す傾向が強くなる。確かにこれらは問題だが、もう一つ問題なのは、性暴力事件ではスポーツ選手の行動のみがとりあげられるということだ。

スポーツ選手が、女性なら誰でも体を開いて自分たちと寝たがる、と考えるようになるのは、実際にそういう女性に次から次に出会うからだ。「スポーツ選手を遊ばせてやっている女性も、この問題について責任を感じるべきです」とローリー・ピーターソンは言った。ピーターソンは、プロスポーツ選手から性暴力の被害に遭った女性の代理人になってきた弁護士だ。この章にとりあげた事件の女性も、ピーターソンが法的事務手続きをしていた。「彼女たちは、スポーツ選手にばかにされているのも知っているし、体だけが目当てだということも知っているのです。それでも、スポーツ選手と寝ることがなにか名誉なことででもあるかのようにふるまうので、彼女たちはスポーツ選手のゆがんだ女性観を助長し、他の女性をも危険にさらすことになっています」

スポーツ評論家も学者も、一部の女性のこのような行動を指摘したがらない。それを指摘することで、スポーツ選手の女性に対する軽蔑的態度が悪化し、その結果、ますます彼等が女性に暴力をふるうようになることをおそれてだという。しかし、実際には女性もこの問題の原因となっていることを正面からとりあげないのは、問題を被害者の責任だとして片付けてしまう風潮に乗じまいとする努力の表れだとみることもできる。しかし、この特殊な一部の女性たちが喜んでスポーツ選手とのセックスに応じるということ、しかもその数は異常なほど多いということに全く言及しないのもまた問題だ。スポーツ選手がなぜ女性をセックスの対象としてしか見ないかの最たる要因を見落とすことになるからだ。

さらに、スポーツ選手とランダムに性関係を結ぶ女性は、後日暴力犯罪の被害者になりやすいという事実もある。彼女たちがセックスに同意する権利は法律で保障されており、もちろんその権利は尊重されるべきだ。ところが、最初にある程度の性交渉には同意していても、その後、意に反して被害を受けるというケースが多い。たとえば、第一章でとりあげたビクトリア・アレクサンダーは、リン・ジェームズとの性交渉には同意したが、他のベンガルズのプレーヤーとの性交渉には同意しなかった。法律では、同意は一つ一つの交渉にいちいち与えられるものだと解釈されている。しかし、実際の状況では、女性がセックスを目的にスポーツ選手を追いかけていて、意に反して性暴力をふるわれたりした場合には、彼女たちが法に訴えるすべはほとんどない。

これよりもっと深刻な問題もある。それは、この一部の女性たちがよろこんでスポーツ選手に体を開くことで、スポーツ選手の獣のような考え方に拍車がかかり、ひいては他の女性が性行為を無理じいされるようになることだ。さらに、この一部の女性たちの行為は、性暴力の容疑をかけられたスポーツ選手やその弁護士たちに、訴えを起こした女性たちはほとんどみなグルーピーだとする根拠を与えてしまうことにもなりかねない。

このような一部の女性たちの問題行動をとりあげることで、暴力犯罪を犯した加害者たちが責任回避できるわけではもちろんない。しかし、この女性側の問題行動をとりあげることで、男性が有名人だからというだけでのべつまくなしにセックスができるという状況の問題点が浮かび上がってくる。また、この女性側の問題行動は、レイプ被害者の訴えと直接関係があるのだ。なぜなら、この被害者たちはスポーツ選手と性交渉を持つ気は全くなかったのだが、スポーツ選手が同意を得たと判断するような行動をそうとは知らずにとってしまいレイプの被害に遭うからだ。そしてそのように判断される行動の範囲を、問題の一部の女性たちが定義しているかたちになっているのだ。

▼ユニークな特典

一九九一年四月二一日、三十三歳のリンダ・フレンゼルは、ミネアポリスの中心街にあるレストランで夕食時の勤務を終え、家路についた。翌朝マイアミへ発つ準備をするためだった。ミネソタ州にはまだ霜が残っているというのに、フレンゼルと彼女の親友のスーザン・ランドキストは、水着と日焼け止めとビーチタオルをスーツケースに詰め込んだ。また、ナイトクラブで着る服も詰め込んで、フロリダ州の海辺で過ごす三日間の準備を進めた。「わたしはその親友と一緒にマイアミへ一年に二回は行くわね。海辺でのんびりするのよ」とフレンゼルは話した。「あそこは最高よ。言ってみればわたしたちのバカンスの場所ね。だから毎年行くの」

フレンゼルの四歳になる娘マーシーはまだ幼すぎて、地図でフロリダを見出すことはできなかった。母親がフロリダへ行ってしまっても、週末はおばあちゃんとふたりで過ごすことに満足だった。空港へ向かう車の中で、フレンゼルはマーシーに言った。「ママは、大きい飛行機に乗って海に行くのよ」「海に飛び込まないでね、サメがいるから」とマーシーは答えた。

マーシーがおばあちゃんと一緒に空港まで行って、母親にバイバイと手を振るのはこれが初めてではなかった。「マーシーは、わたしが飛行機に乗って行くんだということはいつも知ってたの。行く時はいつも空港へ一緒に連れて行って、『バイバイ』と言って別れてたから」とフレンゼルは話した。「わたしが帰って来るときは、わたしの飛行機が入って来るのを見ているわ。そして、わたしが飛行機から降りて来るのを搭乗口で待っていてくれるの」

フレンゼルの夫は、マーシーがまだ赤ちゃんのころ彼女のもとを去った。ウエイトレスとして働いていたフレンゼルには、フロリダに年に二回も旅行することはできないはずだった。ところが、フレンゼルにはマイアミ・ドルフィンズでプレーしている親しい友人がいた。それはケリー・グレンで、彼のつてで泊まる所をはじめほとんどただで週末が過ごせるのだった。フレンゼルはグレンに一九八〇年代の初めに出会った。彼がフットボール奨学金を得てミネソタ大学に通っているときだった。グレンは当時フレンゼルの女友達のひとりとつきあっていて、その間にフレンゼルと友達になったのだった。ふたりの友情は、グレンがプロフットボールリーグでプレイしていた八年間ずっと続いていた。グレンもフレンゼルと同じように、最初の子供が生まれて間もなく困難な離婚を経験していた。こうした似通った経験や趣味を持つふたりは、いつしか兄弟のように親しくなっていった。

マイアミに着くと、フレンゼルとランドキストとグレンは海辺で一日のんびり過ごした。その日の夕方、グレンはオーランドーでチャリティーバスケットボールのゲームに参加することになっていた。グレンはその日はオーランドーに泊まって次の日の朝マイアミへ戻って来る予定だったので、その間、フレンゼルとランドキストが退屈しないようにプランを立てていた。「マイアミできみたちふたりっきりで寂しい思いなんかさせたくないよ」とグレンは言った。「ぼくの友達がいるから、彼と一緒にいるといいよ。いろいろおもしろい所へ連れて行ってくれるはずだよ」

その友達はマイケル・バーバーだった。バーバーはマイアミ警察署の刑事だった。バーバーは、グレンの家にふたりを迎えに来て、それから自分のコンドミニアムに連れて行った。海に面したそのコンドミニアムに入るとすぐフレンゼルの目にとまったものがあった。それは、ドルフィンズのスターレシーバー、マーク・ドゥーパーの写真だった。彼の写真の数々が、壁やテーブルの上に飾ってあったのだ。ひとつのドアには、彼の等身大のポスターが貼ってあった。その中で彼はマントをはおり、ポスターには「スーパー・ドゥーパー」と書かれていた。

「こんなにマーク・ドゥーパーの写真があるけど、どうして?」とフレンゼルは聞いた。「ここはマークのコンドミニアムだからさ」とバーバーは答えた。「借りてるんだ。マークは他にもたくさん家やコンドミニアムを持っているからね」「ほんとう?」とフレンゼルは念をおした。「ほんとうだよ」とバーバーは明言した。「わあー」とフレンゼルは思わず喚声をもらした。「それってすごいわね。彼に一度会ってみたいわ」

フレンゼルは、グレンがドルフィンズに入ってからずっとドルフィンズのファンだったので、ドゥーパーのことは多少知っていた。ドゥーパーはフットボール界でも一、二を争うワイドレシーバーだったのだ。ところが、フレンゼルが知っていたのは、競技場内でプレイするドゥーパーだけだった。競技場外でのドゥーパーを、フレンゼルは全く知らなかった。ドゥーパーは一九八九年にレイプの容疑で訴えられており、八八年には麻薬使用取締規則に違反したとしてNFLから出場停止処分を受けていた。さらに、八六年からドゥーパーは札つきの麻薬ディーラーたちと通じていたことをマイアミ警察はつきとめていた。この事実は、『スポーツ・イラストレイテッド』誌の行ったドゥーパー出場停止処分の追跡調査で明らかにされていた。その調査によると、麻薬取り引きで有罪判決を受けたティモシー・テイラーの車を警察が手入れしたところ、ネルソン・アギュラーと一緒に写っているドゥーパーの写真が見つかった。アギュラーはコカイン取り引き商で、現在連邦刑務所で懲役十三年半の刑に服している。アギュラーの車の運転手ロバート・ティップトンもまた麻薬売買で刑務所入りしているが、彼は、北マイアミにあるドゥーパーのコンドミニアムのひとつにブリーフケース数個につめたコカインを運んだことがあると供述していた。さらには、ドゥーパーの所有するスーパードゥーパーリモというリムジンサービス会社の運転手リッキー・アロヨも、コカイン取り引きで逮捕されていた。逮捕後、アロヨは、フロリダ州司法事務所に宣誓供述書を提出しているが、その供述書によると、一九八七年からアロヨはドゥーパーにちょくちょくコカインを運んでいたという。なぜかドゥーパー自身には犯罪の容疑はかけられなかったが、ドゥーパーの親しい友人ハーマン・ウィリアムズは逮捕されていた。ウィリアムズの容疑は、おとり捜査員から十万ドル以上のコカインを買い取る取り引きに応じたことだった。また、ドゥーパーのビジネスパートナー、エディー・ピュアフォイは、銃器を隠し持っていた疑いで有罪となっていた。

さて、フレンゼルとランドキストは、ドゥーパーのコンドミニアムにあるサンデッキの椅子に座ってカクテルを楽しんでいた。すると、バーバーがガラス戸を開けてやって来た。手には携帯電話を持っていた。「きみにあいさつしたいっていう人がいるよ」とバーバーは言って、フレンゼルに電話を渡した。

訝しげに電話をとったフレンゼルは、とりあえずもしもしと言ってみた。電話の主は、マーク・ドゥーパーだった。フレンゼルが気軽にいつかドゥーパーに会ってみたいと言ったのを真にうけて、バーバーがドゥーパーを呼び出したのだ。ドゥーパーのコンドミニアムにドゥーパーに会ってみたいという女が来ていると知らせたのだった。「『プロスポーツ選手の』解釈では」とフレンゼルは当時を振り返って話した「『あなたに会ってみたい』というのは『あなたと寝たい』という意味にとられるわけ」ドゥーパーがフレンゼルを一夜のいい遊び相手だととったのは、電話でのやりとりから明らかだった。

ドゥーパーは、フレンゼルとランドキストとバーバーを自分のひいきにしているマイアミのクラブへその日の夜連れて行く約束をして電話を切った。ドゥーパーが迎えに来て、フレンゼルに紹介されると、彼はフレンゼルに大胆な注文をつけた。スカートの下はノーパンでクラブへ行ってくれと言うのだ。「初めて会った人にそんなこと言われるなんて、びっくりしたわね」とフレンゼルは話した。その注文は断わったものの、フレンゼルはその夜のドゥーパーの連れとなるのはまんざらでもなかった。「やっぱり誘惑はあるのよね」とフレンゼルは認めた。「スポーツ選手は稼ぎが多いでしょ。それに特権も多いし、待遇も抜群なのよね」それに、とフレンゼルは自分に言い聞かせた。ドゥーパーだってそうワルじゃないはずだ。なんてったって、彼はグレンの友達のバーバーの友達で、バーバーは刑事なんだから。「ワルに見えるのは、ドゥーパーのライフスタイルのせいだと思ったの。『さあ、盛大にやろうぜ』ってね。ものすごくワイルドで、突拍子もないことをしでかすっていう」とフレンゼルは話した。

フレンゼルはドゥーパーと一緒に、彼のギンギンの白いポルシェでクラブに乗りつけた。ランドキストとバーバーは別の車で後からついて来た。一行がファサードというマイアミ市内のけばけばしいクラブに着くと、りっぱななりをした駐車係がドゥーパーを出迎えた。そして、彼が降りられるように車のドアを開け、ポルシェをドゥーパー専用の場所に駐車した。クラブに入ると、オーナーがすぐにドゥーパーを見つけ、「ヘイ、マーク」と大声で呼びかけた。そしてこちらへ来るようにと一行に手招きした。

「まるで王侯貴族の扱いよ」とフレンゼルは言った。一行はただちにシャンペンルームに案内された。そこはクラブを見渡せる特別来賓用スウィートだった。ドン・ペリニョン・シャンペンといちごが出され、さらにほしいオードブルは何でも出された。すべての費用は、クラブ持ちだった。「ドゥーパーはどこへ行っても、王様扱いだったわ」とフレンゼルは話した。「わたしなんか、大統領と一緒に歩いているようなもんだったわ。何から何まで王様扱いよ。それで、自分もちょっと王様気分になっちゃうのよね。おかしなもんで、スポーツ選手といろんなところへ行くと、金でもおがむように待遇されるのよね。それだけ、スポーツ選手ってあがめられてるの」

フレンゼルは、有名スポーツ選手が特別待遇を受けるのはよく知っていた。というのも、高校を卒業したフレンゼルの最初のフルタイムの仕事は、ミネアポリス空港近くのホテルでウエイトレスとバーテンダーとして働くことだったからだ。ミネソタ・ツインズ、バイキングス、ノース・スターズの対戦相手となるチームが、よくこのホテルに泊まった。フレンゼルは陽気で、選手たちに混じってスポーツバーに座り、テレビでゲーム観戦するのに大満足だったので、そのうち多くの選手とファーストネームで呼び合う仲となった。十五年の間にフレンゼルは多くの選手と親しくなり、またコーチの幾人かとも親しくなった。おなじみのチームが毎年ミネソタにやって来て、いつものホテルに泊まるからだった。「わたしを取り巻く環境がそうだったから、スポーツ選手にたくさん会ったし、たくさん知ってたのよ」とフレンゼルは話した。「おもしろかったわよ。あの人たちをテレビで見るわけでしょう。そうすると実際に会ってみたくもなるわけ。わたしはスタジアムのすぐ隣で働いていたから、おもしろかったわ。選手たちはゲームがあればまたこの街にやって来るわけだし、そうするとわたしのことも覚えていてくれる。チップも余計にくれるし、『ヘイ、チケット二枚あるから、今夜ゲーム見に来なよ』って誘ってくれる」

こうして、フレンゼルは野球とフットボールとホッケーのゲームをただで数知れず観戦できた。これは、彼女のスポーツへの興味をかりたてる一種の贅沢だった。フレンゼルは子供の頃、父親の気をひくためにスポーツに興味を示し始めたのだった。

フレンゼルの父親は、野外活動を楽しむ人で、釣りや狩りをして余暇の大半を過ごしていた。彼はチームスポーツの大ファンというわけではなかったが、日曜はテレビでバイキングスのゲームを見て過ごしていた。仕事の関係で家をあけることが多かったので、父親と一緒にいるためにフレンゼルはフットボールゲームを一緒に見るようになった。「バイキングスがのりにのってたときに、わたしはスポーツファンになったのよね。フラン・ターケントン、チャック・フォアマン、サミー・ホワイト、アマード・ラシャードなんかの黄金時代よね」とフレンゼルは話した。「スーパーボウルも見ていたわ。父に最初に聞いたのは、『ファーストダウンってなに?』それから、『ダウンってどういう意味?』ってことだったし」

フレンゼルにとっては、ホテルのレストランとバーへよく来たスポーツ選手と親しくなるのは自然なことだった。「わたしは、世間で言うグルーピーなんかじゃないわ。スポーツ選手に会うためにホテルのまわりをうろうろするようなことはしたことないもの」とフレンゼルは言った。「わたし、グルーピーって言葉大っきらい。スポーツ選手と交際してるからって、グルーピーってレッテル貼られるなんて、おかしいわ。わたしはスポーツなんかやってない人と結婚したし、娘もスポーツなんかやってない人との間に生まれたもの。それに、スポーツ選手じゃない人も山ほど知ってるわ。なのに、たまたまわたしがあそこで働いていたのと、そこで出会う人がスポーツ選手だったのとで、わたしはグルーピーだってことになってたの。こんなこと言う人がよくいるでしょう。『制服を着る職業の人に魅かれる』とか、『警官や軍人に魅かれる』とか、『医者に魅かれる』とか。だれでも、ある種の人に魅かれるっていうことはあるんじゃないかしら。わたしの場合は、スポーツ選手に出会って、いつでもよくしてもらったんで、彼等をよく知るようになって、安心してつきあえるようになったわけ。グルーピーなんて、まぬけな言葉よね」

フレンゼルとドゥーパーが来賓スウィート専用の小さなバーに座っていると、ウエイトレスがカクテルトレイを手にしてやって来た。ウエイトレスがふたりの前に立つと、ドゥーパーはフレンゼルからウエイトレスに目を移し、またフレンゼルに目をやった。「彼はこう言ったのよ。『ねえ、彼女とぼくときみの三人で一回どうだい?』って」とフレンゼルは話した。「わたしは嫌気のさした目で彼を見てやったわ。そして言ったの。『そんなこと、まったく興味ないわね』。彼がこういうことをほのめかすようになると、わたしはきまって嫌気丸出しの顔してやったの。それで、わたしがまったく興味のないことが彼にはわかるはずだから」

これまでの何年かの間に、フレンゼルはさまざまなスポーツ選手に出会っていて、彼等の度の過ぎた行為はピンからキリまで目にしてきた。たとえば、過度の飲酒、法外な麻薬の使用、それに、ギャンブルだ。グループセックスというのは、その一段上をいく耽溺行為だった。「スポーツ選手って何から何まで持ってるでしょ。お金だって、名声だって、女だって。だから、もうちょっとアブナイもの、手に入りそうにないものがほしくなるって感じじゃないかしら」とフレンゼルは解釈した。「あの人たち、満足することってないみたいね。それで、もっともっとスリルのあること、グループセックスとか、それに似たような気違いじみたことをしたがるのよね」

ほとんどの女性は、ドゥーパーがフレンゼルに対してしたような行為に衝撃を受け、憤慨するだろうとフレンゼルにはわかっていた。しかし、フレンゼル自身は、こういう挙動に免疫ができてしまっていた。有名スポーツ選手ならするようなことだと思っていた。「この考え方って、とても信じ難いけどね」とフレンゼルも認めた。「スポーツ選手って、公の場ではとっても立派な顔してるでしょ。でも、私生活では、まったく別人よ。女にやたら手を出さないスポーツ選手だっているはずだって、自分に言い聞かせてきたけど、実際そんな選手いないのよね」。フレンゼルは何年か前にもうこの結論に達していた。それは、世間では完璧な紳士だと目されていた有名野球選手に実際に出会って、幻滅したからだった。そのときは、彼のプレーするカリフォルニア・エンジェルスが、ツインズと対戦するためミネソタにやって来ており、マリオットホテルに宿泊していた。そのホテルのバーで、エンジェルスの名もないルーキーが、フレンゼルの一人の友人と親しくなった。その友人とルーキーとフレンゼルの三人がマリオットホテルのロビーを通り抜けてエレベーターに乗り込むと、エンジェルスのスタープレーヤーもたまたま続いて乗り込んできた。そこで、フレンゼルと友人はすぐにそのスターに紹介された。スターは、トレードマークの笑みをふりまき、ルーキーをからかってこう言った。「二人もいて大変だったら、おれに電話しろよな」

エレベーターが止まってドアが開くと、フレンゼルは一瞬降りるのをためらった。「どういう意味なのか、わかったような気がしたの」とフレンゼルは話した。「でも、また考え直して、ただ冗談を言ってたのかなとも思ったわ」ところが、フレンゼルと友人がルーキーの部屋に入って数分とたたないうちに、電話が鳴った。電話は、いましがた会ったスタープレーヤーからで、同じ階の廊下の先にある自分の部屋からかけているのだった。

「おまえ、今どっちとやるところなんだ」とスターはルーキーに聞いた。「それなら、もう一方をおれの部屋によこしなよ」

この体験から、フレンゼルは、スポーツ選手をたしなみの良さのモデルと見ることはあきらめた。かといって、彼等に近づくのまではあきらめなかった。「男ってだいたいそういうもんでしょ、スポーツ選手であろうとなかろうと」とフレンゼルは言った。「そういうタイプの男といるのに、慣れてきちゃうのよね、きっと」男性の性欲を満たすためだけの対象と見られるまでさげすまれるのには抵抗がないわけではなかった。しかし、スポーツ選手からそんな軽蔑的な言葉を聞くのも、彼等と一緒にいることのユニークな特典で帳消しになるという。「[スポーツ選手には]悪いところももちろんあるけど、それにもましていいところもたくさんあるの」とフレンゼルは主張した。「選手と友達だからスーパーボウルを見に行けるとか、スポーツ選手とでも一緒でないかぎり入れないような高級クラブに入れるとか。それに、飛行機にただで乗れて、いろんな所に飛べる。これって、なかなかわくわくものよ。その代わり何かしろなんていう条件がついていてなければ、行かない手はないでしょ。スポーツが好きなら、ゲームに行けてしかも一番いい席が待っててくれるんだから、こんないいことはないわよ」このような特典に加えて、選手に友達として受け入れられたと心から感じられる余裕があった。それでフレンゼルは、スポーツ選手のまわりにいて居心地がいいと感じられるようになったという。選手たちは、テレビで見る遠い存在ではなくなったのだ。彼等は、アメリカ全土に広がる知人のネットワークの一部になったのだった。

▼危険と隣合わせのスリル

フレンゼルとドゥーパーが一杯やっていた専用スウィートに、唐突にナイトクラブのオーナーが入ってきた。オーナーは、観光客の小さな一行を連れていた。カナダからのエリート団体のようだった。オーナーは、その一行をドゥーパーに紹介したかったらしい。そして、サインをしたり、写真にポーズをとったりというサービスをしてほしかったようだ。一行がドゥーパーと握手で対面し始めると、ドゥーパーはもう一方の手をフレンゼルの腰にまわしてこう言った。「ぼくの妻です」

フレンゼルは、ドゥーパーが結婚しているとは知らず、この言葉を聞いて急に自分が安物扱いされていると感じた。そして、一行と写真におさまるのもいやいやながらの気分になった。「ドゥーパーは、なんとも思わなかったみたい」とフレンゼルは話した。「わたしがいやな気分になるかもしれないなんていう配慮は、ひとかけらもなかったのよ」。観光客の一行がスウィートをあとにするのを眺めながら、フレンゼルの頭に思い浮かんだのは、彼等がうちに帰って旅の写真を自慢げに見せびらかす情景だった。そこではフレンゼルは、有名なアメリカのスポーツ選手の愛らしい妻ということになっているのだった。

お酒を飲みながらのパーティーは夜中続き、明け方になってやっとドゥーパーはきりあげようと腰を上げた。ドゥーパーもバーバーも夜中ずっと大酒をあおっていたのだが、車を運転するのになんら躊躇しなかった。道に車は少なかったので、高速道路に入るとドゥーパーは時速九十マイルでポルシェを飛ばし始めた。フレンゼルは少し不安になり、また、彼女自身も少々飲みすぎていたので、口数は少なかった。窓から生暖かい風が入ってきて、彼女の髪が目の中に入ってきていた。「第三者が見たら、なんてばかなことを、と思ったでしょうね。命に関わる危険をおかしたとか、ドキドキもんでおもしろそうとか思う人もいるかもしれないわ」とフレンゼルは言った。しかし、翌日彼女は、ランドキストと浜辺に寝そべってこのドライブを振り返りながら、ほっと胸をなでおろすのだった。車の事故で死んだなどということになったら、自分の家族がどんなにショックを受けるかと考えて、フレンゼルは思わずランドキストにこぼした。「ああ、そんなことになってたら、大変なことだったわよ。こうしてわたしがちょっと旅行に出かけていて、母親が新聞のヘッドラインを読んでびっくり、なんてことになったら！『マーク・ドゥーパーとミネソタの女性、時速九十マイルの高速道路で事故死』なんてね。ああ、あんなことするなんて、ほんと危なかったな」

その日の午後、グレンがオーランドーから帰って来て、フレンゼルはその週末再びドゥーパーに会うことはなかった。しかし、ドゥーパーはそれから数か月間、折にふれてフレンゼルに電話をかけてきた。フロリダ以来、フレンゼルはドゥーパーにもう二回会った。そのうちの一回はシカゴでドルフィンズがベアーズと対戦した週末に、ドゥーパーがフレンゼルを呼び寄せた。それから、ドゥーパーと会うことも話すこともなく二年がすぎ、一九九四年にフレンゼルはミネアポリスの新聞でドゥーパーに関する記事を読んだ。それは、彼の逮捕を報道していた。記事によると、ドゥーパーはマイアミでコカインを購入し、それをクラックにして彼の地元のルイジアナ州で売るという計画を立てていたことが発覚して逮捕されたという。

このドゥーパー逮捕の記事を読みながら、フレンゼルは、彼に初めて会った日、ファサードというクラブで飲み明かしたことを思い出して語った。「わたしたちがいたあのクラブの一角の連中はみんな、麻薬をやっていたみたいだったわ。みんなハイになってて、ハイスピードでいろいろやってたもの。でも、ドゥーパーが実際に麻薬をやってたのは見たことないわ。わたしがいるときには、全然クスリは見せなかったわ」

フレンゼルは、常軌を逸したライフスタイルに耽溺する有名エンターテイナーと出歩く危険は承知していた。しかし、危険がぎりぎりに迫るまで楽しむという感覚を彼女は身につけてきた。判断力にはある程度自信があり、どのスポーツ選手とならふたりきりで出歩いても安全かを見極める自分の力を百パーセント信じていた。ドゥーパーとのつきあいでは無傷で生還できたものの、もうこれ以上彼と連絡をとるのはやめることにした。

ドゥーパーには、懲役十年と四百万ドルの罰金が求刑されたが、弁護側の主張が通って、ドゥーパーは罠にはめられたという解釈が認められた。しかも、彼は重度のコカイン中毒にかかっているという主張も認められ、一九九五年三月一五日、連邦陪審は彼を無罪放免とした。

マイアミの連邦裁判所から勝ち誇って出てきたドゥーパーは言った。「麻薬ってのは一種の病気だってことはわかってるよ。おれたちの生活を牛耳って、しまいには生活を破壊しかねないこともね」一人の記者が次は何をするつもりかと尋ねると、ドゥーパーはニヤリと笑って答えた。「ディズニーワールドでパーッと遊ぶさ」

▼予期せぬ暴力

娘のマーシーの七歳の誕生日が近づくにつれて、フレンゼルは、ウエイトレスで稼ぐ収入では少なすぎると感じ始めた。マーシーに与えてやれるものを増やしたくて、他の職業につくことを考え始めた。「わたしたちはいいアパートに住んでいたし、金持ちでも貧乏でもなかったわ。いい車も運転していたしね」とフレンゼルは話した。「娘にも不自由はさせていなかったわ。でも、収入を増やしたかったの。タウンハウスを買ってそこに移り住むことを考えたかったの。でも、そんなことができるほど収入を増やすことなんて、できっこないと思ったわ」

ウエイトレスの経験が十五年あるだけで、大学卒の肩書きのないフレンゼルは、自分に残されたただ一つの道はエキゾチックダンスだと思った。「ダンスに挑戦してみようと思ったの」とフレンゼルは話した。「友達が二人やったことがあって、おかしなことなんかなにもないと言ってたわ。普通の人が一週間働いて稼ぐお金を、ダンスなら一晩で稼げるって。週末の夜なんて、五百、六百、七百ドルも稼いで帰れるっていうもの」

大人専用ナイトクラブでの稼業時間帯は、長くてきびしかった。たいてい夕方の四時に始まって、夜の十一時に終わった。次の時間帯も続けて働くとすると、夜中の三時までだった。「陰で麻薬や売春をやってるダンサーもたまには見かけたけど、たいていのダンサーには夫かボーイフレンドがちゃんといたわ」とフレンゼルは言った。「ダンスして、終わればうちへ帰る。ごく普通の仕事よ」

ダンスを始めた一九九五年の最初の八か月、フレンゼルはウエイトレスも続け、それに加えて週に三晩ほど踊っていた。煙の立ちこめた暗い部屋で、顔の見えない男たちの前で踊ることにも慣れてきたフレンゼルは、やじりやひやかしの声や、いやらしいしぐさなども無視できるようになってきた。そうして、一筋残った自分への尊厳の糸にすがった。「とびきりいい職業だとは言えないかもね」とフレンゼルは認めた。「でも、違法じゃないし。わたしの目標は、お金をためてタウンハウスを買うことだったんだから、それができればどんな仕事でもいいんじゃない」

一九九五年の夏が終わりに近づく頃には、フレンゼルはおよそ八千ドルもためることができていた。NFLのトレーニングキャンプが近づいていて、フレンゼルは仕事を一休みしてそれを見に行くのを楽しみにしていた。このトレーニングキャンプを見に、ウィスコンシンまで車で出かけるのは、一種の儀式的な楽しみになっていた。そこでは、ニューオーリンズ・セインツが毎年夏のトレーニングキャンプをはっていた。何年も前から夏になると毎年行っていたので、フレンゼルはセインツのベテラン選手数人とファーストネームで呼び合う仲になっていた。また、一人の選手とは何度も寝たこともあった。練習の後では、大勢の選手と飲みに行ったり、踊りに行ったりもしていた。「チーム［セインツ」がやって来ると、選手たちがわたしに電話をくれるの」とフレンゼルは話した。「『今こっちにいるんだ』と彼等は言うわ。そして『きみにゲームのチケットがあるよ』って。あの人たちの頭では、チケットやるからセックスさせろってことかもしれないけど、そんなふうに持ち出されたことなんか一度もないわ。一緒に寝たこともあったし、寝なかったこともあった。わたしたちは友達なんだから、寝なかったからってもうこれからはチケットはおあずなんてことはない。あの人たちは、対戦相手のホームグラウンドに来ているわけだから、だれか知ってる人にゲームを見に来てもらいたいってわけでしょ」

セインツはラクロスにあるウィスコンシン大学構内のサンフォードホールという学生寮に宿泊していた。ラクロスは大学街で、八月には人っ子一人いないような所だった。選手たちは、練習し続けた十三日目の八月五日土曜日に、翌日の日曜日はやっと休みだと伝えられた。フレンゼルと一人の女友達は、土曜日の午後五時にラクロスに到着し、モーテルにチェックインした。そして、手短かに夕食を済ませようと出かけた。ここ数年の間にフレンゼルが親しくなった選手たちで、オフシーズンにトレードされた者もたくさんいたが、タイロン・ヒューズはまだセインツでプレーしていた。フレンゼルとその友達は、バーでヒューズと落ち合った。そこには、セインツの選手もたくさん来ていた。三人がそこで飲んでいると、ルーキーのウィリー・リー・ウィリアムズがフレンゼルにダンスを申し込んだ。そして、バーが午前二時に閉まってから、寮でパーティーをするから、それに来るようにフレンゼルを誘った。

フレンゼルの友達は、寮へ行くのはやめ、一人でモーテルへ帰った。フレンゼルは、三人の選手と一緒にバーから寮へ車で向かった。そのうちの二人の選手とは、知り合って三時間もたっていなかった。「寮はどんな感じか知っていたわ」とフレンゼルは話した。「どういう構造になってるかは知ってたの。ガードマンがいるから、わたしたちは静かにしなくちゃいけなかった。寮には、前に一人の選手と何度も行ったことがあるの。去年やおととし友達になった選手たちも寮にいるって知ってたしね［同じ部屋にはいなかったが］。だから、チームのワルが暴走して、『おれはおれのやりたいようにやるさ。こいつは尻軽女なんだから、おれもやったっていいだろ』なんて言ったら、他の男たちが止めにはいって『いや、だめだ』と言ってくれるはずよ」

フレンゼルとウィリアムズはセックスをするしないについてはあからさまに話さなかった。しかしフレンゼルは、プロスポーツ選手が何を女性に期待しているかは承知していた。「彼と寝るってことが頭の片隅になかったわけじゃないわ」とフレンゼルは言った。「彼とセックスすることになったとしたら、それはわたしが納得してするわけよ。他のプレーヤーたちが、おれもおれもと便乗しようとしたとしても驚かないわね。そうなったとしても、わたしがはっきりこう言えばいいことだもの。『やめてよ、あんた。そう誰とでもってわけじゃないもの。やめて』」

寮でひとしきりパーティーした後、フレンゼルはウィリアムズと一緒に彼の部屋にもどった。「わたし、あれしてないの」とフレンゼルは言った。「ピル飲んでないのよ」「ああ」とウィリアムズは言って、手をとめ、きまり悪そうににやにやした。「避妊のことよ」とフレンゼルは言い足して、何が言いたいのか相手にわからせようとした。ウィリアムズはコンドームを取り出して、はめるのをしぶしぶ承知した。「彼はあんまりおもしろくなかったみたいだけど、とにかくはめたわ」とフレンゼルは言った。

　フレンゼルは以前、コンドームをはめていないスポーツ選手と、納得したうえでセックスしたこともあったが、普通はコンドームをはめることを要求する。「コンドームなしでセックスしたことはないとは言わないわ。でも、原則としてコンドームははめてもらうわ。特にスポーツ選手って、いろんな人と寝てるのを知ってるからね」とフレンゼルは言った。「それに、スポーツ選手って大半がコンドーム使わないのよね。仮にわたしが一人のスポーツ選手に出会って、かなり長くつきあってて、彼が寝るのはほんとにわたし一人だけだったら、そんなに口やかましく「コンドームを使えと」言わないけどね」

　ウィリアムズとことを済ませたフレンゼルは、もう一人のプレーヤーが背後から忍び寄ってきたのに驚いた。このプレーヤーは全裸だった。「ここにいるプレーヤーたちは、わたしが前から親しくしていたプレーヤーのように自制がきくなんて考えたわたしの判断が間違っていたのよ」とフレンゼルは言った。「ちょっと油断しちゃったのね」

　フレンゼルの背後からベッドにもぐりこんできたこのプレーヤーは、バーからフレンゼルとウィリアムズと一緒に車に乗ってきたプレーヤーだった。「あんた、いったいなんのつもり？」とフレンゼルはどなった。

「いいじゃないか。おれともやってなにが悪いんだ？」とこのプレーヤーは聞いた。「かたいこと言うなよ」(1)

　フレンゼルが服に手を伸ばして着ようとしているのを見て、ウィリアムズは声を立てて笑っていた。

すると突然、三人目のプレーヤーが部屋に入ってきた。彼も全裸だった。彼はフレンゼルをベッドに押し倒し、自分のペニスを彼女のアヌスに押し込み始めた。彼が後ろから馬乗りになってきたので、フレンゼルは叫び声をあげた。

「だまれ、このメスブタ」と三人目のプレーヤーは言った。

横で立って見ていたウィリアムズが言った。「こいつなら、大丈夫だよ。おれの兄弟分だからな」

やっとの思いで寮から逃れ出るまで、セインツのプレーヤーが何人も彼女に暴行したとフレンゼルは訴えた。そのうちの数人は、かなり酔っ払っていたという。一人のプレーヤーは、フレンゼルが部屋を出ようとするのを妨害した。フレンゼルが廊下にあるトイレを使いたいと言い張ると、プレーヤーたちは部屋にあるゴミ箱を使うように言い張った。ここにフレンゼルがいることを、寮内の誰かに見られるのを恐れたからだった。部屋のゴミ箱で用をたすと、フレンゼルは逃げようと死物狂いで、ビール缶と、続いて椅子を窓ガラスに投げつけた。その音で、寮で寝ていた人たちも目を覚ました。ガードマンが部屋を調べに来ることを恐れて、プレーヤーたちはフレンゼルを逃がした。フレンゼルが必死の思いで階段をかけ降り、一階出口からかけ出すと、若い女性とかち合わせた。彼女は、フレンゼルとは別の階でその晩を過ごし、ほんの少し前に寮をあとにしたところだった。

「どうしたんですか。何かあったんですか」とその女性は尋ねた。とその時、パトロールの車が近づいてきたので、その金髪の女性は手招きして車を止めた。ロバート・ローレンス警部が車から出てきて、二人の女性に歩み寄った。彼は、気が動転して泣き声をたてているフレンゼルに気がついて、言った。「気を落ち着けて。何があったのか、少し話してください。だいたいでいいから、少し話してください」

フレンゼルは、寮でセインツのプレーヤーにレイプされたと訴えた。「どうしたらいいの。どうしたらいいの」とフレンゼルは繰り返した。フレンゼルは歩道から立ち上がってそのまま立ち去ろうとしたが、ローレンス警部が引き止めた。

フレンゼルと出くわした女性は、二階から叫び声が聞こえたと話した。それに彼女は、フレンゼルが窓ガラスをたたいているのも見たと言った。

ローレンス警部は、正式な訴えの手続きをする気があるかどうかとフレンゼルに聞いた。そして、フレンゼルが躊躇するのを見てとった。「こういうときはするべきことをしたほうがいいと思いますよ」と彼は言った。

フレンゼルは警察に根掘り葉掘り聞かれるのはまっぴらだと思ったが、ローレンス警部の静かな説得に応じる気になった。「警部は、正しいことをやらせる威厳のある人だった」とフレンゼルは話した。「もし彼に出会っていなかったら、これはたまたまひどい経験だったんだってことにして忘れようとしていたかもしれない。みんなに知られたくなかったし、法律なんか持ち出されてめんどうなことに巻き込まれたくなかったから」

▼信用されない訴え

フレンゼルは、セント・フランシス医療センターに車で連れて行かれて、検査を受けた。その後、刑事にあらゆることを聞かれた。例えば、「きみは、売春婦かね。売春で逮捕されたことはあるかね。

セックスした男たちに、お金を請求したかね。きみの学歴は」などと聞かれた。いきなりフレンゼルは、自分がこれまでの人生の岐路で決断してきたことの申し開きをさせられるはめになっていた。そんなことは今しがた自分が受けた暴行には、何の関係もないと彼女は思った。

その間、警察が寮に出向いて、セインツの選手たちを尋問し始めた。まず、フレンゼルが同意のうえでセックスをしたと認めた選手から始めた。警察は彼の部屋を捜索していろいろなものを見つけ出したが、その中に女もののパンティーもあった。警察が証拠としてそれらを押収する前に、その選手はそれらが散らばっていたところをごそごそして、その後、廊下にあるトイレを使いたいからと部屋から出る許可をとった。その後、例の女もののパンティーがなくなっていたので、警察はその選手に詰め寄った。選手はパンティーを自分のズボンのポケットに押し込んでいた。

検察当局も調査を開始し、最終的には三十人の選手の調書をとった。その地域担当の検事ロン・カインドが、事実を解明する責任を任された。彼はハーバード大学時代、クウォーターバックとして活躍していた人物だった。「性暴力の訴えがあったときには、被害者と加害者の人物像から、それぞれの言うことの信憑性を慎重に秤にかけます」とカインドは言った。「調査の結果集めた情報からは、被害者の女性の信頼性は十分だとは言えないと判断しました。陪審員たちは、彼女が本当にセインツの選手たちにレイプされた可能性はあると考えるでしょうが、その『可能性』を『確信』にまで持っていくだけの信頼性が彼女にはないと判断したわけです」(2)

カインド検事のこの結論に、フレンゼルは驚きもしなかったし、さしてうろたえもしなかった。しかし、彼女を深く傷つけたのは、公になされた彼女の人となりへの攻撃だった。この件が刑事訴訟に持ち込まれるかどうかが注目されていたとき、新聞や雑誌ではフレンゼルの人となりが取り沙汰されていたのだった。「わたしがダンサーだったのは、これまでの人生の間のたった八か月だけよ」とフレンゼルは言った。「もう三十八で、ホテルで十五年も働いたのよ。小さい子供もいるわ。法律がらみの問題を起こしたことなんか一度もない。麻薬もやらないし、犯罪歴なんかもないわ。そんなにはめをはずすようなタイプでもないし。ただ、有名人を幾人か知ってて、つきあいがあったってだけよ」

ラクロスでのこの事件があってから、フレンゼルは自分のスポーツ選手に対する認識を見直す必要を感じた。そして、彼等とのつきあいから一切身をひくことにした。「前はみんなにいつもこう言ってたのよ。『わたしはスポーツ選手と一緒にいて危険なんか感じたことないわ』って」とフレンゼルは言った。「『失礼なことを言ったり、無茶やったりする選手もいるし、〔麻薬などの〕わたしがやらないようなことをやる選手もいるけど、レイプされたり、暴力をふるわれたり、殺されたりなんてことは絶対にないからね』ってね」。つまり、フレンゼルの考えでは、レイプや殺人にまでいかないことはすべて安全だったわけだ。また彼女は、三十八年の人生のうち八か月間、ヌードダンサーとして働いた。この二点が決め手となって、検察側は、プロフットボール選手の一団がフレンゼルを犯したにもかかわらず、彼等を裁くことはできないと考えたのだった。

フレンゼルのような女性がスポーツ選手を取り巻くことによって、スポーツ選手の女性に対する間違った見方が助長される。それだけでなく、合意という概念もいい加減に解釈されてしまう。その結果、正当なレイプの訴えがあっても、それを訴追することは難しくなっている。このことはスポーツ選手も承知していて、自分たちに有利なように利用しているのだ。フレンゼルのようにスポーツ選手を追う女性たちは、選手たちからは手軽な獲物だと見られ、検事たちからはまともに相手にできない証人だと見られているのが事実である。

◇註

この章の大部分は、十年以上スポーツ選手を追って旅をし、一緒にパーティをしてきた一人の女性が筆者とのインタビューで明らかにした話に拠っている。この女性の本名は伏せてある。また、この女性が率直に話すことで関係者に迷惑がかからないように、この女性の娘と親友とマイアミ警察署の一人の警官の本名も伏せてある。

(1)ラクロス郡司法事務所による調査抄録より

(2)ラクロス郡司法局追訴取り下げ報告書、ケース番号95-29998より

4章　越権行為

はっきり言って、スポーツ選手は売春婦だろ。自分たちの体を売って稼いでるんだから。
だから、ゲームが終わればセックスも同じ感覚なんだよ。動物も同然さ。

——エディー・ジョンソン（ＮＢＡプレーヤー）

▼名声と社会的責任の免除

一九九六年三月四日、ホテルレジデンス・インの支配人が、ホテルの一室で売春が行われているのではないかとダラス警察に通報した。駆けつけた警官たちが問題の部屋のドアをノックすると、出てきたのは二十一歳のトップレスダンサーのアンジェラ・ベックだった。それと一緒に、マリファナの強い匂いが鼻をついた。部屋に入ると、もう一人のトップレスダンサー、二十一歳のナスミン・ナブワングと、人気のダラス・カウボーイズの選手二人もいた。一人は、派手なスーパースター、マイケル・アーヴィンだった。部屋を調べると、コカイン十グラム、マリファナ二グラムと、性行為を刺激するためのさまざまな道具が見つかった。

ベックとナブワングとアーヴィンは麻薬所持の疑いで起訴された。ところが、アーヴィンの裁判だけは突如として終了することになる。もう一人のトップレスダンサー、レイチェル・スミスが証人として証言台に立ってからすぐだった。スミスは、ベックとナブワングの同僚だった。スミスが自分も含めた三人の女性がアーヴィンとどういう関係であったかを証言するのと引き換えに、検察側は、彼女がこの事件に関わっていたかどうかを不問にしたのだった。

スミスの証言によると、スミスとベックとアーヴィンは、二月の月曜の夜三週続けてレジデンス・インに滞在し、マリファナとコカインを代わる代わる吸いながらグループセックスに興じていたという。スミスとベックがまずレジデンス・インの部屋を予約し、そこへアーヴィンがコカインとマリファナを持って現れるという寸法だった。また、スミスは、アーヴィンと一緒にニュージャージーに飛んでカウボーイズの他のプレーヤーにも会ったことがあると言った。それに、スミスとベックはアーヴィンのダラスの自宅で寝たこともあると言った。マイク・ジレット検事が、二月一二日の夜、なんらかの性行為があったかどうかと尋ねると、スミスは「はい」と答えた。その日の夜はスミスも、ベックとアーヴィンと一緒にレジデンス・インにいたとされていた。

「その行為には、あなた方三人全員が参加していましたか」とジレットは尋ねた。

「はい」とスミスは言った。

アーヴィンの弁護士ドン・ゴッドウィンの反対尋問では、スミスはベックとレズビアンセックスをしたことを認めたが、アーヴィンとのセックスは否認した。三人の性関係が今や明らかにされようという時に、その日は閉廷となった。ところが、その翌日の七月一三日、アーヴィンがそれまで断固として否認していた麻薬所持の容疑を突如認めたため、裁判は中止となり、彼の夜の生活がこれ以上暴露されることはなくなったのだった。

アーヴィンの容疑は麻薬の不法所持だったが、その捜査が進むにつれて、頂点に立った有名スポーツ選手のどろどろした性生活がかいま見られることになった。選手が有名になればなるほど、大目に見られる行為の範囲が広がり、常軌を逸した行為に走ることが多くなる。そしてそれは、乱れた性生活という形で最もよく表れるのだ。スポーツ界では、女性は性欲を満足させるためだけの存在だと見られがちで、そこでは、自己満足のための耽溺行為は暴力犯罪と背中合わせだ。性交渉の相手は常に入れ替わっているので、犯罪の疑いがあったとしても、たまたまそのときだけの行き過ぎた行為だったとして、スポーツ選手は一蹴してしまう。

このアーヴィンの事件の起こる約一年前には、彼のチームメイトのエリック・ウィリアムズが性暴力の疑いで捕まっている。ウィリアムズも億万長者のスタープレーヤーだ。事件は、十七歳のトップレスダンサーを自宅で暴行したというものだった。ウィリアムズは、もう一人の男性と謀ってこの未成年の少女を性交渉を目的に自宅へ連れて行った。彼の容疑は、この少女が逃げようとした時、それを妨げ、彼女を軟禁したことだった。少女が警察に電話をして助けを求めたので、警察はウィリアムズの豪邸にかけつけたが、ウィリアムズは自分の家にそんな少女はいないと言い張った。家宅捜索の結果、彼の主張は疑いようがなかったので、警察は家をあとにして車で走り去ろうとした。とその時、二階の窓からその少女が顔をのぞかせているのが見えたのだった。ウィリアムズには誘拐と暴行の容疑がかけられた。ところが、その後起訴陪審は、ウィリアムズの起訴をとりやめた。ウィリアムズが、非公表の額の示談金を支払うことを承諾し、少女と示談を成立させたからだった。

「アメリカが世界に誇るチーム」(英語名は、America's Team。ダラス・カウボーイズは一般にこの名前で知られている)のメンバーになるような人物たちが、なぜ麻薬を不法に使用していたり、売春や性暴力に関与していたりしたのだろうか。アーヴィンとウィリアムズが逮捕されたいきさつを見ると、一定の傾向が浮かび上がってくる。それは、乱れた性生活に走る傾向だ。世間の尊敬を集めているスポーツ選手に特に多い。彼等がなぜ女性に性暴力をふるうのかを説明するには、まず、彼等を取り巻く特異な社会環境から見ていかねばなるまい。この環境下では、スポーツ選手が従来の性道徳からはずれた行為に走る機会が無数にあるのだ。選手たちは、やはりゲームで活躍して賞賛され報酬を受けることが最大の喜びであるのだが、定期的にその責任から解放される。コーチやエージェントからオフの日をもらうときなどがそうだ。解かれた責任が重いだけに、その反動で耽溺行為に走ることも多くなる。

更には、突如として多額の富を手にした選手たちは、なんでもお金でかたをつければ、従来人々の従ってきた行動基準を無視してもよいような錯覚に陥りやすい。

アーヴィン逮捕のニュースを知って、ダラス・カウボーイズの人事担当者ギル・ブラントは困惑した。アーヴィンの経歴からは、将来犯罪に走るようなサインは見られなかったからだ。六年前、ブラントは、マイアミ大学でプレイしていたアーヴィンの評判を調べ、その結果、チームがアーヴィンを引き抜くように勧めたのだった。「アーヴィンのバックグラウンドについては、考えられる限りの綿密な調査をしました」と、ブラントは『ボストン・グローブ』紙のコラムニスト、ウィル・マックダナに話した。

「アーヴィンがマイアミにいたとき、彼を知る人全員に聞いて回ったんです。答えは皆同じでした。全く問題はない、と。ところが、同じようなことが他のプレーヤーにもありました。［ダラス・カウボーイズの前プレーヤー］ハーヴィー・マーティン［麻薬不法所持と一人の女性を何度も暴行した疑いで逮捕］、ドュウェイン・トマス［麻薬の使用で逮捕］、ハリウッド・ヘンダーソン［麻薬の不法使用とレイプで有罪判決］などです。大学時代は、文句なしの青年だったのに、その後、なぜかすべて変わってしまうんです」

その後すべて変わってしまうわけではない。プロスポーツ界のみそぎをうけることで、「文句なしの青年」が犯罪人に早変わりするわけではないのだ。プロスポーツ界というのは、既に不道徳な行為に走る性向を持っていた者たちに、より大きな舞台を提供するのだ。そしてそこから一度足を踏み外せば、落ちる距離ももちろん長い。大学スポーツのスキャンダルは山ほどある。リクルート規約の違反、成績の捏造、選手への違法の支払い、ステロイドの使用などだ。ところが、大学のスポーツ選手の犯す犯罪、特に性犯罪と暴力犯罪は、警察や報道機関に報告されない。NCAAのトップディビジョンにランキングされるバスケットボールとフットボールのチームを擁する大学で、毎年連続して上位二十校以内に入る三十校の、構内警備録と学内法規の運用が必要とされた事件の記録を調べた結果、女性に対する犯罪は、他の犯罪より警察に報告される頻度がずっと少ないという事実が明らかになった。加害者がスポーツ選手の場合は特にそうであった。

次に一例を挙げよう。構内警備録によると、スポーツ選手の学生とそうでない全男子学生を比べると、レイプをしたという報告と、同居の女性に暴力をふるったという報告は、両者ともほぼ同じ割合でなされている。ところが学内法規の運用が必要とされた事件の記録――これは警察や報道機関には公開されていない――を見ると、性暴力の加害者の十九パーセントがスポーツ選手となっている。スポーツ選手は全学生のわずか三パーセントしかいないことを考えると、これは非常に高い割合である。したがって、大学スポーツ選手が女性を暴行したというマスコミの報道は、氷山の一角に過ぎない。被害者の女性が正式な手続きを踏んで訴えない限り、マスコミがとりあげることはないからだ。そして、正式に警察に被害届けを出す女性は、非常に数少ない。

したがって、スポーツに秀でた男たちは、大学からプロに移行するまでの間に既に、結果を顧みずに行動するのに慣れてきてしまっているのだ。特別扱いされるこの男たちは、スポーツで名声を馳せるにつれて徐々に責任が免除されていき、それとともに反社会的傾向を強めていくのだ。

▼誘惑の多いライフスタイル

アントニー・ジェイミソンは黒人で、アメリカ東海岸の大都市の犯罪の巣くう地区で、片親の家庭で育てられてきた。一九九四年三月、ジェイミソンは、アメリカ東海岸にあるトップディビジョンの大学でバスケットボールをプレーした四年間にピリオドを打った。二十三歳だった。NBAの年に一回のドラフトで指名されるまではいかなかったが、NBAの夏のリーグでプレーしないかと招待を受けた。ジェイミソンは既に大学を卒業していたし、子供も一人もうけていた。職業としてはやはり、プロとしてバスケットボールをしたいという希望を持っていた。

ケビン・マクドナルドは白人で、裕福な郊外の家庭で育てられた。両親とも教育があり、フルタイムの仕事を持っていた。大学でバスケットボール選手として名声を馳せ、NBAのあるチームにドラフト指名された。そして、プロで活躍し、めでたく引退した。四十四歳の現在、バスケットボールのトレーニングキャンプのコーチとして高収入を得ている。引退してからも、NBAとのつながりは維持していた。

この二人の男性は、実名を出されないことを希望したので、本章ではジェイミソンとマクドナルドという仮名を使っている。また、彼等の居住地や大学やチーム名も伏せてある。

一九九四年七月、アシックス提供南カリフォルニア夏のプロリーグ、ロサンジェルスにて――

飛行機がロサンジェルス国際空港に間もなく着陸することを知らせる機長の声が、キャビンに響いた。それを聞いて、アントニー・ジェイミソンは、『USAトゥデイ』紙のスポーツページをスポーツバッグに入れ、そのバッグを前の座席の下に押し込んだ。ウォークマンのヘッドフォンの位置を調節しながら、ジェイミソンは、陽光のふりそそぐロサンジェルス市内を見下ろした。そして、高校を卒業した年に初めてロサンジェルスに飛んだときのことを思い出していた。その年に、ロングビーチでジュニアオリンピックが開催されていて、ジェイミソンはそれに選抜されたのだった。大学でバスケットボールを始めるすぐ前のことだった。大学でバスケットボールをしていた四年間で、ジェイミソンはアメリカ中へ遠征試合に行ったが、ロサンジェルスにはジュニアオリンピック以来ごぶさたしていた。その彼が、再びロサンジェルスに降り立ったのだ。今回は、プロチームのコーチやスカウトの目にとまることが目的だった。

空港内を出口に向かって歩いて行きながら、ジェイミソンは今こそ人生の大きな転換期だと自分に言い聞かせた。そんな大転換期が自分には必要だと。今やジェイミソンは、大学でプレーするのを終え、長年つきあってきたガールフレンドと結婚する準備を進めていた。そのため、一時的に大学をやめ、フルタイムの仕事を始めていた。一九九四年六月のドラフトで指名されなかったため、NBAでプレーする望みは薄かった。しかし、六月の終わりごろに、南カリフォルニアの夏のプロリーグの監督から参加しないかという誘いの電話があった。この夏のリーグは、NBAからも選手連盟からも支持され、二十五年の歴史がある。三週間にわたって行われ、世界中から最も優れたプレーヤーが集まって技術を披露するという評判を築いていた。そこには、NBAや、北アメリカバスケットボール協会や、ヨーロッパのプロリーグのコーチやスカウト担当者も集まり、プレーヤーの品定めをするのだった。ジェイミソンは大学で目立って活躍したので、このリーグの選手名簿に載せてもらえたのだ。

似たような境遇にいる選手にうらやましがられる抜擢だった。有名選手に混じってプレイするので、注目度は抜群だった。それに、大学で一緒にプレーしたり、対戦したりした友人とまた会えるという楽しみもあった。

ジェイミソンは、タクシーの後部座席に乗り込み、前の客が置いていったタブロイド版の新聞に目をやった。その第一面は、O・J・シンプソン事件の記事で埋っていた。妻とその友人殺害の容疑でシンプソンは留置所入りで、裁判待ちとのことだった。警察に通報された電話の録音テープの再現は身震いせんばかりで、ニコルのあざだらけの顔写真が痛々しかった。「神様レベルで仰がれてたやつは皆、地上レベルに引き降ろされるんだな」とジェイミソンは思いながら、運転手に、アーバインのラディソンホテルまでと告げた。タクシーがホテルの駐車場に乗りつけると、ベルボーイがすぐ出てきて、ジェイミソンのバッグを持った。アメリカ中からプレーヤーがやって来て、三週間滞在のチェックインをしていたので、ホテルの従業員は総出で応対していた。ファンも、スタープレーヤーに会おうと入り口付近を取り囲んでいた。身長六フィート以上の男には誰でも王様レベルの歓迎が待っていた。「ここに来ると、もう下層階級の人間じゃなくなるんだな」とジェイミソンは思った。「いきなり、注目の的だからな」

ラディソンホテルではいたれりつくせりの便宜がはかられていた。そのおかげで、ジェイミソンの感じていたプレッシャーは、あっという間に消えていった。彼は、プロチームから声をかけられるだけのプレイを披露しなければと、緊張していたのだった。プレーヤーたちがリラックスして滞在できるように、リーグ側は出費を惜しまなかった。「三週間ずっと贅沢させてもらったよ」とジェイミソンは話した。「ほんとかよ、と思うようなことばかりだったね。プールサイドなんか、クレージーだったよ。まったく、夢の世界にいるみたいだったね」

チェックインのためフロントに向かう途中で、一人の女性と目が合った。彼女と会話を始めると、ジェイミソンは、大学時代の遠征先で出会った女性たちのことを思い出した。「ほとんどは試合の準備で終わっちゃうけど、夜は自由だからね。どんな獲物がとれるかって舌なめずりしてるやつが多いんだよ。ある特定のタイプの女たちが話しかけてくるんだよね。そいつらは、おれたちがバスケットボールをやってるってことを知ってて、その話題にのってくるんだよ。実際おれたちは遠征先に二日ぐらいずつしかいないだろ。それを知ってて近づいてくるんだから、一夜の遊び相手になる以外、なんの目的もないんだろう。どっちみち、正式につきあい始めようなんて頭ははなっからないんだから。その四十八時間で運命の女性を見つけたなら話は別だけど」

ジェイミソンに話しかけてきた女性は、エレベーターまでついて来て、彼の名前とルームナンバーを聞いた。ジェイミソンは自分のファーストネームだけ告げ、ルームナンバーは教えなかった。エレベーターのドアが閉まる直前まで彼女はねばり、この後もこの辺にいるからとジェイミソンに伝えた。「身長が六フィート二インチか三インチ以上あったら、もうお膳立てができてるわけさ」とジェイミソンは言った。「樽の中からりんごを選び取るようなもんさ。どの女がほしいのか、選り好みし放題だよ。一番熟れてるのをね。男一人に対して、女は四人って割合だね」

まだプロのユニフォームを着たわけではないが、ジェイミソンは大学を卒業してプロに入ったようなものだった。「[ラディソンホテルでは]いろんなことがあったよ」とジェイミソンは言った。「一種のドラマだったね。『何ができるか。どこまでやって無傷でいられるか』ってね」

この年の六月、ジェイミソンと同じ時期に大学を卒業したプレーヤーの中には、将来を期待された者たちが数人いた。この夏のリーグには彼等は来ていなかったが、他のドラフト一位指名の選手たちは多数来ていた。グレン・ロビンソン、ジェイソン・キッド、グラント・ヒル、ジュワーン・ハワードらだった。この選手たちが皆の注目を集めるので、他のすべての選手たちもそれに見合った存在感を示す必要があった。ジェイミソンは、自分のコート外での言動一般から、他の選手たちに自分のコート内での力量をあなどられないように注意していた。「二人の別々の人間になろうとしていたようなもんだよ」とジェイミソンは説明した。「正々堂々としていたいのはもちろんさ。でも、タフでもなけりゃいけないんだ。おれは下層階級出身だろ。その生き方がしみついてるけど、出るところに出ればどうやって振る舞えばいいかってのはわかってるつもりさ。そうしても、ほんとの自分にうそついてるような気はしないさ」

ロサンジェルス・レイカーズやフェニックス・サンズなどのNBAチームのメンバーと同じコートでプレーするのは、ほんの数時間後だった。それを控えて、その晩ジェイミソンは寝られなかった。翌朝、早起きしてホテルの豪華なビュッフェスタイルの朝食を手短に済ませた。そして、カリフォルニア大学アーバイン校に向かった。ジェイミソンと同じようにルーキーのフリーエージェントで、プロチームからお声がかかるのを期待している選手も幾人か合流した。

この六月にプロチームからドラフト指名を受けた選手たちは、容易に見分けがついた。彼等は横柄とも映る自信を持っていて、それがプロとして契約したことからくる解放感を表現していた。「プロチームの名前を自分がしょってて、すごい額の年俸ももらうんだから、したいことは何でもできるって思ってるんだ」とジェイミソンは説明した。「誰にも借りはないって思ってるのさ。自分一人の力でここまでのしあがってきたんだからな。これからは、自分の思い通りに何でもできるって思ってるんだ」

初日のゲームが進むにつれて、ジェイミソンは、自分がスタープレーヤーの陰になっているのを感じた。スタープレーヤーたちはコーチやファンを意識して、華麗なプレイを披露していた。その日の夕方ゲームが終わる頃には、ジェイミソンは疲れ果てていた。その日は肩ならしだと思って、気に病まないことにした。ホテルに戻ると、ジェイミソンはフロントで伝言があるかどうかをチェックした。一方、すると、前の日に出会った女性からの伝言があった。ラウンジで彼と会いたいとのことだった。ジェイミソンのゲームを見ていた女性数人のグループもホテルについて来ていた。この後追いは、ジェイミソンの滞在中ずっと続いた。

ゲームは一日おきにスケジュールされ、ゲームのない日は練習は二時間しかなかった。そのため、プレーヤーたちには、カーニバルのような雰囲気を存分に楽しむ時間がたっぷりあった。スターに会えたと酔いしれる女性に取り巻かれて、有頂天になるプレーヤーもいた。「そいつらはこう言ってたよ。『おれってこんなにパワーがあるのかよ』」とジェイミソンは話した。「『こっちの女にはこれやらせて、あっちの女にはあれやらせて、やらせっぱなしで構うことなんかないんだからな。朝起きて、頭が痛いことになっちまった、なんて心配することなんか全くないんだ』って。やつらは、完全に自分の思うがままに生きてるって感じだったな」

ジェイミソンも、彼と同じような立場のプレーヤーも、正式なNBAプレーヤーではなかったのだが、彼等と同じ特別待遇に浴した。リーグが終わるまでにプロチームから声のかかりそうもないプレーヤーたちが、一番この特権を利用した。「女性に嘘八百並べるやつもいたよ」とジェイミソンは話した。「『ああ、帰っても連絡し続けるよ』とかね。でも実際には、またその州に来たときとか、その街のチームに雇われたときしか、連絡なんかしないんだよ。そういうときにだって、次の女を見つけりゃ、それでおしまいさ。そういうサイクルになってるんだよ」

ジェイミソンの部屋は、最近ドラフトで指名された有名選手の部屋の隣だった。その選手が夏のリーグが始まる一週間前に結婚したことをジェイミソンは知っていた。それで、新婚の妻がホテルに一緒に泊まっているのを知って驚いた。「きっとハネムーンにも行かずじまいで、こんな所に来てて、大変なこったなあ、って思ってたんだ」とジェイミソンは言った。

ところが、その後数日で、ジェイミソンは気がついた。部屋から出てくる女性は、毎晩違っていたのだ。「NBAに入ったってのは、おいしいことなんだな」とジェイミソンは思った。この億万長者のプレーヤーは、新婚の妻を連れて来たわけではなかったのだった。「女は次から次へと来たね」とジェイミソンは話した。「正気の沙汰じゃなかったね。あいつが結婚してたってなんだって、寄ってくる女たちにはどうでもよかったんだ」

ジェイミソンの隣の部屋で起こっていた出来事は、ケビン・マクドナルドにとってはなにも目新しいことではなかった。マクドナルドは元NBAプレーヤーで、現在コーチをしていた。「若くして結婚するプレーヤーは多い。二十、二十一、二十二歳ぐらいでね」とマクドナルドは話した。「ところが、彼等を取り巻く雰囲気というか、環境には、いつも女性がいるんだよ。細君たちは、我慢することが多いね。彼女たちの基本的姿勢はこうだよ。『うちの人、あの人間以下の娼婦と寝てるかもしれないって感じてるけど、うちではいい夫なら、まあ目をつむるわ。わたしを殴ったりしないで、大金稼いで帰って来てくれるなら、それはそれで割り切るわ』ってね」

マクドナルド自身は、NBAを引退してから結婚したので、若い選手よりは普通のライフスタイルにおさまっていた。バスケットボールはまだ彼の生活の中心になっているが、選手時代の生活に戻りたいとは思わなかった。「夫婦間の貞節って言っても、普通考えるのとは別のタイプの、特殊なものなんだよね」とマクドナルドは言った。結婚をなんとか維持しようと苦心していたチームメイトのことを思い出していたのだ。「結婚っていうのを、超神聖な侵すべからざる制度だと思っている人なら、貞節なんて当り前のこと、何を今さら、と思うだろう。ところが、この特殊な貞節っていうはちょっと違うんだ。おれは最初からそんなのにかまけたくなかったから、バスケットボールをやってる間は結婚しないって思ったんだと思うよ」

ジェイミソンは自分がもうすぐ結婚することを考えて、もし自分が自由奔放なセックスに興じるチームメイトに囲まれていたら、結婚後妻に貞節をたてることは難しいだろうと認めた。「遠征に出て」とジェイミソンは説明した。「女が群がってくると、ついやっちゃうだろうな。うちには女房が待ってるってわかってる。でも、二日ぐらいは会えないわけだ。それが待てないってわけじゃない。おれたちが未熟なのと、他の男たちの手前、カッコつけなきゃってていうプレッシャーがあるんだ。女と関係を持つけど、ほんとはそんなことしたくないっていうやつも多いんだ。でも、他の男たちと同じようにしないとばつが悪いっていうところがあるんだよな。スポーツ選手なら当然やることだっていう」

プロスポーツ界では、配偶者との絆を深めていくような場所はないとマクドナルドは主張する。それで、結婚したり子供をつくったりするのは遅らせた方がよいと彼は信じていた。「プロのスポーツ選手は、特殊なライフスタイルを追ってそれに飲み込まれているから、一人の異性と貞節な関係を維持することは、至難の業だ」と彼は主張する。「スポーツ選手の生活は、結婚には向いていないと思ったんだ。普通の九時から五時までの仕事を持つ生活の方が、バランスがいいと思うね。女房と、もしかしたら子供がいても、うまくやっていけるだろう」

▼自己顕示欲の暴走

ロサンジェルスで一週間がたち、その終わり頃にはジェイミソンのプレーもかなり上達していた。ハイライトの一つは、彼のチームが、レイカーズの伝説マジック・ジョンソン率いるチームと対戦したときにやってきた。五千人のファンの前で、ジェイミソンはこれまでで一番充実したプレイを披露した。その後、リーグ主催の盛大な歓迎会に、他の選手ともども招待された。リーグ参加者には、このような社交イベントがきまって用意されていた。「こういうパーティーのあるときには、グルーピーが来ていたよ」とジェイミソンは話した。「彼女たちは、夜［プレーヤーと］一緒に出歩いて、［翌日］またそのプレーヤーに会うんだ。そうすると、なんかつきあってでもいるような気になるらしいんだよ。でも、つきあいなんかないんだよ。ただ一夜の遊びさ。『あんた、おれに何かしてくれたけど、そのとき限りだよ。次のことが待ってるからな』。こういうもんだよ。愛なんてひとかけらもないさ。一夜寝たからって、何の意味もないんだ」

凝ったパーティーでは、性交渉の手はずをつける機会が容易にあった。「そういう機会は手軽にあった」とマクドナルドも振り返る。「女たちは、おれたちに自己紹介して、関係したいって言うんだ。自分の体を自由にしていいってね。おれさえその気なら、いつでもどうぞだ。そこまで言われて、無視する手はないだろ。それで、そのうちこういうふうに考えるようになるんだ。『おれが自分で出かけて行って、彼女を縄で引っぱってきたわけじゃないんだ。彼女が自分でおれの膝の上に乗ってきたんだぜ。だからこうなってるんだよ』。これって、頭じゃなくて、股の間で考えてるんだが、スポーツ選手ってのは結局、思春期の終わり頃にいる男のようなもんなんだ。プロであろうとなかろうとね」

マクドナルドは、性的乱交は厳しく非難するような家庭に育ったが、ゆきずりの性交渉が常にお膳立てされるような職業についたことで、自分のそれまでの価値観が圧倒されるのを感じた。「ロッカールームにいやっていうほど出入りして、興奮しすぎた未熟な男たちといやっていうほど接してると、そのうち自分もやつらみたいに話すようになったよ。いわば、ごく普通のスポーツ選手になったわけだ」とマクドナルドは認めた。「おれは当時独身だったしね。十分楽しませてもらったよ。でも、はめをはずしすぎはしなかったね。それに、それはそれで、自分にとってたいした意味はないと思ってたしね」

ジェイミソンは、パーティー会場へ一緒に行こうと二人のチームメイトをロビーで待っていた。その間、ロビーの状態を観察してみた。「昼間でも夜でも、ロビーに五十人ちかく女性がいない日はなかったね。おれたちが出てくるのを見たくて待ってるんだよ」とジェイミソンは言った。「プレーヤーはたいてい女を簡単にひっかけられるよ。彼女たちは自分をほんとに無防備にさらけだしてるからな。いいカモだよ。自分たちからカモになりたがってるんだから」

ジェイミソンは、一人のプレーヤーのある言動に恥ずかしい思いをした。このプレーヤーは、他のプレーヤーや女性のいる前で、自分の腕に手をかけていた女性を今夜の「ケツの穴」だと言ったのだった。女性はその言葉を笑い飛ばしただけで、彼と一緒にパーティー会場を出て行った。「素晴しい女性はゴマンといるけど、どうしようもないのもまたゴマンといるんだよね」とジェイミソンは語った。「そういうどうしようもないのせいで、女性全体がバカにされちゃうんだ。それは残念だね。でも、スポーツ選手の頭では、女性が差し出すものをおれたちはもらうまでだってわけだよ。それで、彼女たちが差し出したくないものは、他の女性からもらうまでだ。喜んで差し出す女性はいくらでもいるわけだから」

ジェイミソンは、カクテルをすすりながら、どの女性がもう予約済みかという話を聞いていた。明日には、誰が一番早くスコアをしただの、一番多くスコアをしただのという自慢話を聞かされることはわかっていた。それは、バスケットボールゲームの話ではなくて、女性の話だった。「女性は、自慢話のたねにされてるんだよ」とジェイミソンは説明した。「事実そうなんだ。男の自己顕示欲の表れだな。何人の女と寝られるかっていうのを自慢げに報告してるようなもんだよ。それで、男同士の絆みたいなもんが生まれるんだな」

スポーツ選手は、スポーツとパーティーといういわば外界から切り離された世界にいるため、ボディーランゲージに頼って異性とコミュニケーションをとる選手が多い。彼等は、リーグ主催のパーティーに来た女性たちを、お声がかかればどこへでもついて行きますよ、という宣伝板だと見る。「彼女たちは、どんなことに足を突っ込もうとしているのか、重々承知だよ」とジェイミソンは主張する。「一度踏み出せばどうなるかわかっているんだ。この女性たちに、教会とか、スーパーマーケットとかいう所で会ってるわけじゃないんだから。そんな所では、典型的なスポーツ選手なんか見かけないよ。なにも、宗教や食品の買い出しに行くことを見下してるわけじゃない。ただ、スポーツ選手は買い物なんかする必要がないって言いたいんだ。すべて、はいどうぞって渡してもらえるわけだから。だから、女性に会う場所っていうのは、たいていナイトクラブとか、スポーツ関係のイベントとか、社交関係のイベントなんだ」

マクドナルドは、自分が引退してから数年の間に、この世界でコミュニケーションの行き違いが生じることが多くなっていると指摘した。「若い選手には、判断力が欠けているとか、視野が狭いとかいう問題がある。しかも、この選手たちは至れり尽くせりでここまできた。これまでの七、八年間は基本的に奨学金で面倒見てもらってたんだから。こういう選手が仮に二十一歳でプロにはいったとして、そこで女性が彼等の友人になろうとしてるなんてことが理解できるだろうか」とマクドナルドは言った。「選手の生活っていうのは、百パーセント『自分』のことでいっぱいなんだよ。スポーツ選手にとっては自分がすべてなんだ。『それはおれにどう響くんだ』とか、『自分を向上させるには、どうしたらいい、あるいは、これを手に入れるには、どうしたらいい』とかってね。複数の女性と寝たい放題の選手とか、女性の方から体を投げ出してくるのに任せている選手とかは、プラトニックな関係を築くことなんかできるのかどうか、ぼくは疑問だね。そんな関係を始めたとしても、彼等はどうしていいのかわからないんじゃないかな。それよりもまず、女性が友人になりたがっているっていうのがどういう意味なのか、わからないんじゃないかな」

ジェイミソンは、自分と同じ階の部屋に泊まっているプレーヤーが、先に出会った女性とエレベーターに向かうのを見て、頭を振った。「たいていはセックスが目的だよ」とジェイミソンは強調した。「恋に陥るなんて甘ったるいもんじゃないよ。部屋に入って行くやつらはほとんどみんな、結婚してるか、これから結婚するところか、長くつきあってるガールフレンドがいるんだ」

こういう特異な環境では、大学を出たてのプレーヤーが、一番暴走した。「彼等の頭の中にあるのは、次は何をして楽しもうかってことだけだよ」とジェイミソンは言った。「『次の獲物はどいつだ』ってね。殺人でも計画するみたいだよ。『今度は誰だ。こいつか。背の低いやつか。高いやつか。肌が黒いやつか。白いやつか。中国人か』ってね。結局誰だっていいんだよ。そのときたまたま気がきいてるようなやつなら。そのときの気分次第さ。こういう発想なんだよ」

このような無軌道な女性へのアプローチは、性交渉の際の彼等の向こう見ずな性癖にも及んでいる。「性病などの予防処置を全くしないでセックスするスポーツ選手が多い」とジェイミソンは見る。「マジック・ジョンソンの一件［HIVに感染したという発表］なんて、氷山の一角もいいところさ。だから、全く無意味だね。大学レベルでも、どんなに多くのスポーツ選手が無防備なセックスをしてるか、聞いて驚くだろう。クラップスってゲームで、さいころ振って運だめししてるようなもんだよ」

マクドナルドもジェイミソンのコメントに同意した。「グルーピーたちは、数人の選手と寝てるからね」と彼は言った。「誰が誰から何をもらってくるかなんて、誰にもわかりゃしないよ。おまけに、どこの街でも寝てくるんだから。中核になってる女性メンバーがいて、部屋に入って来るところをつかまえてみれば、NBAプレーヤーの半分ちかくと寝てるだろうね」

しかしジェイミソンは、ラディソンホテルに宿泊していたプレーヤー全員が、回転ドア式に女性をとっかえひっかえしていたわけではなかったとつけ加えた。「『とりとめのないセックスに』溺れないようなしっかりした価値観の持ち主で立派な社会人も大勢いた」と彼は弁明した。「ある程度は手を出したやつもいたけど、いやなことの方がいいことよりも多いって気がついたんだ。こういうときに育ちが左右するんじゃないかな。両親や家族が植え付けた道徳観が。他の人の気持ちや意見を尊重するようにと両親に言い聞かされて育ってきた人は、その道徳観を組み入れることができるだろう。ところが、安定した家庭で育ってない男が多くて、そういうやつは誘惑の多いライフスタイルにはまっちまうんだよな。家庭で基礎はできていなくても、運動能力は優れてたから、ここまでのぼってきて、すごいスポーツ選手になったんだ。名を成したわけだ」

ところが問題は複雑だ。スポーツ活動についてまわるおびただしく目もくらむような誘惑に負けやすい選手は、よくないことをしているとか責任を感じるとかいう感覚さえも麻痺させてしまっていることが多いのだ。「一夜限りのセックスを大量にこなそうとする選手は、その機会も大量にあるわけだから、［無理強いか合意上のセックスかという］区別なんかできないと思うね」とマクドナルドは話した。「特に、今まで大量のセックスをしてきて、それも十六歳のときからやってるってやつは、どうやって見分けるんだ。数知れない女と寝てきてるやつなんか、自分はこれは合意だと思うこととか、他の人はこれはレイプだと思うことなんかをはっきり定義できるわけはないと思う。セックスは日常茶飯事のことで、たまたま出会った女と寝るだけだってことになっちまってるんだから」

リーグ主催のフィナーレパーティーの後で、一人の女性が暴行されたと訴え出てきた。彼女は、NBAプレーヤーの一人が加害者だと訴えていた。ジェイミソンは、このプレーヤーがパーティーの最中彼女と一緒にいるのを見ていた。「こういうパーティーに出てくる女性は、一夜の遊び相手にされるだけさ。遊び相手にならなきゃ、暴力ふるわれたり、虐待されたりするんだ」というのがジェイミソンの反応だった。

一方でジェイミソンは、被害者になる女性に同情しないわけでもなかった。プレーヤーの方では、女性の意志など尊重する気は全くないからだ。「女性が顔をゆがめたり、居心地悪そうなそぶりを見せたりしたときには、何か都合の悪いことがあるんだと察しなくちゃいけない」とジェイミソンは言った。「それを無視して押し続けるようなことはすべきじゃないね。こういうことは、これまでの生い立ちから学びとってなきゃいけない。いつが引き時かってことがわからなくちゃね。調子にのりすぎちゃうやつが多いんだよ。『相手がどう思っていようと、関係ないね』とか、『相手の感情なんて、どうでもいいさ。おれが誰だかわかってるのか。おれはあの何様だぞ』ってね。やつらは、自分たちを神様だと思ってるのさ。暴行なんて起こっちゃいけないけど、プレーヤーも女性も、それを起こさせてしまうんだよな」

この女性の訴えを知ったとき、ジェイミソンはさして驚かなかった。「彼［加害者とされているプレーヤー」は、自分の思い通りにしなきゃ気のすまないタイプだからな」とジェイミソンは言った。「何から何まで手に入れたがってたよ。それは彼のうぬぼれだとか、それに値する努力をしなかったとか言ってるわけじゃない。ただ、彼が指をはじけば、すべては思い通りにいかなくちゃ気がすまなかったんだ。それで、あのパーティーであれ「暴行事件」が起こったんじゃないかな。彼の自尊心が傷つけられたんだよ」

他にも相手になりたい女性はゴマンといたのに、わざわざその気のなかった女性を脅してまで従えようとしたそのプレーヤーの行動は、一瞬理解に苦しむ。しかし、ジェイミソンはこれを次のように説明した。その女性がプレーヤーに全く興味を示さなかったので、プレーヤーの心理が急変した。はじめはその女性に、彼との性交渉にうんと言わせようとしていたのが、それがままならないとなると、他のプレーヤーの手前、自分のメンツを立てることにやっきになったのだ。彼女に鼻であしらわれたことにカッとなった彼の小心さは、一般的に知られている彼のイメージとは全く対照的だった。結局このプレーヤーには正式な容疑はかけられず、事件はやがて忘れ去られていった。

▼自制心のないスターたち

夏のリーグが終わるころには、ジェイミソンのプレーも注目をひき、CBAの一チームから契約の誘いを受けた。更に、スペインとフランスのチームからも打診された。なおいいニュースは、NBAの一チームが、チームのトレーニングキャンプにジェイミソンを参加させることを考えているという。空港からフィアンセに電話をしたジェイミソンは、この願ってもないニュースを知らせたかったが、かろうじて自分をおさえた。彼女の顔を見て伝えたかったのだった。

飛行機に搭乗しながら、ジェイミソンは二つの達成感を味わった。一つは、自分の夢を蘇らせたこと、そしてもう一つは、初日に出会った女性が毎日残したメッセージの誘惑に負けなかったことだった。「たった一日限りの遊びに手を出して、うちで待ってる素晴しいことをわざわざ台無しにすることはないだろう」とジェイミソンは考えたのだ。スターとしての生活に多いさまざまな誘惑は、実際的な損得勘定で切り捨てるというのがジェイミソンのやりかただったが、その深いところにはある願いがあった。それは、幸せな結婚生活をスタートさせ、子供をつくり、経済的安定を確立するために妻とともにがんばっていきたいという心からの願いだった。ジェイミソンは、この願いを現実にするかどうかは自分次第だと自覚していた。「あそこにいたような女性にしょっちゅう囲まれていると、欲望は底無しになるからね」とジェイミソンは話した。「それがスポーツスターのライフスタイルになっちまうんだ。欲望にまかせて、常時やりたい放題さ。かといって、それに何か意味があるわけじゃないんだ。一夜一緒に寝たからって、全く何の意味もない関係が多いんだよ。あったんだかなかったんだか、わかんないような関係がね。はっきり言って、やってるのはセックスだけだろ。それさえ済めば、あとは何の用もないわけさ」

ラディソンホテルで三週間過ごした後では、慣れ親しんだ家に早く戻りたかった。空港に降り立つと、ゲートロまでフィアンセが迎えに来てくれていた。「飛行機から出たら、ほっとしたね」とジェイミソンは話した。「『戻って来てよかった』ってね。ロサンジェルスでは、泥沼にはまってってたやつが多かったからな。何でもものすごく自由だから。好き勝手にやりたい放題って感じで、空恐ろしいよ。あそこに引っ越して住むなんてことは、おれには難しいだろうな。自制心が相当しっかりしてないと、かなりきついよ」

「O・J・シンプソンみたいなプレーヤーが暴走しちまうのも、わかるような気がする。でも、おれは彼のやったこと、殴ったり蹴ったりの暴力をふるったってことを正当化するつもりはない。スポーツ選手のまわりに集まる女性はだいたい、標的にされやすいんだ。ものすごく無防備だからね」

プロのスポーツ選手が、女性に対して好き放題をしまくるという地盤は、既に高校のときからできており、それは大学で更に固められるのだ。大学では、スポーツ選手の行動は大目に見られるからだ。とりわけ、暴力の横行する家庭で育った若者や、自制心を身につけてこなかった若者にとっては、スポーツ奨学金は危険でさえある。自分の行動に伴う責任など忘れてしたい放題してよろしいという免許のようなものだからだ。このような若者は、許される行動の範囲を理解していないため、女性に取り巻かれると性暴力に走ることが多い。

註

◇本章の大部分は二人の男性バスケットボール選手の経験をもとに執筆した。一人は大学でバスケットボールをしており、プロ入りを希望していた。もう一人は最近引退したNBAの選手だ。筆者はこの二人を長時間にわたってインタビューした。本章では仮名を使っている。

5章　いわれのない偏見

▼有罪への遠い道のり

一九九三年九月、ナショナルリーグMVPのバリー・ボンズの妻、サン・ボンズが、夫に暴力をふるわれたと電話で警察に助けを求めてきた。警察がボンズ宅にかけつけると、「首に手をあてて泣いている」[1]サンがいた。警察の報告書によると、「バリー・ボンズは駐車してあった車にサンを投げつけ、サンの首を握って地面にたたきつけ、臀部を蹴りつけた」という[2]。

ボンズ夫人はマスコミに騒がれるのを恐れ、夫を正式に訴えるのはやめたが、離婚には踏み切った。バリー・ボンズは、一シーズンあたり五百万ドル近く稼いでいたのだが、家族扶養義務の減額を裁判所に願い出た。九四年八月のことだった。サンマテオ郡最高裁判所判事のジョージ・テイラーは、それを受け入れ、減額を認めた。そのすぐ後で、判事はボンズのサインを求め、ボンズはよろこんでそれに応じた。この一件は、スポーツ選手は法廷で優遇されているという主張を裏付ける例として、広く指摘されている[3]。

しかし、ボンズの一件は、原則というよりむしろ例外である。スポーツ選手は優遇されているという一般の見方を意識して、法の番人たちはむしろ逆に厳しすぎるほどの対応をすることが多い。逮捕されるスポーツ選手の数は多く、犯罪行為が疑われる場合には訴追も厳しい。実際、八六年から九五年までの間に、大学とプロのスポーツ選手が犯したとされる性暴力犯罪の訴えは二百十七件あり、そのうちの百七十二件（七十九パーセント）では容疑者が逮捕され、百十七件（五十四パーセント）は起訴までされている。これに比べて、アメリカ司法省の行った三百の郡を対象とする調査では、警察に通報された強姦の訴えのうち、容疑者の逮捕にまで至ったのはたった三十二パーセントとなっている(4)。

ところが、加害者とされるスポーツ選手に正式な容疑がかけられることは多くても、最終的に有罪とされることは少ないのだ。アメリカ司法省の行った全国調査では、強姦で逮捕された容疑者の半分以上が有罪となっている。ところが、八六年から九五年までに性犯罪で逮捕されたスポーツ選手百七十二人のうち、有罪とされたのはたったの三十一パーセントである(5)。このパラドックス、つまり、逮捕される率は高いが有罪とされる率は低いというのは、法の番人によるスポーツ選手優遇措置のゆえではない。このことは、裁判に持ち込まれたケースが最終的にどうなったかを見れば明らかだ。すなわち、八六年から九五年の間に性暴力犯罪の容疑で裁かれた六十六人のプロと大学のスポーツ選手のうち、八十五パーセントが陪審員たちに無罪放免されているのだ(6)。この数字は、警察や検事側のなあなあのアプローチを裏付けしているというより、むしろ、陪審員たちが人気スポーツ選手を有罪にしたがらないということを物語っている。

強姦で有罪判決を勝ち取るのはただでさえ難しいのに、有名スポーツ選手がその容疑者となると、それはさらに難しくなる。容疑者のスポーツ選手は、合意上の性交渉を持ったとまず臆面もなく認める。スポーツ選手は女性に追いかけられるという一般的なイメージがあるから、それを利用するわけだ。有名スポーツ選手は女性にこと欠かないという事実を挙げ、だから無理強いする必要などないのだと主張する。この主張は、スポーツ選手の一団が集団レイプで裁かれているケースでも持ち出されて、陪審員たちを納得させてしまう。あくまでも合意上のセックスだったと主張して、集団レイプの容疑をかけられた大学とプロのスポーツ選手たちは、七十五パーセント以上の割合で無罪放免とされている。スポーツ選手と性交渉を持つ女性に対するこの偏見的な見方を、陪審員たちが克服することはかなり難しくなっている。この偏見から、陪審員たちは、「有罪の可能性」を超えた「有罪の確信」を持つことができないのだ。有罪判決にまで持っていくには、この「有罪の可能性」のボーダーラインをはるかに超えた「確信」が必要なのだ。

訴追を難しくする要素はまだ他にもある。一つには、マスコミが異常なまでに騒ぎ立てること、次に、スポーツ選手にはえり抜きの弁護団がつくことで、これは一般の性犯罪容疑者にはとうてい望めないことだ。強姦で告発されたスポーツ選手を巡ってマスコミが過剰に騒ぎ立てることは、最終的には被害者の方にマイナスとなる。刑事訴訟を起こして最後まで見届けるには、相当な決意と勇気がいるからだ。それに、スポーツ選手には豊かな財力や人脈があるので、のるかそるかのケースを専門とする弁護団がよろこんで弁護を引き受ける。もちろん弁護士料は高くつくが、その代わり彼らのやることにはそつがない。報道機関のお膳立てする弁論台をフル活用して、被害者の女性を悪者に仕立て上げることで、依頼人であるスポーツ選手のイメージアップをはかるのだ。その結果、被害者はこれ以上さらしものにされるのを恐れて告訴を取り下げるか、あるいは、人物像を傷つけられて有罪判決を勝ち取ることができなくなってしまうのだ。

▼法律はすべての人を平等に守る

冬の寒さがまだ残るマサチューセッツ州ローウェルの事務所で、ディヴィッド・メイアーはマサチューセッツ州の強姦法の詳細を調べていた。メイアーは地区司法次官で、そのときボストンのマスコミに派手に取り上げられていた稀に見るむごたらしさの集団レイプ事件訴追の指揮をとっていた。事前審理が間近に迫っていたので、その準備をしていたのだった。この事前審理では、本公判で弁護側がどこまで被害者のバックグラウンドを持ち出せるかを話し合うことになっていた。被害者は前科のある売春婦で、ヘロイン所持と夜間街頭売春で有罪となったことがあった。被告は四人の大学生で、ボストン郊外の裕福な地区の出身だった。被告の供述によると、自分たちは大酒をあおいだ後、車を乗り回していて、街頭で売春婦を拾った。その売春婦が、支払いが少なかった腹いせに強姦されたとでっち上げているのだ、と四人は主張していた。

一九九二年七月一三日、アルバート・トゥロイシは、売春婦のドーン・ベリーを自分の運転していた車に誘い込んだ。ベリーの友達のカレンが、この通りのすぐ先でベリーの助けを求めているから、この車に乗ってすぐ行くようにとせき立てたのだった。カレンはその二週間前に、顧客にひどく殴られて置き去りにされたという経験をしていた。ベリーはトゥロイシとは面識はなかったが、ともかく乗せて行ってくれるというので助手席に乗った。するとその車が角を曲がったかと思うと、トゥロイシの連れの三人が後ろの座席に乗り込んできた。降ろしてくれと訴える彼女を無視して、一人の男が後ろから彼女の髪の毛をつかみ、あとの男たちは彼女を脅した。トゥロイシは、マサチューセッツ大学のフットボールフィールドの裏手に乗りつけた。そこは、デッドホースレインという人通りのない砂利道だった。

倒した後部座席で、男たちは順々にベリーを犯していった。座席のまわりには大工道具や食べ物の残りや包み紙などが散らばっていた。ことを終えると男たちはベリーをしたたか殴りつけ、血を流す彼女を車から押し出して誰もいないフットボールフィールドに置き去りにした。「被害者は、差し歯が数本粉々に砕けるほど殴られていました。彼女の砕けた差し歯は、砂利道のところどころに散らばっていました」と、この事件の調査を指揮したブレンダン・ダーキン巡査部長は話した。

皮肉なことに、二人の容疑者、車を運転したトゥロイシと、ベリーを殴ったデレック・ラーソンは、警察官になるための訓練を終了したばかりで、配属通知を待っているところだった。二人とも、マサチューセッツ大学ローウェル校の花形フットボール選手だった。ラーソンはクウォーターバックで、キャプテンだった。共犯はグレッグ・ピネオとショーン・ハーバートで、四人とも、前科のある売春婦がまさか自分たちを警察に訴えるとは思いもしなかったのだ。逮捕されてからでさえも、陪審員たちが自分たちを有罪と判断することはありえないと、四人とも自信満々だった。ダーキン巡査部長の話では、四人の態度は、「仮に俺たちがやったとしたって、それがどうしたっていうんだ。あいつはただの売春婦だぜ」というものだった。

強姦の物的証拠としては、ベリーの衣服についた精液しかなかったので、裁判では、ベリーとこの四人の男の人物像が鍵となる。地区司法次官のメイアーは、警察の報告書を吟味した後、四人の男を起訴することを決定した。この四人の生い立ちや評判は、被害者のそれとは対照的だったが、「法律はすべての人を平等に守るのです」とメイアーは話した。「売春婦であろうと、隣の女の子であろうとね」

弁護側の戦略は、ベリーの奔放な性生活歴を指摘して被告の弁護をしていくというものだった。これは、弁護側が裁判前にピーター・ロリエット裁判官に提出した動議書で明らかになった。裁判所テレビ局は、この審理状況を放映することにしたので、このように広く取り上げられることで、ベリーのプライバシーが侵害されはしないかとメイアーは憂えていた。とその時、誰かが事務所のドアをノックするのが聞こえた。同僚の検事が、助言を求めに来たのだった。その検事の扱っていた事件は、ベリーの事件よりもっとセンセーショナルな可能性のある性暴力事件だった。エマーソン大学に通う二十一歳の女子学生が、バスケットボールチーム、ボストン・セルティックスのルーキー、マーカス・ウェッブに強姦されたと、地区司法局に訴えてきたのだった。ボストンにあるベス・イスラエル病院の行ったレイプ検査の結果が警察に届き、それは被害者の訴えを裏付けるものだった。被害者には、合意上のセックスでは考えられないひどい膣口の裂けや出血などがあったが、この事件は一筋縄ではいかない様相を呈していた。被害者とウェッブとの性関係は複雑で、今回の事件もその延長上にあったのだ。

メイアーは、性犯罪のケースを担当することは稀だったが、ローウェルで起きた集団レイプ事件を担当してそれが大々的に報道されたこともあり、また、司法局では指導的立場にあったこともあって、他の検事たちからよく助言を求められた。またメイアーは、ミドルセックス郡ではトップの検事で、郡の法廷代理人二十人を監督する立場にもあった。彼の担当は主に殺人事件だったが、マスコミの注目を集めそうな事件もよく担当した。

メイアーは、ベリーの事件に関わった四人の男の起訴決定のいきさつを語ってくれた。「被害者のライフスタイルいかんに関わらず、起訴すべきものは起訴することにしたのです」とメイアーは話した。「〔ドーンの〕特殊なライフスタイルを審理の障害物にするのではなくて、むしろそれをこちらに有利なように持っていくという作戦でいこうと、時間をかけて〔ドーンを〕説得しましたね。ドーンのライフスタイルのすべてを、包み隠さず陪審員たちに知ってもらおうとね」

ウェッブ事件担当の検事が助言を仰いで帰った後も、メイアーはウェッブ事件に思いを巡らせていた。メイアー自身はその事件の担当ではなく、今はベリーの事件に集中していたわけだが、それも一週間後には変わることになる。その時、セルティックスとウェッブを巡る一連の事件が起こり、地元メディアのトップニュースとなったのだった。

▼ウェッブ事件

一九九三年三月一五日、検察側による女子学生強姦事件の予備調査が終わろうとしていたころ、ウェッブが自宅で女性に暴力をふるったかどで逮捕された。被害を受けたクウェンティナ・ブラウンは、ウェッブとの間に十三か月の男の子をもうけていて、その時はアラバマにある自宅からボストンまでウェッブに会いに来ていた。午前二時、ブラウンは、ウェッブに暴力行為を受けたと警察に電話で助けを求めた。そして警察が駆けつけ、ウェッブを逮捕した。ウェッブは最寄りの留置所に三時間ちかく留置され、ブラウンに近寄らないという条件で、午前五時少し前に釈放された。

同じ日の数時間後、ボストンの別の地区で、エリカ・ゴメスという学生の訴えに基づいて、ウェッブがゴメスに近づくことの法的禁止命令が出された。ゴメスは、その一週間前にウェッブを強姦の容疑で訴えていた。ゴメスがウェッブを正式に訴えたその数日後ウェッブはナイトクラブでゴメスに近づき、乱暴してやるとゴメスを脅したという。ウェッブの所属するセルティックスは、その日の午後西へ飛んで長い遠征の旅を始める予定だったが、ウェッブはまだ法手続きが残っていたので一人ボストンに居残った。その三日後、ウェッブがブランデス大学にあるセルティックスの練習場でトレーニングしていると、逮捕状を持った警察が現れ、ウェッブを強姦の疑いで逮捕した。ウェッブは手錠をかけられて練習場から連れ出され、ミドルセックス郡裁判所の留置所まで護送された。その日の数時間後、セルティックスのヘッドコーチ、クリス・フォードが、遠征先のデンバーから声明を出し、ウェッブをセルティックスから除名することを発表した。

この強姦事件は、三月三日午前一時三十分ごろ端を発した。その時間に、ウェッブはチームメイトに自宅のコンドミニアムまで送ってもらった。その日の夕方、セルティックスはボストン・ガーデンでサンアントニオ・スパーズと対戦し、その後ウェッブは、数人のチームメイトと飲みに行った。同じ日の朝、ウェッブはゴメスに、自分たちの三か月にわたる恋人関係も今日限りだと告げていた。ブラウンとその間にできた男の子が、その週末にウェッブに会いに来て、しばらく滞在する予定だったからだ。

帰宅して、ゴメスがまだ自分のコンドミニアムにいるのを見つけると、最後のセックスの機会だとばかりにウェッブはゴメスに挑んだ。その最中、二人は口論となり、ウェッブはゴメスを力づくで腹這いにして、後ろから性的暴行をはたらいた。ゴメスが抵抗するのに構わず、無理やり後ろからのしかかって暴行し続けた。ゴメスは泣き叫び助けを求めたが、頭を枕に押しつけられるばかりだった。

逮捕されて留置所に入れられたウェッブには、頼れる人が誰もいなかった。ウェッブのエージェントはその時イスラエルにいて、セルティックスはデンバーに遠征中だった。セルティックスに雇われていた短い期間に十四万ドル近く稼いでいた彼だったが、そのとき銀行口座には五千ドルしかなかった。それで、ロバート・バートン判事の課した保釈金五万ドルなど、出せるはずがなかったのだ。

セルティックスが遠征から帰って来ると、郡裁判所の留置所はサーカスでも巡業してきたような雰囲気に包まれた。ウェッブのチームメイトのザビエル・マックダニエルが、現金で二万五千ドルを払ってウェッブの保釈金としたのだった。マックダニエルは、フィアンセのミッシェル・アンダーソンと、チームメイトのシャーマン・ダグラスの恋人キャロル・フォードを同伴していた。この二人の女性は、報道陣に向かってバートン判事の課した保釈金の重さを批判した。「ウェッブが有名人だってことで、余計に払わされるのはおかしいわよ」とフォードは言った。「彼は根はとってもいい人よ」

裁判所を出たところでは、他にも女性数人がプラカードを手にウェッブ支援を表明していた。

ウェッブの弁護団には、最高裁判所の元判事オーウェン・トッドがいた。トッドは定年退職後、個人で弁護士事務所を開いていた。もう一人の弁護士は、ハワード・クーパーという経験豊かな腕利きの法廷弁護士だった。トッドとクーパーは以前、ヘイル&ドーという評判の高い弁護士事務所に所属していた。その事務所は、セルティックスの関わる法手続きのほとんどを代行していた。このコネで、ウェッブにはこのような第一級の弁護士たちがついたのだった。

ウェッブが法廷に初めて現れ、バートン判事（トッド弁護士の元同僚）の前に立った日は、やりたい放題の有名人の常識と、刑事裁判の常識とが見事にぶつかりあった日だった。これまでに刑事被告を多く見てきたバートンの目には、ウェッブの傲慢さは明らかだった。「この日の手続きの最中ずっと、ウェッブはひとごとのような態度でしたね」とバートンは話した。「これが本当に自分に起こっていることだとは信じられなかったようです。ちょっとばかばかしいと思っていたようですね」

バートンはボストン出身で、有名なボストン・ラテンスクールに通い、ダートマス大学に進学して、その後ボストン大学法律大学院を卒業していた。当時野球もしていて、大学とセミプロのチームでは花形選手だった。また、判事となる前に、アメリカ海軍兵士としても勤務しており、これらの経験から、犯罪行為には容赦しないという姿勢を身につけていた。ミドルセックス郡の訴訟に関する事務を司る判事でもあり、郡で起こった重罪にあたる事件の担当判事を任命する責任もあった。

ウェッブのケースは、ボストンを拠点とするスポーツ選手で暴力的な重罪に問われた最初のケースではなかったが、バートンは、プロのスポーツ選手のからむ強姦事件を裁くのは初めてだった。しかしながら、容疑が性暴力なのには、特に驚きはしなかった。「スポーツ選手は、男性として甘やかされていますからね。女性がいつでも足元に体を投げ出してくるんですから」とバートンは指摘する。「常にそういう状況におかれていると、そのうち、自分が何か特別な人物のように思えてくるんですよ。そうすると、誰かが自分に、いやだとかやめてとか言うなんてことが、信じられなくなってくるわけです。彼らには、スポーツ選手としての自制心や忍耐強さはあるかもしれませんが、社会のルールに従って自らの行動を律していくという、社会人としての自制心や忍耐強さはありません」

バートンは、裁判官として務めた十五年以上の間に、政治家、警察官、牧師、芸能人などが重罪で裁かれるのを見てきた。「社会的に力のある人々は、普通の人より物事を自分の思うようにコントロールできるせいか、自分はその辺の人とは格が違う人間のように思い込んでいますね。それで、よほどのことをしない限り咎められないような錯覚に陥っているのです」とバートンは話した。「あの女性が自分を訴えるなんて、ウェッブ氏には思いもよらなかったと思いますよ」

ウェッブが州の留置所から釈放されて裁判を待っている間も、ボストンのマスコミは毎日のようにウェッブ事件を報道し続けた。そうなると、彼の裁判自体もマスコミの注目の的になることは明らかだった。原告側、被告側とも、賭けは大きかった。ましてや、ボストン・セルティックスの名誉もかかっていたことは言うまでもない。セルティックスは、プロスポーツ界でも名選手、名場面の話題を多く呼び、最も尊敬されているチームのうちの一つなのだ。そのチームのメンバーが、手錠をはめられて練習場から連れ去られるという事態が起きたのだから、チームにとってはただごとではない。先のローウェル強姦事件の予備公判が終わり、本公判はあと六か月後に予定されていたので、ウェッブ事件訴追検事にはメイアーに白羽の矢が立った。ミドルセックス郡地区司法長官トマス・ライリーによる人選だった。

ウェッブ事件では、被害者がただちに警察に訴え出たし、強姦されたという診断結果も出ていたのだが、なんといってもウェッブの名がきこえていたので、この裁判で勝訴を勝ち取るのは不可能に近かった。それに、事件の起こる前、被害者はウェッブと親密な関係にあったということは事実だし、問題の夜は強姦されたのだという被害者の話に疑問をはさむために雇われた弁護士たちは、性犯罪者の弁護に通常任命される凡庸な弁護士たちとは格が違っていた。「このケースでは、検察側は最強の弁護団に立ち向かうことになります。〔スポーツ選手には〕人脈や金がありますからね」とメイアーは説明した。そしてその人脈や金は、被害者の人物像を傷つけ、その供述の信憑性をなくすためにかり出されるのだ。この弁護側の戦略に備えて、メイアーはゴメスの過去をできる限り知るように努めた。「あの〔集団レイプ〕事件に臨んだのと同じような姿勢でこの事件にも臨みました。つまり、被害者に関する情報のすべてを陪審員たちの前に広げて見せるつもりだったのです」とメイアーは言った。「ゴメスの過去と、彼女のウェッブとの関係については、陪審員たちが知るべきことが多くあったのです」

ゴメスのウェッブとの関係は、ゴメスがまだカリフォルニアの両親の家に住んでいた時までさかのぼる。当時、ブライアン・ショーが彼女の家の近くに住んでいて、二人は幼友達だった。ショーは、バスケットボール選手として頭角を現し、カリフォルニア大学サンタ・バーバラ校に進学して、一九八八年のドラフトでセルティックスに一位指名された。ゴメスはショーの活躍ぶりを熱心に追い、エマーソン大学に入学許可されてボストンに引っ越してきてから、ショーとまたつきあうようになった。ゴメスはショーを通してセルティックスのプレーヤーと出会い、彼らが常連となっているナイトクラブなどにもよく顔を出すようになった。ウェッブは、セルティックスがショーをトレードして少ししてから、ルーキーとしてセルティックスにやってきた。それからしばらくして、ウェッブとゴメスは出会ったのだった。

ゴメスはエマーソン大学在学中に、ボストン地区の複数のプロスポーツ選手たちと性関係を持っていたとウェッブの弁護士たちは主張したが、彼女のウェッブとの関係だけは、気まぐれなお遊びではなかったようだ。はじめは単なる肉体関係として始まったが、そのうちにゴメスはウェッブを本気で好きになり、ラブ・レターまで書くようになった。そして、お呼びがかかればいつでも馳せ参じていたのだ。ところが、熱烈なセックスまであったある日、今日が最後だといきなりウェッブから通告されたのだ。うろたえるゴメスを一人残して、ウェッブはその日のゲームのためにボストン・ガーデンへ向かった。ゴメスは、ウェッブを失いたくないという必死の思いで、ウェッブのマンションに居残り、彼の帰りを待っていた。午前〇時過ぎにウェッブが帰宅し、ゴメスの姿を目にすると、もう一度セックスができるとばかり彼女にのしかかっていった。結果は性暴力だった。

▼問題行動の暴露と隠蔽

メイアーは、被害者の証言を武器にこの事件を訴追する構えだったが、彼女の過去が陪審員たちの同情を呼ぶとは考えにくかった。ところがウェッブの過去の方が、地元出版物に次々と暴露され、彼への信頼性がだんだん疑われるようになってきた。ウェッブのそつのない弁護士たちが口止めする前に、ウェッブは『ボストン・グローブ』紙の記者、リンダ・ゴロブのインタビューを受けた。ゴロブは大都市で起こる犯罪の取材を専門とする腕利きで経験豊かな記者で、彼女のウェッブ取材記事は、彼の無実の訴えの信憑性を大きく揺さぶるものとなった。ウェッブはゴロブに次のように語っている。「おれはもちろん、強姦なんかしなかったって言うよ。仮におれが銀行強盗をやってるところを写真に撮られてたとしたって、おれはやってないって言うよね」。また、自分の女性に対する態度をほのめかすように、ウェッブはこうも言った。「北部の女は南部のとは全然違うね。もっとワイルドで奔放だよ。一度、クラブのダンスフロアーでおれを脱がそうとした女がいたよ。おどろいちゃったね」(7)

ゴロブは、アラバマにあるウェッブの出身地も訪れ、彼を知る多くの人々をインタビューした。その結果、ウェッブは高校、大学を通して不真面目な学生だったということがわかった。それでも、フットボールとバスケットボールの両方の奨学金が出され、ウェッブはバスケットボール奨学金を選んで、アラバマ大学で三年間プレーした。ところが、授業を休んでばかりいたので、四年目にチームから追放された。バスケットボールができなくなったので、ウェッブはすぐに大学をやめた。ところが、アラバマをあとにする前に、ウェッブはクウェンティナ・ブラウンを妊娠させている。また、ラタンジェリア・サンダーソンという別の女性からも、子供を認知するようにという訴訟を起こされている。さらには、もう一人の女性も、自分はウェッブの子供を身ごもっていると主張していた。加えて、ウェッブは、道路交通法違反で二度逮捕されており、その結果、アラバマ州から運転免許を取り上げられていた(8)。

ゴロブの調査報告は、ウェッブのあくどさや暴力性向などは浮き彫りにしなかったものの、ウェッブの無責任な行動パターンを明らかに示していた。そしてそれは、プロスポーツ界にはいったことで悪化したのだった。次の一件がこのことを如実に物語っている。

セルティックスと契約してからほんの数か月もたたないときに、ウェッブは、ボストン郊外にあるブルックリンとニュートンという街の警察官から人種差別的扱いを受けたと、非常に激しい口調で非難した。ウェッブはそのとき既に、チームで参加するいろいろなイベントに遅れて来るようになっており、その日一九九三年一月八日も、練習にも出て来ず、その日全員が受けることになっていたチーム医の診断も受けることができなかった。フォードコーチの叱責を免れようと、ウェッブはチームの職員に次のように告げた。高速道路ルート9を走行中、ブルックリンとニュートンの街境に近い地点で理由もわからず警察に止められ、免許を取り上げられた。ところが、ウェッブがセルティックスのメンバーだと知ると、警察官たちはそれ以上何も問わずにウェッブを行かせたという(9)。

次の日、この「事件」が報道されると、ブルックリンとニュートンの警察署は、ウェッブの供述した時間と場所で警官が誰かを止めたという事実は全くないと強く否定した。この一件は、ウェレズリーで実際に起こった事件のすぐ後だった。ウェレズリーはボストン郊外の街で、居住者のほとんどが白人だった。そこで、セルティックスのディー・ブラウンとそのフィアンセが、警官に車を止められ、銃をつきつけられて車から降ろされて、歩道でうつ伏せになるように命じられた。白昼、公衆の面前でだった。ブラウンは、当時指名手配されていた黒人の銀行強盗に間違われたのだった(10)。

この出来事は、多くの人々に目撃されていた。それもあって、ウェレズリー警察署はこの間違いを公に認め、ブラウンとそのフィアンセの名誉を回復した。ところが、ウェッブの「事件」を目撃した者は一人もいなかったのだ。これは、ウェッブが、足止めをくらったのは一時間以上で、しかもそれはボストンでも交通量の多い道路でだったと主張しているのを考えると、明らかにおかしい。また、ウェッブは、「スミス巡査」と名乗る警官がまず自分の車を止め、三台のパトカーがやって来たと話したが、ブルックリンとニュートンの警察署は、スミスという名の巡査はどちらの署にもいないと答えている。また、この「事件」捜査の過程で、ウェッブは無免許で運転していたことも明るみに出た。一九九一年にアラバマ州がウェッブの免許を取り上げて以来、州は臨時の免許をウェッブに発行していなかったのだった。

ニュートン市の市長、セオドア・マンは、セルティックスがこの「事件」でウェッブをかばって事実を隠蔽していると見て、チームから警察署へ正式に謝罪するように申し入れた。「このままでは、ウェッブ氏への警察の対応の仕方には重大な問題があったという印象が残り、その波紋は深刻だ」とマンは言った。「事実は事実、嘘は嘘としてはっきりさせてもらう必要がある」

一方、セルティックスは独自に調査を行い、その中で、一人のチームメンバーの妻がウェッブの主張を裏付けするような報告をしていた。そしてセルティックスの職員たちは次のように発表した。「マーカス・ウェッブがルート9で警察に止められたという証拠はいくらかあるようだが、警察署や警官たちがウェッブの人権を侵害するような行為に出たということはありえない、とセルティックスとしては確信するに至った」。ところが、ブルックリン警察署長ハワード・ブラケットは、自署の巡査でウェッブを止めた者は誰もいなかったと再度強調して、この発表に対して次のように応答した。「セルティックスは事実を覆い隠そうとしているに違いないと思います。このままうやむやにして、逃げようとしているんですよ。私はごまかされやしませんよ」(11)。それでもウェッブは謝罪せず、セルティックスも練習を休んだとして二百五十ドルの罰金をウェッブに課しただけで、「事件」を葬り去った。

▼NOと言える権利

公判が始まる以前に、被告の信頼性がこうも見事に失われていくのを目の当たりにするという有利な状況は、検事側になかなか巡ってくるものではなかった。しかし、ウェッブの問題行動は長年来のもので、それも公に記録されているといっても、この強姦事件に直接関係のある要素としてとりあげることはできなかった。それに、証拠として提出できるものでもなかった。したがって、公に平気で嘘をつくこの人物を反対尋問で問い詰められる機会があっても、唯一の争点は、三月三日にウェッブのベッドで何が起こったかということであることを、メイアーは心得ていた。その点では、ゴメスが自ら進んでウェッブのベッドルームに身をおいていたという事実をどう説明したらよいかが、大きな問題となっていた。「このような事件を扱うのは、元来難しいんですよ。人々は〔スポーツ選手を〕裏道に立っている男の人より立派な人物のように見ていますからね」とメイアーは言った。

この点を、ウェッブのそつのない弁護士ハワード・クーパーが見逃すはずはなかった。「このケースは、暗い裏道で男が通りすがりの見ず知らずの女を待ち伏せしているというケースではないわけです」とクーパーは言った。「この二人は、非常に親密な関係にあったんです。ところが、その二人の関係がこじれてしまった。それで、陪審員たちは、普通二人の間では起こらないような辛い話を聞くことになるでしょう」

クーパーが、ゴメスのウェッブとの関係を強調して公判をウェッブに有利に展開しようとしていることは最初から明らかだった。「マーカス・ウェッブは本当に巨大な男なんですよ」とクーパーは言う。「バスケットボール選手は、他の人々の上にそびえ立つ感じですね。それで、マーカス・ウェッブや彼のチームメイトがバーへ行ったりすると、その場に溶け込んで見えなくなるというようなことはありえません。独身の人たちが出会いを求めて集まるバーのような所では、この大きな体というのは明らかに目をひく要素ですよね。もう一つ見逃せないのは、セルティックスの選手名簿に載っている男たちは十二人しかいなくて、バスケットボールはこの街では押しも押されぬ地位にあります。セルティックスのメンバーを知らない者などいません。ですから、もしウェッブがこんなに知名度の高いプロのスポーツ選手でなかったら、この女性はウェッブにもともと気をひかれたかどうか、これを私は問いたいわけです」

メイアーは、このクーパーの言に反対するわけではなかった。ウェッブの地位がゴメスをひきつけたのは確かかもしれない。しかし、陪審員たちがこの事実にのみ縛られていると、その奥にある問題の核心に迫れないことも確かだった。つまり、被害者の意志が尊重されたかどうかという核心の点が見過ごされてしまうのだ。メイアーはこの点をよく承知していた。「私が目指すのは、スタースポーツ選手と関係を持とうとした女性が、意志を踏みにじられていいように利用されてしまったということを陪審員たちに納得させることです。この点では、恋愛感情の伴う関係を持とうとする意志のない男性に肉体関係だけを強要されるような女性となんら変わることなく、彼女の人権も侵されたわけです」とメイアーは説明した。「彼女の社会的地位がどうであろうと、ライフスタイルがどうであろうと、この関係を持ったそもそもの動機が何であろうと、彼女には神から与えられた権利があるのです。それは、NOと言える権利です」

メイアーが、無理強いするということがどういうことまで含むのかを陪審員たちに教えようと準備を進めている間、ウェッブの弁護士たちは、ゴメスのそれほどかんばしくない側面を公判で持ち出せるようにバートン判事に動議を提出し続けていた。彼らは、ゴメスの偏見の証拠や、虚偽の証言をすると彼女に有利となる証拠、また、他のスポーツ選手とも性関係を持っていたことの証拠を提出したがった。「彼女がブライアン・ショーと性関係を持っていたことは明らかです。そして、他のプロスポーツ選手と関係していたことも十分考えられます」とクーパーは言った。「彼女の信頼性を疑うに十分な状況が多々あったわけです。それを全部さらけ出すとなると、ひどく醜悪な話を聞くことになっていたでしょう。この女性は、マーカス・ウェッブを追いかけていたわけです。彼女は、スポーツグルーピー以外の何者でもありません。それでたまたま、ウェッブとの関係がこじれてしまったわけです」

バートン判事が弁護側の動議を拒絶したとしても、まだ壁はあった。それは、ゴメスが二か月から三か月の間ウェッブと自らすすんで関係し、それも強烈な肉体関係を持っていたという厳然たる事実があることだった。「ゴメスは、マーカス・ウェッブには他にもつきあっている女性がいたことは知っていました」とメイアーも認める。「アラバマに子供がいることも、そしてその子の母親がウェッブの元恋人だったことも知っていました。ゴメスは、自分がどんなにマーカス・ウェッブのことを愛しているか、あるいはどんなに崇拝しているか、そして、彼といるとどんなに楽しいかということを友達に話していました。このケースの事実関係には、マーカス・ウェッブとは何の関係もないことで、有罪を勝ち取るには難しい条件となるものがかなりあったのは確かです」

ウェッブを有罪とするためには、メイアーは陪審員全員を納得させなければならなかった。ところが、クーパーとトッドは、ただ一人の陪審員の心に疑いを植えつければウェッブを無罪にできた。「私は、十二人の普通の市民ひとりひとりに、自分は正しいことをしているのだと心から思わせなければならないのです」とメイアーは語った。「誰かを、どんな罪にしても有罪にするということは、陪審員にとってとても辛いことです。それが、被告が社会的に重きを置かれている人物となると、余計に難しくなるのです」。また、ゴメスとウェッブの特殊なライフスタイルが、陪審員たちが有罪の可能性を通り越して有罪の確信にまで到達するのをまたいちだんと難しくしていた。ということは、その分、クーパーの仕事は楽になるということだった。「彼らのライフスタイルそのものが、特殊なんですね」とメイアーは説明する。「ですから、性交渉が合意に基づいたものではなかったと陪審員たちに確信してもらうためには、そのライフスタイルを言葉で再現するしかありません。それは非常に難しいことです」

ゴメスのこれまでの性生活やその他背景となる情報をどこまで弁護側が公判で公開できるかは、判事が決めることになっていた。検察側と弁護側は、その判事の決断を待っていた。バートン判事はそれを決めるにあたって、ゴメスの権利をウェッブの権利と突き合わせて比重にかけていた。「強姦法はよく知っていますが、そこには特例がいろいろ書かれているんですよ。被告には、原告と対決できる権利と、原告を反対尋問にかけることのできる権利があるので、それがこういった特例を生み出すのです」とバートンは説明した。「偏見がからんでいるような証言は、被告が待ったをかけて反対尋問を要求できるようになっています。ですから、偏見や偽証の可能性のある場合には、強姦法の適用は二の次になってしまうのです。被告側弁護士がこうした点につけいればつけいるほど、強姦法の特例がどんどん増えていくことになります」

公判は四日後に迫り、バートン判事が決断を伝えるのはその第一日目ということで、被告側はそわそわし始めた。「この訴訟の最大の賭けは、バートン判事がどこまで証拠の公開を認めるか、ということでした。認めるのか、全く認めないのか、それは第一日目まで誰にもわからなかったのです」とクーパーは話した。「しかも、マーカスを弁護するのにどうしてもなくてはならない証拠もそこに入っていました。バートン判事は我々の要請した証拠の大部分の公開を拒否しただろうと私は見ています。それらを公開するという決断をするのは、非常に難しかったはずです」

ウェッブの賭けは、バートン判事の決断だけではなかった。「相手はかなり美しく、小柄な若い女性です。それに大学教育まで受けています」とクーパーは言う。「しかも、彼女は演劇の訓練も受けていますし、歌手として多くの人の前で歌うためのトレーニングも受けています。マーカスが無罪放免になるには、彼女は取るに足らない女だから話をでっち上げているに違いないと陪審員が思うほかありません。一方被告は、表現力も乏しく、教育もない巨大な黒人です。それが、ほぼ全員白人であろうミドルセックス郡の陪審員たちの前で、肌の白い女性を強姦したという容疑で裁かれるわけです。もし有罪となった場合、刑は懲役二十年に及ぶ可能性があります。そうなると、被告が二十代でバスケットボールができる可能性はまずなくなりますね。実際問題として、そうでしょう。有罪となる可能性はたとえ少ないとしても、万が一そうなったとしたら、そんな長い間の服役は、彼の人生に致命的です。生活の糧を得るための職業を失うわけですから」

▼有罪答弁

公判の前夜、ウェッブの弁護士たちは地区司法局に連絡をとった。公判に持ち込まずになんとか妥協が成立しないかというもくろみだった。弁護側は、ウェッブの罪状を服役の伴わない軽罪にしてそれに有罪答弁をするという腹づもりだったが、司法局側は、罪は重罪のままで、司法取引には服役期間を必ず含むようにと譲らなかった。結局弁護側は、ウェッブが性暴力という重罪容疑を認めることに同意した。この罪の服役期間は三十日だった。この司法取引では、ウェッブが強姦したかどうかは事実上不問にふされた。控訴もしないという条件だった。

弁護側がこの取引になぜ応じたのかを、メイアーはこう見る。一つには、ウェッブがプロバスケットボールを続けていけるようにはからうため、もう一つは、醜悪になるであろう公判でウェッブが恥をさらすのをくい止めるためだ。一方メイアーにとっても、この取引は勝ちを意味した。それも、どうでるかわからない陪審員たちの前で裁判をしないで得た勝訴だった。また、ゴメスのプライバシーをさらしものにしないで済んだこともプラスだった。「これが裁判になっていたら、彼女の極秘情報までも公にせざるを得なかったでしょうね。健康状態、精神状態をはじめとして、これまでの感情的安定性、精神分析的、あるいは心理学的なバックグラウンドまで取り沙汰しなければならなかったでしょうから。陪審員たちがこれらを知ったら、彼女の訴えの信憑性をあるいは本気で疑ったかもしれません」とメイアーは話した。

ゴメスにとっても、ウェッブがなんらかの罪を認めたということは、自分がさらしものにならずに彼を有罪にできるということだった。「彼女の訴えを代弁するのに、彼女をごく普通の隣の女の子というように描写するつもりはありませんでした。彼女はそういった女性ではなかったからです」とメイアーは説明する。「彼女をありのままに描写するつもりでした。彼女はバスケットボールのグルーピーで、ハーバークラブへ出入りしてプロの選手を追いかけていました。マーカス・ウェッブとは初対面から性関係を結び、彼を崇め、彼のスクラップブックを作り、彼の一声で馳せ参じて、彼が指を鳴らせば彼の言うがままに行動する、といった入れこみようでした。しかしこの一件では、ウェッブがいきすぎたのです」

ゴメスのあまりかんばしくない行動パターンが、陪審員の心理に影響することを見越して、メイアーはゆるぎない医学的証拠を強く押し出すことにしていた。「人間のお尻の穴を大きく拡大した図を用意していました」とメイアーは話した。「医者が証人として立って、どこに亀裂があったか、どこが出血していたか、そして、穴のどこまで傷が達していたかを、目に見えるように詳しく描写する予定でした」

こうした辛く厳しい公判を予測して、ゴメスはウェッブの司法取引に応じた。メイアーとの会談後、ゴメスはバートン判事宛の手紙の草案を書いた。ウェッブに刑を言い渡す日に、バートン判事の手元に届くはずだった。以下はその手紙の抜粋である。

私は、当初の容疑より軽い罪で容疑者が有罪を認めることを承諾します。彼の罪にどんな名前がつけられるかは、私にとって重要ではないからです。どんな名前の罪でも、事実は事実です。強姦はまさに性暴力なのです。ウェッブ氏の罪が強姦と呼ばれようと、性暴力と呼ばれようと、彼が性犯罪者であることに変わりはありません。私にとっては、裁判をせずにこの忌まわしい出来事に幕を閉じ、再び物事の明るい側面が見られるようになることにこそ意味があります。ウェッブ氏もこれで自由の身となり、カウンセリングなどの助けを受けて更生の道を歩んでいかれると思います。

自分の娘が強姦されたなどと喜んで想像する母親などいません。また、自分の息子が女性を犯したなどと信じたい母親もいないでしょう。ですから私は、この妥協案を承諾します。裁判になって、私達の生活の隅々までがさらけ出され、自分をはじめ、ウェッブ氏や私達を愛してくれる人々を苦しめたくないからです(12)。

一九九三年七月二〇日、マーカス・ウェッブがバートン判事の前に立ち、性暴力の容疑に有罪答弁をし、刑を言い渡される時がきた。以下はこの記録の抜粋である。

バートン　あなたは、当初の容疑より軽い「性暴力」の容疑に対してこれから答弁をすることになっています。この容疑の概要は、一九九三年三月四日ごろ、ウォルサムで、あなたがエリカ・ゴメス氏に性的な乱暴をはたらいたというものです。あなたは、「性暴力」という罪が、何を容疑としているか、おわかりですか。

ウェッブ　はい、わかっております。

バートン　「性暴力」の内容を詳しく見ますと、まず、「暴力」というのは、意志的に、攻撃的に、不当に、同意なしに相手の体に触れることです。これはおわかりですか。

ウェッブ　はい、わかっております。

バートン　そして、触れたところが相手の性器、臀部、また女性の乳房であった場合、その暴力を「性的」であるといいます。この「性暴力」は、加害者が、自分自らあるいは被害者の性欲や熱情をかきたて、それに訴え、それを満足させようとする目的をもってなされるものです。これは、おわかりですか。

ウェッブ　はい、わかっております。

バートン　メイアー検事、被告が有罪答弁をした場合、あなたの求刑は何ですか。

メイアー　はい、マサチューセッツ州法に基づき、シーダー・ジャンクションの州更生施設での三年から五年の懲役を求刑いたします。その懲役期間のうち三十日間は強制服役とし、残りの期間は、三年間の執行猶予といたします(13)。

この種の求刑は、バートン判事の初めて聞くものだった。「私は最高裁判事歴十六年ですが」とバートンは話す。「強姦を認めた者が、服役期間が三十日だけの執行猶予つきの判決を受けたなどという例は聞いたことがありません。それと反対の、非常に長い服役義務を課す判決の方が多いのです。今回のは、非常に稀な司法取引だったと言えます。強姦は、懲役二十年の重罪です。その容疑で起訴された男が、懲役たったの三十日ですか。それも、一級の弁護士がついていたからで、強姦自体を証明するのが難しかったからでしょう」

バートンは、有罪答弁を拒否して裁判に持ち込むよう命ずることもできたのだが、州の求刑を受け入れることにした。「この州では私は、郡司法長官の権限を越えることは事実上できないのです」とバートンは話した。「私にできることはただ一つ。それは、この求刑を受け入れないで裁判を命じることです。しかし、州政府の思惑や弁護団の思惑を考えると、今回この求刑を受け入れないことは、それほど苦になりませんでした」

ウェッブの弁護士、オーウェン・トッドが、ウェッブに代わって話す機会を求めた。「マーカス・ウェッブは、アラバマで生まれ育った二十三歳の若者です。彼は、一歳半の息子とその母親、そしてその祖父母の生活を支える唯一の人物です」とトッドは言った。「ウェッブ氏はまだ若く、プロのバスケットボールを始めたばかりで、その選手として将来が期待されています。強姦罪では、懲役は二十年に及ぶ可能性のあることを私はウェッブ氏に説明いたしました。ウェッブ氏にとって重要なのは、自分は強姦しなかったと認められること、従って強姦者のレッテルを貼られないこと、そして、バスケットボールを再び始められることです」(14)

すべての人々の話を聞き終えると、バートン判事はウェッブに立ち上がるように言った。

事務官　起訴状93-5333、番号1、この起訴状には、十四歳以上の人物に性暴力をふるった罪状が書かれております。マーカス・ウェッブさん、これに対するあなたの答弁は何ですか。

ウェッブ　私は、その文面の通りに、性暴力をふるいました。しかし強姦はしませんでした。

バートン　ウェッブさん、あなたの答弁は何ですか。正確な言葉を使ってください。

ウェッブ　有罪を認めます(15)。

重罪にあたる性犯罪で懲役を言い渡されたといえ、クーパーはこのケースの収拾を成功と見る。「プロのスポーツ選手は若い男たちで、世界は自分たちが堪能できる牡蛎だと思っているのです」とクーパーは話す。「彼らは若い。大抵、二十代前半です。それに、お金も持っている。マーカス・ウェッブの場合、これまでの人生で初めて手にした大金ですね。彼らの世界では、あいつはプロスポーツ選手を追いかけていつでも体をひらく女だという見方がまかり通っているのです。それが、常識なのです、彼らの世界のね。ウェッブには、性暴力犯罪者というレッテルが貼られるか。もちろんです。しかし、NBAには強姦で有罪になったプレーヤーさえいて、今も堂々とプレーしているのです。それを考えると、我々の選んだ道は賢かったと思います」

法廷を出たところで、ウェッブの弁護士たちは、報道陣に声明文を配付していた。それは、ウェッブは強姦を認めたわけではないと強調するものだった。一方、メイアーもメイアーで、この結末にそれなりに満足していると話した。「ウェッブはこの女性に性行為を無理強いしたと認めたわけです」とメイアーは言う。「それが、彼女が聞きたかったことなのです。ウェッブがその責任を問われ、彼女の意志を無視して性的に彼女に接触したことを公に認めたことで、彼女の目的は達せられたわけです」

メイアーはゴメスとの話し合いに何時間も費やしていたため、彼女の受けた傷は肉体的なものだけでなく、精神的なものも大きいとわかっていた。「もし彼女が、こう言っていたら、我々はこのケースを裁判に持ち込んでいたと思います。『ディヴィッド、聞いてちょうだい。私は裁判に臨むわ。彼が私にしたこと以外の罪で有罪を認めるなんて、承知できないの。彼が私にしたことは、強姦なのよ』」とメイアーは言った。「エリカ・ゴメスはデジレイ・ワシントン〔マイク・タイソンの強姦にあった被害者〕ではないし、ミス・ネブラスカ〔ネブラスカのフットボールプレーヤー、クリスチャン・ピーターの性暴力にあった被害者〕でもありません。もしそうであったなら、私ももう少し強く出て、こう言うこともできたでしょう。『裁判に持ち込んで、強姦で有罪判決を勝ち取ろう』」

バートンは以前にも、大きく取り上げられた強姦裁判の判事を務めたことが幾度かあり、それを通して強姦罪に対する見方は固まっていた。「男性は女性にこう言いたいかもしれません。『おいおい、きみはおれに、セカンドベースをまわらせてくれて、サードベースもまわらせてくれて、それでいていきなり、ホームベースまではいかせないって言うのかい。そりゃないだろ。おれは男で、もういきり立っちゃってるんだから。ここまで許したら、その先はもうだめ、なんて言えねえぞ』」

「ところが、法律では言えることになっているのです。法律では、女性は、ファーストベース、セカンドベース、サードベースまで許して、そして、『はい、そこまで。もうおしまい』と言えることになっています。それが気に入らなくて無理強いする男性は、欲情その他どんな理由でも、それを正当化することはできないのです」

短い服役期間中、ウェッブは、クウェンティナ・ブラウンに暴力をふるった容疑で一日出廷した。このケースは陪審員たちでなく判事が審判した。アラバマからブラウンが呼び寄せられて、証言した。「証言台に立った彼女は、感情を露にして震えんばかりでした。マサチューセッツ州司法局にとっては格好の証人だったと言えるでしょう」とクーパーは言った。「明らかに、二人の間には何かが起こったのでしょう。しかし、私が判事に訴えたように、この場合は両人とも非常に気が動転していたのです」

判事はウェッブを有罪とし、懲役五十九日を言い渡した。ところが、マサチューセッツ州法では、判事に有罪とされた被告は控訴でき、そこで六人の陪審員たちに再び審判を仰げることになっていて、ウェッブの弁護士たちはその手に訴えた。「最初の裁判で、審判のゆくえの見通しをつけるわけですよ。それが被告側弁護士の常套手段ですね」とクーパーは説明した。

ところが州司法局は、被害者を再びアラバマから呼び寄せて証言させることになる二回目の裁判をせずに、ウェッブの弁明を受け入れることにした。それは、「容疑者は罪を犯したことを認めないが、有罪と審判されてもおかしくないような事実は確かにあった」というものだった。これは事実上の有罪判決だったが刑は伴わず、結局ウェッブは懲役を免れたのだった。

▼偏見への果敢な挑戦

ウェッブ事件の収拾を見届けると、メイアーはローウェル強姦事件の訴追に戻った。その第一回公判は数週間後に迫っていた。メイアーがウェッブ事件を担当している間、ドーン・ベリーはまたしても逮捕された。被告の四人はそれぞれ自分の弁護士を立てていたが、その弁護士全員が渡りに舟とばかりこのベリー逮捕に乗じて、容疑者の背景が被害者のそれよりいかに優れているかを強調する準備を進めていた。一方、メイアーは、被害者の背景を飾りたてようとするつもりは全くなかった。

「第一声から私は、ドーン・ベリーがどういう人物であるかをありのままに陪審員たちに話しました。どういう人生を歩んできたのか、どんな前科があるのか、そしてどういった問題を抱えているのかをすべて話したのです」とメイアーは言った。被害者の欠陥を初めから陪審員たちに強調するというこのメイアーの破格な戦法は、被告側弁護士たちを怒らせた。そこでピーター・ロリエット判事は、メイアーと弁護士たちを別室に呼んで協議をさせた。その場で弁護士たちは、自分たちの反対尋問のときにベリーから売春や麻薬使用の事実を聞き出してそれを陪審員たちに印象づけたいのだと主張した。しかし、メイアーは、検察側が初めにそれらの事実を提示するのを禁止する条項はどこにもないと反論した。「ベリーには、陪審員たちに隠すようなことは何もなかったのです」とメイアーは言う。「彼女は、自分のことをありのままに話しました。自分はヘロイン中毒患者で常用者であること、そしてヘロインを買うために売春を始めたことも話しました。彼女にこういったバックグラウンドがあるからといって、強姦が強姦でなくなるはずはないのです」

法廷では、被告と被害者のコントラストは、目に見えて明らかだった。ベリーには家族や友達の付き添いもなく、きゃしゃな体つきで一風変わった服を身につけ、街頭で客引きをする彼女の生活を彷彿させた。その彼女が証言台に立つとき、若い白人の男たちの埋めつくす傍聴席の前を歩かなければならなかった。彼らは、被告をサポートするために集まったショートヘアで筋肉質の若者たちで、白いワイシャツを着てネクタイをしめた正装をしていた。「私が見たように、被害者も、白いワイシャツを着た大男たちの大群を見たのです」とロリエット判事は言った。「強靭で健康な若者たちです。彼らが来たのは、正義を見届けるためでも、公民科101のコースの単位をとるためでもありません。彼らは明らかに、友達をサポートするために来ていました」

最終的には、社会的脱落者が前途有望な四人の若者に対してどう評価されるかという一点が、公判の鍵となっていった。「身体的、あるいは医学的なレイプの証拠は何もなかったわけです」とメイアーは指摘する。「ですから、結局は被害者のことばの真実と、容疑者のことばの真実とが比重にかけられたわけです。レイプの可能性を超えた確信を陪審員に持ってもらうのは、容易なことではありません。私自身、陪審員たちがどう審判するか、見当がつきませんでした」

九月二七日、陪審員たちは協議を始め、翌日、四人全員有罪の審判を下した。ベリーが残酷に殴られたことと、彼女が毅然として何が起こったのかを話したことで、陪審員たちは彼女のことばを信じたのだった。判決文が読まれると、被告の家族たちからは驚きと憤慨の声が上がり、涙を流す姿も見られた。トュロイシは法廷から飛び出そうとして、それをとり押さえるのに四人の法廷警備員の手を要した。ラーソンは手錠をかけられるのを拒んであらがった。法廷を出たところで、ラーソンの弁護士ラルフ・チャンパは、『ボストン・グローブ』紙の記者にこう言った。「ベリーはＨＩＶに感染していると知ったら、陪審員たちはどう思うかね。彼女は感染しているんだよ、知っているだろう。四人の若者たちにも、そのことはもう知らせてある」(16)

一九九三年一〇月二〇日、ロリエット判事は四人に向かって刑を言い渡した。それまでに判事は、地域百四十通もの嘆願書を受け取っていた。四人をサポートする恩師や、リトルリーグのコーチや、地域の名士、友達などからの手紙だった。ロリエット判事は、刑を言い渡す前にこう述べた。「この裁判所で課せられる刑は、社会生活における行動規準や価値観を反映するものでなければなりません」(17)。そして、ラーソンに懲役五年、トュロイシに懲役四年、ハーバートとピネオにそれぞれ懲役三年を言い渡した。

「私はもちろんこの判決を朗報と聞きました。敗訴ではなくて勝訴だったから、というわけではありません」とメイアーは話した。「四人の若者とその家族には、かわいそうなことをしたと思っています。特に、その両親と兄弟にはね。でも、被害者の女性がこの四人の男たちに立ち向かっていって、その真実が認められたという点では、非常に満足しています。彼女は自分をありのままにさらけだして、陪審員たちの前で真実を語ったのです。それで四人は、自分たちのしたことの責任を問われたのです」

四人が服役のためシーダー・ジャンクションのマサチューセッツ州更生施設の鉄の扉を開けたのは、マーカス・ウェッブが三十日の服役期間を終えてその同じ扉を後にした二か月後だった。そのときウェッブは既にフランスにいてバスケットボールに返り咲き、そこで花形選手になっていた。

党閥が権力を握っている時代においては、それは絶対に不可能である。日本人の中にも、こうしたことを理解している人がいない訳ではなく、様々な方面から日本の前途の危険を看取し、大陸の人民の反抗が日本人の生存にとって極めて大きな損失であると見ている人もいる。しかし、彼らにはこうした伝統的政策をきっぱりと放棄する手立てはない。そのため、多くの人は目前の小さな利益を捨てて大陸の人心を挽回しようと望んでいないことはないと言うのだが、しかし「行きがかり」の関係から一気に行なうことができないのである。この「行きがかり」とは何か。それに相当する訳語は思い付かないが、少し面倒な言い方をするなら「過去の関係」、「因襲」ということになる。以前の人は多くの事柄を行ない、現在の人は以前の人を受け継いで来た。この継承のために、以前の人が行なったことを、後の人は覆す手立てがないのである。仮に、ある人がそれを覆そうと考えても、彼の環境はそのようにすることを許さないであろう。試みに、我々が彼らに代わって少し考えてみるなら、彼ら軍閥・財閥・官閥・党閥の人々は、或いは、甲と乙は昔からの同僚であり、丙と丁は代々の知り合いであり、戊と己は債権と債務の関係にあり、己と甲とは恩を与えたり受けたりする関係にあり、丙と乙とは子供が姻戚関係にあり、戊はまた丁の養子であって、丙の子供はまた甲の店の支店長で、甲の息子は丙の秘書官であるとか、極めて複雑かつ奇々怪々な関係であって、もはやはっきりと区別できないようなものである。しかも、門閥のコネによる結びつきは通例こうした関係に依拠していたのである。そのため、彼らの政治や外交における「行きがかり」は、決して単純なものではなく、更に多くの思想や人間関係における「行きがかり」がそれを助けているのである。こうした伝統的政策の下にある人に、伝統的政策を放棄するように望んでも、どうしてできようか。この点から見ると、内政問題と外交問題は一続きのものであり、中国が内政を改革しないからと言って、ことさらに官僚・軍閥に対して民国に良いことをしろと責め立てることには道理などないのである。日本の政治はこのようなものでしかなかった。彼らのこうした門閥は、国内の多数者の幸福すら顧みていないのであって、彼らに中国への侵略をやめるよう願うこと、そして彼らに中国の多くの人と友人になってもらいたいと願うことは、妄想にほかならないのである。そのため、私は日本が伝統的政策を放棄するには、先ず日本が政治組織の改革を望む必要があり、そうでなければ、門閥の中の様々な「行きがかり」が生き残ることとなり、伝統的政策も放棄することができなくなってしまうと言うのである。私のその文章が日本の新聞に発表されると、それに対しては非常に沢山の反応があった。私はそのうち十数編ほど読んだが、総じて言えることは、「弁護」するものでしかなかった。こうした反応については、私は早くから予測していた。何故かと言えば、彼らはみな「手放せない」「捨てがたい」人であるからであって、みな「行きがかり」を尊重するか、或いは自分自身が非常に多くの「行きがかり」を持つ人であるからである。

日本を観察する際の中国人の誤解に大体三つのものがある。第一は、大陸侵略主義が数人の元老や軍人の信奉するものであって、当局の人の特別な主張だとすることである。そのため、大隈内閣の時代には、毎日のように加藤高明を非難したのだが、二十一ヵ条要求が加藤の手を経たものであるとは言っても、加藤が発明したものではないことを知らないのである。彼もやはり、前人の行なったことを継承したに過ぎず、少しばかりの編集を加えただけなのである。日本国内には加藤を快く思わない人が非常に沢山おり、彼らはこれが加藤の外交政策の失敗だと言い、石井菊次郎に代えたのである。石井は何をしたかと言えば、それは日露同盟の締結であった。この時、駐露大使は本野一郎であり、そのため、本野は日露協約の署名者であった。後に、大隈内閣が倒れ、寺内内閣が成立した後、本野は帰国して外務大臣に就任し、石井は渡米してランシングと日米共同宣言を締結した。この日露協約は、中日協約のために特に設けた第一の防衛線であり、日米宣言は第二の防衛線であった。更に、寺内は朝鮮の憲兵総督であり、後藤新平は台湾のアヘン販売者であり、林権助は朝鮮で皇帝の退位を迫った名優である。このように見てくれば、それが決して単に軍人だけの考えではなく、また一つの党派の考えでもなく、実はこうした門閥の中の人々に共通した考えであったことが理解されるのである。第二は、日本の北方軍閥への援助が特段に悪いものであって、南方への援助が良いものであるかのようにするものである。こうした見方が誤ったものであることは言うまでもない。一方を援助し一方を抑圧することは、たかだか手段の違いであって、根本的には何の違いもないのである。大隈内閣は南方が袁世凱を倒すことを援助したが、中日協約はその外交政策の眼目であった。寺内内閣は段祺瑞一派を援助したが、その意図するところは軍事協約にあり、原内閣は一方に偏らないことを声明したが、その注目点は山東の特権に偏っていた。青木宣純は軍務院の擁護者ではなかったであろうか。段祺瑞が権力に就いてから、彼はずっと段の参謀であった。彼が軍務院にいた頃、参謀部の田中は軍務院を援助したほぼ中心的な人物であり、奉天の宗社党の騒動も田中の考えによるものであったのである。そのため、私は日本の政策の是非と、南北それぞれへの援助などということは、全く関係のないことだと言うのである。どのような人を援助するかを、日本の対中国政策の主要点とすることは、根本的な誤りである。第三は、区別もせずに、また理由も問わずに、日本の対中国政策の罪悪を日本全国国民の罪悪と見なし、日本人の死滅を祈って鬱憤晴らしをするようなことである。こうした見方は間違いも一層甚だしい。我々は、日本の政権がどのような人によって握られているかを少し調べてみよう。最新の調査は私の手元にないが、大正元年の統計から見れば、人口は五三〇〇万人——植民地を除く——で、選挙権を持っている人は一八〇余万人に過ぎず、日本の対中国政策の罪悪は、最も多くて数百万人の責任であって、数千万人の日本人は何の関りもないことが理解されるのである。その数千万人の日本人は、自国内では政治上の権利さえもないのであるから、どうして対中国政策の責任を負わなければならないことがあろうか。

そのため、中国に対する侵略政策は、日本の農民や労働者の責任ではなく、政治や産業での特権階級の責任なのである。侵略政策の結果は何か。それは多数の人々を抑圧する力を作り上げたことである。ああ、国を愛するが故に、我々はもちろん日本の特権階級に反対する。そして、人を愛するが故に、我々はまた日本の特権階級に反対しなければならないのである。これまで二本差しを腰に帯びたこともなく、そして御用商人にもなったこともない彼ら大多数の日本人は、結局のところやはり中国の良き友人なのである。

【注】

（1）原文では「足尾銅山事件」となっているが、明らかに「尾去沢」の誤りである。

（2）戴季陶は一九一七年一二月から翌年一月にかけて、『民国日報』に「最近の日本の政局及びその対華政策」と題する記事を連載している。

（3）言うまでもなく、出典の『孫子』（謀攻）では「知彼知己者、百戦不殆」であるが、ここでは原文の通りに訳出した。

（4）原文では「皇帝」であるが、ここでは明らかに天皇を指している。戴季陶が、この論説で敢えて「天皇」という語を使わなかったのは、或いは中国の伝説中のそれと混同されることを避けるためであったのかも知れない。以下、訳出に当たっては、その都度適宜判断することにする。

（5）一八七二～一九六一年。『大日本帝国憲法の根本義』など多数の著書がある。戴季陶が日本大学に学んでいた当時は、東京帝国大学法科大学教授であった。

（6）原文では「神教」である。「神道」という語をそのまま用いると宗教的意味合いが失われるので、戴季陶はこの語を用いたのであろう。

（7）引用部分の原文は確認できなかったが、筧克彦の『国家之研究』（清水書店、一九一三年）の第一章「皇国の本質」には以下のような文章が見える（原文は旧字体である）。「皇国は無比なる国体を有する国家で……万邦の模範となるべき国家である」（二頁）、「御国の人々は決して……国体を毀損すると云ふことのない」（三頁）、「皇国の国法は随神道《カムナガラノミチ》即ち古神道の顕現に外ならぬ」（一三頁）、「天皇は……神、然も最高なる神の表現として存在せらるる御方である」（一五～一六頁）、「神を愛し神を敬し、神に帰一して神として神神の御力を表現せらるることが天皇の大権である」（一九頁）。恐らく、戴季陶はこれらの文章を繋ぎ合わせたものと推測される。

(8) 本書は、日本が天皇の皇統が絶えることなく、また外国より侵されたこともなく、智仁勇の三徳において、外国、特に中国よりも優れた国であることを述べたものである。

(9) これらはいずれも古代の天地創造の物語に登場する神であって、前者は『三五暦記』（原書散佚のため、後『芸文類聚』所収）に、後者は『淮南子』に見える。

(10) 戴季陶の翻訳では省略された部分もある。『古事記』の原文は以下の通りである。
「ここに天つ神諸《もろもろ》の命《みこと》もちて、伊邪那岐命・伊邪那美命二柱の神に、『このただよへる国を修め理《つく》り固め成せ』と詔《の》りて、天の沼矛を賜ひて、言依《ことよ》さしたまひき。かれ、二柱の神天の浮橋に立たして、その沼矛を指し下ろして画《か》きたまへば、塩こをろこをろに画き鳴して引き上げたまふ時、その矛の末《さき》より垂《したた》り落つる塩、累《かさ》なり積もりて島となりき。これ淤能碁呂島なり」（次田真幸『古事記』上、講談社、一九七七年、四〇頁）。

(11) 山口県教育委員会編『吉田松陰全集』第六巻、大和書房、一九七三年、二三一頁。なお、原文は旧字体であるが、ここでは常用字体に改めた。以下、引用文の箇所は同じ。

(12) 原文は「天地的発源、人類的根本、就是天神」とあるが、出典は不明である。或いは、「弘道館記述義」の冒頭部分に類似の記述があるので、これを意訳したものであるかも知れない。

(13) 明治維新以後、それまでの士農工商の封建的身分制が廃止されるようになるが、その起点はこの年の六月、版籍奉還に際し公卿・諸侯（旧藩主）を華族に、平士以上の藩士などを士族としたことに始まる。戴季陶の文章はこのことを指すものと思われる。

(14) 本章は『日本論』に書換えられる段階で、分割され増補されることになる。その詳細を言えば、本章の第一段落は『日本論』第四章「封建制度と仏教思想」、第二、第三段落は第五章「封建制度と社会階級」、第四、第五段落は第六章「日本人と日本文明」のそれぞれの一部となる。
(15)「中朝事実」、『山鹿素行』上巻、日本図書センター、一九七九年、一二八頁。原文は漢文であるが、読み下し文にした。ちなみに、引用文で言うところの「中国」とは日本を指している。
(16)渋沢栄一『青淵百話』、同文館、一九一二年、一七九〜一八三頁。なお、引用文に出て来る「一中節」とは、京浄瑠璃の語り物の一種であるが、戴季陶はその方面の知識を持ち合わせていなかったと見えて、当該箇所を次のように訳出している。「主人只要在屋子裡面招呼一点年節的計算就可以了」。
(17)頼成一・頼惟勤訳『日本外史』下、岩波書店、一九八一年、七三〜七四頁。
(18)引用部分の出典は不明である。木戸孝允が征韓論を唱えたのは、明治二年の版籍奉還前後のことである。このことからすれば、大木喬任が「国是を論じた文章」もこの時期に書かれたものと推測されるのであるが、外務省の編纂に係る『日本外交文書』はもとより、国立国会図書館憲政資料室所蔵の「大木喬任文書」にもそれを窺わせる資料は残されていない。また、大木に関する最も詳細な年譜である島内嘉市著『年譜考　大木喬任』(アピアランス工房、二〇〇二年)にもそれに関わる記述はなく、筆者が島内氏に問い合わせたところでは、かかる資料は発見されていないとのことである。しかも、「我が日本観」執筆以前に戴季陶が目にすることができた資料は極めて限られていたはずであるので(例えば、『木戸孝允日記』の刊行は一九三二年のことである)、この部分の引用は当時の雑誌記事を含め第三者が記したもの、或いは二次資料からのものとも推測される。
(19)戴季陶は、岩崎家を封建時代からの御用商人としているが、実際には、岩崎弥太郎は土佐の浪人の子供として生まれ、実業界に足を踏み入れたのは維新直前のことである。
(20)原文では「明治九年」とあるが、明らかに「七年」の誤りである。
(21)この収賄事件とは「シーメンス事件」を指している。
(22)本章は『日本論』に書換えられる段階で、第一段落は第十二章「現代統治階級形成の起点」の一部、第二～八段落は第十三章「政党の発生」、最終段落は第十四章「板垣退助」の一部となる。

(23) 戴季陶は、一九一一年の武昌蜂起勃発後、藍天蔚と共に東北地方で革命に従事したと言われ(陳天錫編『戴季陶先生編年伝記』、中華叢書委員会、台北、一九五七年、一五頁)、ここでの記述はその時のものと考えられる。

(24) 戴季陶の原文では「板垣不死自由不死」とされており、これを字面通りに訳せば「板垣死せずんば自由は死せず」となるのであるが、ここでは人口に膾炙されている文句を以て訳語とした。

(25) この意見書とは、本論で述べたように、上海駐在日本人記者を前に、張継・何天炯との連名で発表したものを指している。

戴季陶略年譜

一八九一年　〇歳
一月六日（旧暦、光緒一六年一一月二六日）、四川省漢州（今の広漢市）に生まれる。祖籍は浙江省呉興県。

一八九六年　五歳
塾に入り読書を始める。

一九〇一年　一〇歳
長兄、次兄と共に童子試を受験する。州・府の試験では好成績であったが、院試では設問の意味が分からず不合格となる。

一九〇二年　一一歳
成都に出て東游予備学校で日本語を学ぶ。東文学堂の日本人教習・服部操からも日本語を学ぶ。

一九〇三年　一二歳
成都の客籍学堂高等科に入学。

一九〇四年　一三歳
客籍学堂を退学し、キリスト教会が経営する華英学堂に移る。この間、日本人教習の小西三七という人物に接し、日本留学の志を持つようになる。

一九〇五年　一四歳
秋、家人が田畑を売った資金によって日本に留学する。

一九〇六年　一五歳
引き続き日本滞在。

一九〇七年　一六歳
秋、日本大学法科に入学。この時の名前は戴良弼。

一九〇八年　一七歳
日本大学に中国人同学会を組織し、会長に就任。
一九〇九年　一八歳
生活費が尽きて学業継続不可能となり帰国。帰国後、蘇州の「江蘇地方自治研修所」主任教官となる。その後、上海で中外日報社に就職。
一九一〇年　一九歳
天鐸報社に移る。この間、「天仇」の筆名で多数の論説を発表する。
一九一一年　二〇歳
春、鈕有恒と結婚。その後、『天鐸報』の筆禍事件のため、一時長崎に難を逃れ、知人の援助でペナンに渡って『光華報』の編集に携わる。当地で同盟会に加入。一〇月の武昌蜂起の後、一時上海に戻ったが、藍天蔚らと大連に行き東北革命に従事する。
一九一二年　二一歳
中華民国成立後、上海に戻り『民権報』の創刊（三月一日）に加わる。総編集として鋭い袁世凱批判を行ない、五月には一時租界当局によって拘束される。八月、国民党が成立すると上海執行部評議部の委員となる。一〇月、全国鉄路総弁となった孫文の機密秘書を兼務する。
一九一三年　二二歳
二〜三月、秘書兼通訳として孫文の日本訪問に随行し、この間、桂太郎らと会見する。七月、第二革命勃発するも失敗。指名手配を受けたため、大連に潜伏した後、九月に日本に逃れ、孫文と合流する。この後、秘書兼通訳を務める。
一九一四年　二三歳
引き続き日本滞在。五月、『民国』雑誌創刊、主筆となる。七月、中華革命党正式成立（前年の準備段階において党員となる）。
一九一五年　二四歳
引き続き日本滞在。

一九一六年　二五歳
三月、袁世凱帝制復活を取り消す。五月、孫文に従い上海に戻る。秘書の傍ら宣伝活動に従事。

一九一七年　二六歳
張勲が復辟を画策する中、六月、日本政府の態度を探るべく孫文の命を受けて訪日。秋山真之、田中義一と会見し、日本の関与を確信する。九月、広州に護法軍政府成立。当地で法制委員会委員長に任じられる。

一九一八年　二七歳
二月、大元帥府代理秘書長、四月、代理外交部長に任じられる。七月、軍政府改組によって大元帥を辞職した孫文と共に上海に戻る。

一九一九年　二八歳
六月、『星期評論』創刊、八月、『建設』創刊。それぞれの編集に関わる。この時期、社会主義と合作社運動に関心を抱く。一〇月、中華革命党が中国国民党に改称・改組。

一九二〇年　二九歳
上海で証券物品交易所を経営し、利益を孫文の軍事行動の資金に充てる。一一月、孫文が広州で軍政府改組に乗り出したため、暫く上海・広州間を行き来する。

一九二一年　三〇歳
夏、交易所の事業に失敗する。

一九二二年　三一歳
一〇月、孫文の命を受けて四川に向かう。途中、精神に変調を来し入水自殺を図るも、救出される。一一月成都に到着。

一九二三年　三二歳
引き続き成都に滞在。一二月、上海に戻り、孫文の容共政策を知り不満を覚え、臨時中央執行委員に就任を求められるも応じず。

一九二四年　三三歳
一月、孫文の要請を受入れて広州に移る。同月、中国国民党第一回全国代表大会開催。中央執行委員、政治委員、宣伝部長に任じられる。大会終了の日に広州を離れ上海に戻る。四月、大本営法制委員会委員長、六月、黄埔軍官学校政治部主任に任じられる。一一月、孫文の訪日、北上に同行する。

一九二五年　三四歳
三月、北京にて孫文死去。遺嘱署名に立ち会う。その後、上海で「季陶弁事処」を設立。六～七月、『孫文主義の哲学的基礎』と『国民革命と中国国民党』を発表、共産党から「戴季陶主義」として批判を受ける。七月、広州で国民政府が成立し、政府委員に任じられる。一一月、西山会議への出席を予定していたが、左派と誤認されて暴行を受けたことに抗議して、一切の職務を離れて湖州に移る。

一九二六年　三五歳
一月、国民党二全大会で中央執行委員に任じられるも、固辞して就かず。九月、中山大学（広東大学から改称）校長に就任。

一九二七年　三六歳
二～三月、国民政府（蔣介石）の命を受けて日本を訪問、各地で日本の武力侵略政策反対を説く。

一九二八年　三七歳
二月、南京での国民党二期四中全会に出席。中央執行委員会常務委員兼宣伝部長、中央秘書処責任者となる。四月、『日本論』を出版。八月、五中全会に出席、五院制度が通過する。一〇月、考試院院長に任じられる（この後、一九四八年まで在職）。

一九二九年　三八歳
三月、国民党三全大会出席。孫文の遺作五種を訓政時期の最高根本法とし、三民主義の教育宗旨と実施方針を確定することを提案。一二月、考選委員会委員長に就任。

一九三〇年　三九歳
一月、考試院及び所属の部会が正式成立。一〇月、中山大学校長職を辞す。

一九三一年　四〇歳
五月、国民会議出席、訓政時期約法通過。七月、第一回高等考試に際し、主考官を務める。九月、満州事変勃発。特種外交委員会委員長就任。一二月、同職を辞して呉興に帰る。新亜細亜学会の綱領を発表。

一九三二年　四一歳
三月末、南京に戻る。四月、新亜細亜学会創立式典を主宰。年末にかけて、チベット地域の視察を行なう。

一九三三年　四二歳
五月、林森と共に西安に赴き、西北農林学校の設立準備に取り掛かる。

一九三四年　四三歳
三月、西北各省を視察する。四月、武功（陝西省）に赴き、西北農林専科学校の定礎式に出席する。

一九三五年　四四歳
五月、中印学会が成立、監事長に就任。一一月、国民党五全大会開催。ここで「安内攘外」路線が確定。大会宣言には戴季陶の主張が反映される。

一九三六年　四五歳
四月、オリンピック選手団の一員としてベルリンに赴く。一二月、西安事件勃発に際し、武力による解決を主張して宋美齢らと対立。

一九三七年　四六歳
七月、盧溝橋事件勃発。一一月、重慶に移る。

一九三八年　四七歳
三月、国民党臨時全国代表大会（武漢）に出席。四月、パンチェンラマ六世（前年死去）の葬儀参列のために甘孜に派遣される。

一九三九年　四八歳
二月、国防最高委員会成立、常務委員に任じられる。五月、三民主義叢書編纂委員会主任委員に任じられる。

一九四〇年　四九歳
一二月、ビルマ、インド訪問。

一九四一年　五〇歳
五月以降、病気のため療養。

一九四二年　五一歳
九月、鈕夫人死去。一二月、重慶で抗日戦争での犠牲者供養のための大法会を行なう。

一九四三年　五二歳
一月〜、戦争犠牲者のための義捐活動を主宰。一〇月、蔣介石から礼制問題の検討を要請される。

一九四四年　五三歳
一月、趙文叔と再婚。五月、国民党五期一二中全会開催、党の文化政策を批判する文書を提出。六月、礼制についての論文を集めた『学礼録』を出版。

一九四五年　五四歳
八月、病床の中で日本の降伏を知る。

一九四六年　五五歳
三月、国民党六期二中全会に出席。一一月、南京で国民大会開催、代表として出席。

一九四七年　五六歳
三月、国民党六期三中全会に出席するも、病気のため会場で倒れる。

一九四八年　五七歳
三月、南京で行憲大会開催、浙江省呉興県代表として出席。六月、国史館館長に就任。七月、考試院院長の辞職が許可される。一二月、広州に移る。

一九四九年　五八歳
二月一二日、睡眠薬過剰摂取のため広州で死去。遺骸は成都に移送、埋葬される。

主要参考文献

【日本文】

伊地智善継・山口一郎監修『孫文選集』全三巻、社会思想社、一九八五〜八九年

今村与志雄ほか「座談会　戴季陶『日本論』をめぐって」、市川宏訳『日本論』、社会思想社、一九七二年、所収

臼井勝美『日中外交史——北伐の時代——』、塙書房、一九七一年

同前『満州事変　戦争と外交と』、中央公論社、一九七四年

北河征四郎「中国国民党『新右派』理論形成の前提——戴季陶主義を中心に（五・四時期〜一全大会）——」、『歴史研究』（愛知教育大学）第一七号、一九七〇年三月

小島晋治ほか『中国人の日本人観一〇〇年史』、自由国民社、一九七四年

小杉修二「戴季陶主義の一考察——蔣介石政権成立の思想的前提——」、『歴史評論』第二七九号、一九七三年八月

同前「五・三〇運動の一考察」、野澤豊編『中国国民革命史の研究』、青木書店、一九七四年

近藤邦康「一九三〇年代中国における抗日の思想」、東京大学社会科学研究所編『運動と抵抗・下〈ファシズム期の国家と社会・八〉』、東京大学出版会、一九八〇年

関口勝「五四期における戴季陶の思想について」、『亜細亜大学教養部紀要』第五〇号、一九九四年一一月

同前「戴季陶の思想転換の動機とその時代背景について」、『亜細亜大学教養部紀要』第五一号、一九九五年

六月
同前「戴季陶の『孫文主義』解釈を繞って」、『亜細亜大学教養部紀要』第五二号、一九九五年一一月
同前「戴季陶と中山大学についての一考察」、『亜細亜大学教養部紀要』第五三号、一九九六年六月
同前「戴季陶逸事」、『亜細亜大学教養部紀要』第五六号、一九九七年一一月
桑兵・黄毅「戴季陶文集の編集状況について」、『近きに在りて』第二二号、一九九二年一一月
孫歌「近代中国における日本イメージと日本研究の課題」、『東西南北』(和光大学総合文化研究所)、二〇〇〇年、http://www.wako.ac.jp/souken/touzai00/tz2009.html
髙綱博文「孫文の『大アジア主義』講演をめぐって」、『歴史評論』第四九四号、一九九一年六月
同前「戴季陶の『共和思想』」、『村松潤先生古希記念　清代史論叢』、汲古書院、一九九四年
竹内好「戴季陶の『日本論』」、市川宏訳『日本論』所収
張玉萍「辛亥期における戴季陶の日本認識(一九〇九~一九一二年)」、『中国研究月報』第六一〇号、一九九八年一二月
同前「討袁運動期における戴季陶の日本認識(一九一三~一九一六年)」、『近代日中関係史研究の課題と方法——梅屋庄吉とその時代——報告集』、梅屋庄吉関係資料研究会、一九九九年
趙軍『大アジア主義と中国』、亜紀書房、一九八七年
陳徳仁・安井三吉編『孫文・講演「大アジア主義」資料集』、法律文化社、一九八九年
野村浩一『蔣介石と毛沢東』、岩波書店、一九九七年
白永瑞「戴季陶の国民革命論の構造的分析」、『孫文研究』第一一号、一二号、一九九〇年五月、一二月
藤井昇三『孫文の研究——とくに民族主義理論の発展を中心として——』、勁草書房、一九六六年
望月敏弘「五・四時期における戴季陶の政治主張に関する一考察」、『嘉悦女子短期大学研究論集』第二九巻第二号、一九八六年一二月

同前「中国国民党の対日観」、宇野重昭・天児慧編『二〇世紀の中国　政治変動と国際契機』、東京大学出版会、一九九四年
同前「戴季陶の初期日本認識について——辛亥革命前後から日本亡命時期を中心に——」、小島朋之・家近亮子編『歴史の中の中国政治——近代と現代——』、勁草書房、一九九九年
森永優子「近代中国の対日観——戴季陶の『日本論』と戴季陶主義に関する一考察——」、『史観』第九三冊、一九七六年三月
安井三吉「講演『大亜細亜問題』について」、『近代』第六一号、一九八五年
同前「孫文・講演『大アジア主義』の研究を深めるために」、『歴史評論』第四九八号、一九九一年一〇月
同前「孫文の講演『大アジア主義』と戴天仇」、孫文研究会編『孫文とアジア』、汲古書院、一九九三年
山口一郎『近代中国対日観の研究』、アジア経済研究所、一九七〇年
兪慰剛「戴季陶『我が日本観』から『日本論』へ」、『環日本海研究年報』第八号、一九九六年三月
同前「孫文の日本観・アジア観と戴季陶」、新潟大学大学院現代社会文化研究科『現代社会文化研究』第六号、一九九六年一一月
同前「戴季陶の日本人論——『日本論』を中心にして——」、『現代社会文化研究』第七号、一九九七年二月
同前「中国人の武士道論——戴季陶の『日本論』を中心にして——」、『埼玉大学紀要（教養学部）』第二号、一九九八年
兪辛焞『満洲事変期の中日外交史研究』、東方書店、一九八六年
湯本国穂「五四運動状況における戴季陶——『時代』の方向と中国の進む道——」、『千葉大学教養部研究報告』B—一九、一九八六年一一月
同前「五四運動状況と戴季陶の思想」、日本現代中国学会『現代中国』第六一号、一九八七年
同前「戴季陶」、佐藤慎一編『近代中国の思索者たち』、大修館書店、一九九八年

楊暁文「中国人の日本観——黄遵憲、戴季陶、豊子愷の場合——」、滋賀大学教育学部教育実践研究指導センター『教育実践研究指導センター紀要　パイディア』第四巻第一号、一九九六年三月
李玉「中国の日本研究——回顧と展望」、日中関係国際シンポジウム資料集、桜美林大学、一九九八年一二月一〇〜一一日、http://www.obirin.ac.jp/unv/plan/siryousyu/ri.htm

【中国文】
韋傑廷「戴季陶主義論略」、『湖南師院学報』一九八三年第二期
賀淵「戴季陶的日本観（一九一〇〜一九三一）」、『近代日中関係史研究の課題と方法——梅屋庄吉とその時代——報告集』、梅屋庄吉関係資料研究会、一九九九年
郭聖福「五四時期戴季陶対馬克思主義的介紹和研究」、『学術月刊』一九九〇年第九期
龔傑「戴季陶主義与孔孟之道」、『学習与批判』一九七四年第六期
瞿秋白「中国革命与戴季陶主義」、蔡尚思編『中国現代思想史資料簡編』第二巻、浙江人民出版社、杭州、一九八二年
考試院考銓叢書指導委員会編『戴季陶先生与考銓制度』、正中書局、台北、一九八四年
高徳福「戴季陶与戴季陶主義」、『歴史教学』一九八〇年第一期
徐鰲潤「戴伝賢対『民族国際』的推行与貢献」、『中華民国史専題論文集』、国史館、台北、一九九二年
秦孝儀編『中華民国重要史料初編——対日戦争時期　緒編』、中央文物供応社、台北、一九八一年
中国国民党中央執行委員会秘書処『中央党務月刊』、復刻版、中国第二歴史檔案館、南京、一九九四年
中国第二歴史檔案館「九一八事変後顧維鈞等致張学良密電選」、『民国檔案』一九八五年第一期、第二期
陳天錫編『戴季陶先生編年伝記』、中華叢書委員会、台北、一九五八年
同前『戴季陶先生的生平』、台湾商務印書館、台北、一九六八年

程天放「季陶先生与対日外交」、陳天錫編『戴季陶先生文存』三続編、中国国民党中央委員会党史史料編纂委員会、台北、一九七一年
鄭佳明「論戴季陶主義的主要特徴」、『求索』一九九三年第一期
鄭則民「戴季陶」、朱信泉・厳如平編『民国人物伝』第四巻、中華書局、北京、一九八四年
馬佩英「戴季陶早期政治思想論略」、『河南大学学報』一九九二年第四期
同前「戴季陶政治思想論」、『史学月刊』一九九七年第三期
范小方・包東波・李娟麗『国民党理論家戴季陶』、河南人民出版社、鄭州、一九九二年
楊忠文「第一次国内革命戦争時期馬克思主義与戴季陶主義的闘争」、『求是学刊』一九八一年第三期
楊天徳「試論戴季陶主義的出現及其反動実質」、『史学月刊』一九八〇年第一期
羅家倫編『革命文献』第三五輯、中央文物供応社、台北、一九七八年
李雲漢『従容共到清党』、台湾商務印書館、台北、一九六六年
同前『九一八事変史料』、正中書局、台北、一九七七年
同前「戴季陶」、王寿南編『中国歴代思想家』五五、台湾商務印書館、台北、一九七八年
呂曦晨「戴季陶主義批判」、『理論学習』一九七八年第四期

【戴季陶著作】

『中華民国与聯邦組織』、私家版、一九一四年
『協作社的効用』、民智書局、上海、一九二四年
『孫文主義之哲学的基礎』、民智書局、広州、一九二五年
『中国独立運動的基点』、民智書局、広州、一九二五年
『政治訓育叢書』、甘乃光との共著、真美書社、上海、一九二七年

『国民革命与中国国民党』、中央政治会議武漢分会、武漢、一九二八年、但し、初版は二五年
『日本論』、民智書局、上海、一九二八年
『青年之路』、民智書局、上海、一九二八年
時希聖編『戴季陶言行録』、広益書局、上海、一九二九年
陳天錫編『戴季陶先生文存』全四巻、中央文物供応社、台北、一九五九年
同前『戴季陶先生文存　続編』、中国国民党中央委員会党史史料編纂委員会、台北、一九六七年
同前『戴季陶先生文存　三続』、中国国民党中央委員会党史史料編纂委員会、台北、一九七一年
中国国民党中央党史編纂委員会編『革命先烈先進詩文選集』第四冊、中華民国各界紀念国父百年誕辰籌備委員会、台北、一九六五年
唐文権・桑兵編『戴季陶集』、華中師範大学出版社、武漢、一九九〇年
桑兵・黄毅・唐文権編『戴季陶辛亥文集』全二冊、中文大学出版社、香港、一九九一年

あとがき

筆者はこれまで人物の思想を介して、中華民国史にアプローチすることに努めてきた。その中でも、アナキズムに特化した研究を行なって来た。しかし、その一方でこの分野の「専門家」のレッテルを貼られることには抵抗を覚えるようになっていた。その理由は簡単で、幅広い民国史の中のごく一部の研究に安住しているように思われたくなかったからである。やはり、民国史の主たる潮流に取り組む必要がある。そのように思いながら、この数年間は主として中国国民党の指導者の著作を読むようにしていた。中でも研究対象として取り上げて来た人物は戴季陶である。本論でも述べたように、戴季陶に注目する理由は、彼が孫文と蔣介石を繫ぐ役割を果たしたと考えられるからである。

戴季陶は中華民国期において多方面にわたって活躍した人物である。そのことは、一九五九年に台湾で出版された『戴季陶先生文存』の目次をざっと眺めて見ただけでも理解できる。すなわち、その項目は、考銓（人事選考）、辺政（辺境問題）、礼楽、外交、経済、教育などの分野にわたっているのである。南京国民政府成立以降の彼は、これら各分野における実務的政治家として評価されているのである。だが、彼の名を高からしめているのは、やはり本書で取り上げた「戴季陶主義」と『日本論』と言わなければならない。

戴季陶の思想や行動に関心を持つ前から、筆者は『日本論』を通読してみて、その分析の鋭さには感服するものがあった。そのため、勤務先の大学の講義でも、これを教材として用いたことがある。その後、「我が日本観」も教材に取り上げ、受講生と一緒に日本語に翻訳し分析してみた。すると、これが五四時期の戴季陶の思想傾向を直接的に反映したものであることは比較的容易に理解できた。それならば、『日本論』も当該時期の思想と密接に関連するのではないのか、という疑問も自然に生じて来るところであった。そこで、それを彼の国民革命時期の思想（戴季陶主義）と照らし合わせたらどう見えるのだろうかと考えてみた。筆者には、この時期の彼に与えられた肯定と否定という分裂したイメージがどうにも不可解でならなかったのである。これが、本研究の出発点であった。

もちろん、本書は戴季陶という人物の中の、ごく限られた側面を対象としたものでしかない。本書で扱った部分が、彼の思想と行動の全体の中で（延いては民国政治史の流れの中で）どのような位置を占めているかは今後の研究の課題とされなければならないだろう。また、本書では戴季陶の私生活については一切触れなかった。もちろん、外国に対するイメージというものは、個人の私的な経験によって左右されるものであることは否定できない。彼の場合も、日本での人間関係――蔣緯国の問題をも含む――が対日観に何らかの形で反映されている可能性は大いにある。

だが、筆者はまだそれを思想との関連で論じるには躊躇を覚えるため、そうした問題には敢えて立ち入らなかった。これもやはり、今後の研究に委ねたいと思う。

実を言えば、筆者の当初の計画は『日本論』を新たに翻訳し、詳細な訳注と解題を付して出版するというものであった。しかし、それではあまりにも大部になるということで、途中で計画を変更し、解題とすべき部分を膨らまして本論とし、『日本論』に代えて「我が日本観」を訳出して付録とすることにしたのである。その過程で筆者は、『日本論』の初版本を始め数種類の翻刻本や邦訳を集めていたのであるが、今年に入ってから、上海在住の知人から「このようなものがあった」と書き添えて中国語版の文庫本が送られて来た。台湾では現在でも何種類か出版されていることは知っていたが、最近の中国でこのような形で出ていることは知らなかった（後にインターネットで検索したところ、国内の書店でも扱っていたことが判明し、自らの情報収集力の低さを痛感するところとなった）。

該書の表紙には、海南出版社の「人人袖珍文庫」とあり、奥付を見ると初版は一九九四年九月であり、二〇〇二年六月に第四刷とある。そしてこの文庫の収録基準は、「全人類の文化蓄積のための価値を持ち、時代の趨勢によって捨てられるようなこともなく、父が読んだことがあり子供も読まなければならないような本」であるとされている。今や、戴季陶の『日本論』は名実ともに古典としての地位を得たのである。ここには時代の流れを感じると同時に、筆者のように政治思想との関わりを重視する立場からすれば、些かの戸惑いも覚えてしまうのである。

さて、本書がこのような形で出版されるまでには、多くの先輩や同僚、友人諸氏からの様々なご指導とご教示を頂いている。望月敏弘氏（東洋英和女学院大学）からは、民国初年時期の戴季陶に関する資料の提供を賜った。八木公生氏（静岡県立大学）からは日本近代史関連の資料についての情報を賜り、余項科氏（同）からは中国語からの翻訳に当たって貴重なアドバイスを頂いた。この場を借りてお礼申し上げる。また、最初に出版の相談に乗って頂いた東方書店の朝浩之氏、そして編集担当の労をお取り頂いた阿部哲氏にも厚くお礼申し上げる。最後に、筆者の家族に対しても心からの感謝の意を示さなければならない。家族の支えがなければ、これまでの研究はなかったし、今後ともあり得ないのだから。

なお、本書の出版に際しては、財団法人日中友好会館の「日中平和友好交流計画・歴史研究事業」の研究助成と出版助成を受けた。記して感謝の意を表す。

二〇〇三年六月

静岡谷田の研究室にて　嵯峨　隆

著者略歴

嵯峨　隆（さが　たかし）

1952年秋田県生まれ。慶應義塾大学大学院法学研究科博士課程満期退学。現在、静岡県立大学教授。法学博士。著書『近代中国アナキズムの研究』（研文出版、1994年）、『近代中国の革命幻影――劉師培の思想と生涯』（研文出版、1996年）、『中国黒色革命論――師復とその思想』（社会評論社、2001年）他、編訳・論著多数。

戴季陶《たいきとう》の対日観《たいにちかん》と中国革命《ちゅうごくかくめい》

二〇〇三年七月一〇日　初版第一刷発行

著　者●嵯峨　隆
発行者●山田真史
発行所●株式会社東方書店
東京都千代田区神田神保町一―三 〒一〇一―〇〇五一
電話〇三―三二九四―一〇〇一
営業電話〇三―三九三七―〇三〇〇
振替東京〇〇一四〇―四―一〇〇一
装　幀●戸田ツトム
印　刷●株式会社フクイン
製　本●協栄製本株式会社

定価はカバーに表示してあります

© 2003　嵯峨隆　Printed in Japan

ISBN4-497-20305-0　C3022

乱丁・落丁本はお取り替えいたします。
恐れ入りますが直接小社までお送りください。

Ⓡ本書の全部または一部を無断で複写複製（コピー）することは著作権法での例外を除き禁じられています。本書からの複写を希望される場合は日本複写権センター（03-3401-2382）にご連絡ください。

小社ホームページ〈中国・本の情報館〉で小社出版物のご案内をしております。http://www.toho-shoten.co.jp/

〈東方書店出版案内〉

中国近代化過程の指導者たち
曽田三郎編／近代中国＝国民国家形成過程において、政・官・財界の指導者およびブレーンたちが当時の政治とどのようにかかわったかを詳細に検証する論文九篇を収録。　三八〇〇円(税別)

共生から敵対へ　第四回日中関係史国際シンポジウム論文集
衞藤瀋吉編／日本・中国をはじめとする各国の研究者による報告論文三一篇(うち中国語論文一七篇)を収録。一九世紀後半から日中戦争期にかけての両国の関係をさまざまな角度から検証。　七八〇〇円(税別)

辛亥革命期の中日外交史研究
兪辛焞著／一九一一年の辛亥革命勃発以後、諸勢力が錯綜する流動的な情勢下で激しく揺れ動いた中国・日本間の外交の全容とその思惑・駆け引きを、両国の資料を駆使して綿密に分析。　一八〇〇〇円(税別)

満洲事変期の中日外交史研究
兪辛焞著／一九三一年の満洲事変勃発から上海事変、「満洲国」成立、日中戦争を経て一九四五年の終戦に至るまでの日本･中国の錯綜する外交の真意と行動を、両国の資料を駆使して緻密に分析。　三二〇〇〇円(税別)

蔣介石　マクロヒストリー史観から読む蔣介石日記
黄仁宇著／北村稔・永井英美・細井和彦訳／蔣介石はどのような人物だったのか。本人の日記からの引用や、周囲の人々の証言、書簡や電報などの史料をもとに真の姿を検証。　四二〇〇円(税別)

清国人日本留学日記　一九〇五―一九一二年
黄尊三著／さねとうけいしゅう・佐藤三郎訳／祖国に革命の気運が高まる中、軍国主義が台頭する日本に留学した一留学生の揺れ動く心境、生活・勉学上の悩み等の詳細な記録。　二三〇〇円(税別)

東方書店ホームページ〈中国・本の情報館〉http://www. toho-shoten. co. jp/

註

(1) Janet Kornblum, "No Charges vs. Barry Bonds in Domestic Spart,"*San Francisco Examiner*, September 22, 1993 p. A2.

(2) Ibid.

(3) Joan Ryan, "Why Sports Heroes Abuse Their Wives," *Redbook*, September, 1995, p. 83.

(4) Jefferey Benedict and Alan Klein, "Arrest and Conviction Rates for Athletes Accused of Sexual Assault," *Sociology of Sport* 14, no.1 (1997): pp. 86-94.

(5) Ibid.

(6) Ibid.

(7) Lynda Gorov, "Ex-Celtic Ponders Futureas Legal Troubles Unfold," *Boston Globe*, March 28,1993.

(8) Lynda Gorov, "Webb's Past Offers Glimpse of Man Part Brat, Teddy Bear," *Boston Globe*, March 28, 1993, P. 17.

(9) Steve Fainaru,"Webb Incident Probed," *Boston Globe*, January 13, 1993.

(10) Mark Murphy,"De Mum on Wellesley Problem," *Boston Herald*, May 1, 1992, p. 81.

(11) Steve Fainaru and Sean P.Murphy," Webb Case Still Murky," *Boston Globe*, January 14, 1993, p. 35.

(12) Ericka Gail Gomes to Judge Robert A.Burton, July 20, 1993.

(13) *Commonwealth of Massachusetts v. Marcus Webb*, case no. CR93-533, July 20, 1993, p. 7.

(14) Ibid, p. 10.

(15) Ibid, p. 19

(16) Paul Langner, "4 Found Guilty of Rapein Lowell," *Boston Globe*, September 29, 1993 p. 33.

(17) *Commonwealth of Massachusetts v. Derek Larson et.al.,* case no.92-1280-1-3, October 20, 1993, p. 57.

6章　ミス・ネブラスカがアメリカ代表選手を告訴するまで

▼罪を免れるスター選手たち

一九九一年二月から一九九四年一二月までの間に、アーカンソー大学のフットボール部かバスケットボール部に属する選手のうち十二人が、重罪にあたる性犯罪で調査を受けている。問題の事件は三つで、そのいずれも、男性スポーツ選手用の寮に自分から入っていった女性が、数人の選手から性暴力を受けたというものだった。これらの事件の調査を担当したのは、アーカンソー大学構内を管轄するキャンパス警察で、このキャンパス警察には、市警察と州警察と同等に容疑者を逮捕できる権限があった。ところが、この三つの事件で逮捕されたのはたった三人で、そのうち有罪とされたのは一人だけだったので、警察の処置が甘いのではないかという批判が広がった。容疑者がスポーツ選手だったために、警察が強く出なかったのではないかというのだ。とりわけ、トッド・デイとそのチームメイト三人が結局なんの容疑もかけられなかったことがひんしゅくをかった。デイはバスケットボール部のスター選手で、のちにＮＢＡプレーヤーとなる。この四人に強姦されたと三十四歳の女性が訴えていたのだ。その女性は地元検事の娘だった。

一九九一年二月二七日午前四時、女性が一人でコートも着ずに歩いているのをキャンパス警察が見つけた。女性はいくらか怯えた様子だった。警官が大丈夫かと尋ね、必要なら車で送ってあげようと申し出た。女性は大丈夫だと言い張ったが、自分の車が駐車してある所まで乗せていってもらうことにした。車は大学の外に止めてあった。警官の車の後部座席に乗り込み、車が動き出すと、女性は泣き出した。そして、自分は強姦されたのだと言った。加害者は、この辺のバーで出会った大学のバスケットボール選手数人だという。これを聞くとキャンパス警察はただちに市警察に連絡をとって女性の警官を呼び寄せ、被害者に事情を聞いた。その後、被害者はその女性警官に付き添われて病院へ行き、手当てを受けた。

キャンパス警察署長のラリー・スレイモンズは、この事件の調査に地区司法官のアンドリュー・ザイサーを担ぎだした。スポーツ選手の容疑者を優遇していると言われないようにという異例の措置だった。「この事件には、アメリカ国内でも上位にランクされたチームの選手数人が絡んでいました」とスレイモンズは言った。「ですから、これは注目を集めることになると思ったのです」

キャンパス警察が調査を担当する際は初めから地区司法官と連携をとること、というきまりはなかった。しかしスレイモンズは、自分の署が公正だということを強く示したかったという。大学で最も知名度の高い学生を相手にするのでなおさらだ。「どこの大学でも、キャンパス警察と大学との間で問題はあるものです。事件が起こるとキャンパス警察を通り越してまず大学当局へ訴えが行くので、事件の調査を事実上大学側がコントロールできるという印象があります」とスレイモンズは話した。「実際、それが起こっている大学もあるでしょうが、ここではそれはありえません。ここでは、大学の理事長でさえ私に指図することはできないのです。犯罪の絡む事件は、我々の責任の範囲です。キャンパス警察が大学を守り、警察の信頼性を維持するためには、大学側に干渉されてはいけないのです。干渉を許せば、我々の署が公正を維持することはおろか、その存在意義すらなくなってしまいます」

警察が事件の調査を始めて一週間とたたないうちに、被害者は正式な訴えの手続きはとりやめると言ってきた。それでも警察は調査を続け、最終的に三百ページに及ぶ報告書を検事局に提出した。デイとそのチームメイトは被害者と性交渉を持ったことは認めたが、無理強いしたことは認めなかった。

ザイサーは報告書を吟味した後、選手たちに容疑をかけることは難しいと判断した。「この事件の証拠からは、犯罪が犯されたと証明することはできません」とザイサーは言った(1)。

ザイサーがこの見解を明らかにすると、検事局は厳しい非難の的となった。これはスポーツ選手優遇措置に他ならないと解釈されたのだった。この措置は適切でなかったという印象は、二か月後さらに深まることになる。そのとき、アーカンソー大学学長アラン・サグが、問題の選手の一年間停学処分を覆したのだ。この処分は学内規律に照らしてなされたものだったが、選手たちの訴えもあり、司法官の容疑不問の決断もあったので、サグは次のように結論したのだった。「四人は、成年に達した女性と合意なしに性行為は行わなかった」(2)

サグのこの処置で、四人は間近に迫ったバスケットボールシーズンに間に合うように大学に戻ることができた。それで、法の番人と大学の権力者への不信感がますます深まることとなった。「スポーツ選手が特別扱いされるのは、全く不公正でひどい話です」とバーバラ・ミドルトンは話した。彼女は、「女性のための全国組織」のアーカンソー州コーディネーターをしていた。「この事件が大学の普通の学生の寮で起きていたら、非常に厳しい措置が速やかにとられていたはずです」(3)

大学内で最も目立つ学生たちが再三にわたって犯罪行為を疑われ、それでも再三にわたって処分を免れていると、警察や大学当局が世論の攻撃の的となる。ところが、警察や検事局は、大学当局のように直接の利害は絡んでいないので、スポーツ選手の責任を追及するときに容赦しないことが多いのだ。これは皮肉とでも言うべきか。「スポーツ選手に対しては、一段と厳しい姿勢が必要です」とスレイモンズは言う。「我々の存在意義を守っているようなものです。スポーツ選手の関わる事件の報告を受けると、私は個人的に入れ込んで対応しますね。通常、私は調査には関わりませんが、スポーツ選手の事件の場合は例外です。一触即発的で、どう転がるかわからない要素が多々ありますからね」。アーカンソー州検事テリー・ジョーンズも次のように同意する。「キャンパス警察は過激でさえありますね。今までの経験から学んだのでしょう。スポーツ選手の関わる事件は、徹底的に調べますよ」

ジョーンズは、ザイサーの後継者としてデイの事件のあった少し後にワシントン郡の検事に就任した。彼はその後、アーカンソー大学のスポーツ選手を二つの事件で起訴している。二件とも勝訴は難しい見通しだったが、敢えて彼は起訴に踏み切ったのだった。「スポーツ選手は優遇されるから、とすぐ言われますからね」とジョーンズは話した。「彼らを明け方絞首刑にすると言わない限り、私がどう出ようと判断ミスだったと言われますよ」

一九九三年一月、ジョーンズは、アーカンソー大学フットボールチーム、レイザーバックの選手フレディー・ブラッドリーとデリック・マーティンを訴追したが、有罪とするには至らなかった。彼らの容疑は、法律では強姦と性暴力とみなされる未成年とのセックスだった。被害者は二人で、一人は十三歳の未成年、もう一人は成年とみなされる十代の少女だった。この二人は、自分たちからすすんで選手たちの部屋に入っていって、そこでセックスがあった。二人の容疑者を有罪とするには、未成年とセックスをしたという事実を認めればよかっただけなのに、陪審員たちは二人をすべての点で無罪放免とする審判を下した。「未成年とのセックスがあったのかなかったのかが争点だったのに、陪審員たちは、『彼女たちは無理強いされたわけじゃなかったんだから』と頭から聞く耳を持たなかったんです」とスレイモンズは言った。スレイモンズはこの事件の調査を指揮し、その結果、実際にセックスはあったという結論に達したのだった。「陪審員たちは、未成年とのセックスは犯罪であるという法律を無視したのです」

被告の二人が出廷したことは、むしろ彼らにプラスとなった。原告よりはるかに優れた印象を与えたからだった。「ブラッドリーとマーティンは、非常にハンサムで身なりもきちんとしていて、話し方もおだやかでいい青年の印象でした。ところが、彼らのしたことは間違っていたのです」とジョーンズは言った。「しかし、この辺はまだまだ保守的ですからね。特にこのような事件では、女性が被害者の方をより非難する傾向があります。自業自得ってことでね。被害者の少女は十三歳だといっても、発育もよくて性体験も豊富だということになると、同情を誘いません。ここの陪審員たちは、被害者が九歳ぐらいに見えれば懲役四十年の判決を下しますね。ところが、被害者が十八歳ぐらいに見えて派手に遊んでいるようなら、容疑者にそれほど重い刑を課しません」

ジョーンズは一九九四年にも、フットボール部とバスケットボール部の六人の選手が一人の女性を強姦したという事件の調査を指揮した。六人のうち一人だけがセックスを強要したと被害者が確認したので、五人には結局容疑はかけられなかった。問題の一人はドゥアントニー・ホールだった。「〔ホールは〕あおむけにされた被害者の胸の上に座って、自分のペニスを彼女の口に押し込もうとしたのです」とジョーンズは言った。「そして、彼女がわめき声をあげて抵抗すると、ホールは彼女を何度もベッドに乱暴に投げつけました。そしてなおオーラルセックスを強要しようとして、彼女の顔の上に裸のお尻で座ったのです」(4)

ホールは強姦未遂の容疑で起訴されたが、もし容疑がそれより軽くされれば有罪答弁をすると申し出た。しかしジョーンズは、その気はないと譲らなかった。「私は重罪で有罪判決をみたかったわけです」とジョーンズは言った。「ところが問題は、この男たち〔スポーツ選手〕は普通の男たちより頭がいいんです。それに、彼らは見た目もいい。出廷するときも身ぎれいにしていて、被告としては好印象を与えますね」

「公判が近づくにつれて、被害者はだんだん不安になってきたのが見てとれました。彼女には奔放で変化に富んだ性生活歴があったのです。治療のため再入院しなければならない事態も起き、それで彼女は公判が恐ろしいような気持ちにもなってきました。過去が絶えずつきまとって、彼女を悩ませていたようです」。こういう事情もあって、ホールは結局希望通り当初より軽い容疑で罰せられることになった。強姦未遂が性的不品行になったのだ。これは軽罪で、刑は懲役六か月だった。ホールは次のフットボールシーズンに間に合うようにこの服役を終えることができた。

被告のスポーツ選手の方が原告よりたちの悪い性生活癖や性遍歴を持っているのが普通だが、強姦裁判では原告の信頼性が勝敗を分ける。裁判がすすむにつれて原告の人物像が傷つけられるので、英雄視されているスポーツ選手の方は断然有利になる。「被害者の女性は、あの手この手を尽くしてスポーツ選手に近づき、デートにこぎつけたり親しくなったりして彼らのベッドルームに入っていきます。そしてそこでことが起こるわけですが、その責任の大半は被害者自身にある、とどうしても見られてしまいますね」とジョーンズは言う。「彼女たちは、何の罪もない被害者だと見られることはありませんね。それに、彼女たちがスポーツ選手を食い物にしていたわけではないこと、また、そこで起こった性行為を必ずしも歓迎していたわけではないことを陪審員たちに納得させることは、至難の技です。こういうケースばかり扱っていると、フラストレーションが溜まりますね。そのうちに是非、これはというケースを訴追してみたい。証拠もしっかり固められて、証人も信頼性の高いのをね」

▼ミス・ネブラスカの訴え

ネブラスカ州のリンカーン市を、制限速度以上で走り回る車があった。運転席にいるのはナタリーだったが、思うように運転できないでいた。助手席に座っている見知らぬ男が、ナタリーの右腕を摑んで指示していたのだ。「右へ曲がれ」と男は命令した。それには、隣の車線に急に入り込んで曲がらなければならなかった。ナタリーがまだ角を曲がり切らないうちに、男は「もっと速く、もっと速く」とせきたてた。「もっと速くと言ってるだろうが」「あなた、私にどこへ行けって言うのよ」とナタリーは涙ながらに叫んだ。「だまれ」と男は言って、ナタリーの右腕を締めつけた。「やめてよ」とナタリーは抵抗したが、男の手をふりほどくことはできなかった。

男が、対向車の流れを突っ切って左に曲がれと命令したとき、ナタリーは飛び起きた。部屋は暗かった。自分を見ると、パジャマ姿だった。枕元の時計は午前二時四十五分を指していた。二晩続けてナタリーは同じ悪夢にうなされたのだった。

「なによ、ばかばかしい。ああいうことがあったからって、どうってことないわ。びくびくしないの」とナタリーは自分に言い聞かせた。ベッドの上で、枕にしがみつきながら。

ナタリー・クィーベンホウベンは、現役のミス・ネブラスカで、ネブラスカ州では誰も知らない者はいないくらい知名度の高い女性だった。これまでの十一か月間、ネブラスカ州の親善大使としてアメリカ中の公式行事に参加していた。地元ネブラスカ州では、二百以上の学校や市民団体を対象に講演していた。ミス・ネブラスカとしての最後の一か月も終わりに近づき、ネブラスカ大学も卒業したところだった。卒業後は、テレビニュースのアナウンサーの仕事がリンカーン市で待っていた。そんな矢先、見ず知らずの男が性的嫌がらせをして、彼女の自信を打ち砕いたのだった。

一九九三年五月一三日木曜日の夜、クィーベンホウベンは三人の友達と一緒に大学の卒業パーティーに向かっていた。その途中で、ブラス・レイルというバーに立ち寄り、もう二人の友達を拾っていく予定だった。そこはネブラスカ大学の学生のよく行く社交場だった。夏が近づいていて、バーは隙間もないくらい人でいっぱいだった。ビールをがぶ飲みしている男たちが、夏服姿の女性の品定めをしていた。

クィーベンホウベン自身はお酒は飲まないが、混雑した大学のバーには慣れていた。彼女は、友達のドナルドの後ろにぴったりくっついて、人込みをわけて二人の友達を拾いに行った。と突然、後ろから彼女の股の間に手が押し込まれてきた。驚いて素早く体をねじると、威圧的な大男が立っていた。クルーカットで、破れたTシャツからは筋肉質の体がのぞいていた。「あんた、これ好きだろう」と男は言って、彼女の顔に自分の顔を大仰に近づけてニヤリとした。

クィーベンホウベンが唖然としていると、男とその連れの同じような大男は、彼女を押し退けて通りすぎていった。「ねえ、あの人誰だか知ってる?」とクィーベンホウベンはドナルドの肩をつついて聞いた。男たちの行った方を見やりながら、ドナルドは答えた。「ああ、あれはクリスチャン・ピーターだ。大学でフットボールをやってるのさ」「あの人、今私の股の間に手を入れてきたのよ」とクィーベンホウベンは言った。

彼女は大学のフットボール選手数人と知り合いだったが、ピーターの名前は初めて聞いた。「ほんとにあの人、ピーターっていう人なの?」と彼女は聞いた。「そうさ。きみはこの辺にいて、あいつのそばには行かない方がいいよ。それですぐここを出よう」とドナルドは言った。

探していた友達を見つけて、クィーベンホウベンとドナルドは出口に向かったが、二人の前にまたピーターが立ちふさがった。この六フィート二インチで三百五ポンドのディフェンス・ラインズマンは出口の前に立ちはだかり、クィーベンホウベンの股の間にまた手を押し込んでそこを握り、三、四秒離さなかった。まわりの騒々しさにかき消されまいと、クィーベンホウベンは怒鳴った。「その手、どけてよ!」そして、彼の腕を押し退けようとした。

ピーターはクィーベンホウベンの横をすり抜けて、混雑したバーへ戻っていった。クィーベンホウベンはピーターの連れをつかまえて言った。「あなたの連れに、自分の手は自分を触るだけにしといてよって言っといて」ピーターの連れは、にやにやしながら答えた。「前にも言ったことあるんだが、いっこうに効果はないようだね」

大学のフットボールチーム、ネブラスカ・コーンハスカーズのメンバーとは何度も一緒になったことがあるが、それまでにクィーベンホウベンは危険を感じたことなど一度もなかった。「あの人みたいに大きくて力がありそうで、あんなことを平気でするような人から自分を守らなきゃいけないなんて、今までに感じたことはなかったの」とクィーベンホウベンは話した。「ああいう体の大きい人こそ、女の人を守らなくちゃいけないはずでしょ。私はそういうタイプの男の人を知ってるけど、みんな私の友達よ。一緒にいて怖いと思ったり、不安になったりしたことなんかないわ」

フットボールチームでクィーベンホウベンの一番親しかった選手は、オール・アメリカチームにも選抜され、チームキャプテンでもあった。クィーベンホウベンは、彼にこの出来事を話して助言を求めることにした。話を聞く彼は、全く驚いた様子を見せなかった。

それもそのはず、彼の話を聞くと、クリスチャン・ピーターは、ネブラスカ大学へ通える奨学金をもらう前、ニュージャージー州にあるクリスチャン・ブラザーズ・アカデミーを落第していた。ニューハンプシャー州のティルトン・スクールにも少し通っていたことがあったが、そこでも成績は悪かった。そのため、優れた運動能力とスポーツの才能に恵まれていたとはいえ、大学からの引きは少なかった。

ネブラスカ大学はピーターにフットボール奨学金を出すことにし、大学自慢のスポーツ選手用学業援助プログラムに沿って指導を受けられるようにはからった。ところがピーターの学力は、NCAAの定める最低学力基準に満たなかったので、一年目は学業に専念することが義務づけられ、フットボールはおあずけとされた。二年目はずっと二軍にいたので、結局大学の最初の二年間は一度も公式試合に出ずに終わった。大学に来てから、ピーターは既に六回も逮捕されていた。そのうちの一回は、駐車場の係員を殺すと脅したためだった。クィーベンホウベンを襲ったときにも、彼への逮捕状が出されていた。

これを聞いたクィーベンホウベンは、あいた口がふさがらなかった。そこまで法律と女性を愚弄した選手が、まだ大学に残るのを許されているなんて信じられなかった。それどころか、そんな人物が奨学金をもらってネブラスカ州を代表しているのかと思うと、全くいたたまれない気持ちになり、そういう思いを、フットボールチームのキャプテンに伝えた。

「ああ、その通りさ。チームでも、やつの話はしょっちゅう聞くよ。これよりひどい話も聞いたことがあるよ」と彼も認めた。「それにしても、彼が私にしたことって信じられないわ」とクィーベンホウベンは繰り返した。「悪かったよ。きみがこれからどう出るつもりかわからないけど、それが何であれ、フットボールチーム内部で葬られちまうと思うよ」と彼は言った。「だから、一番いいのは、さっさと忘れちまうことさ」

これを聞いたクィーベンホウベンは、幼い頃から持っていたネブラスカフットボールチームの英雄的イメージが崩れ落ちるのを感じた。「私の持っていたチームのイメージと安心感が劇的に変わりました」と彼女は言った。結局こういうことなのだ——フットボールのユニフォームを着た者には、法律は通用しない。しかし彼女の直感は、正義を追求すべきだと訴えた。

事件のあった三日後の日曜日、クィーベンホウベンは父親に相談した。父親は成功した事業家で、フットボールチームの長年にわたる支援者だったが、娘の話を聞いて激怒した。そして、自分の弁護士、ブルース・ライトにすぐさま連絡をとった。

ライトは、リンカーン市でも一目おかれている優れた弁護士で、コーンハスカーズの元選手であり、現コーチ、トム・オズボーンとも顔見知りだった。クィーベンホウベンが娘の受けた扱いに憤激しているので、ライトはオズボーンに電話をしてこのことを話し合ってみようと申し出た。

月曜日、ライトはオズボーンに電話をして、クリスチャン・ピーターが女性の股間部を握った旨を伝えた。この訴えがミス・ネブラスカからきていることは伏せていた。オズボーンはすぐさま、被害者は「ワイオミングから来た女性」かと尋ねた。「いや、そうではありません」とライトは答えた。「この女性はワイオミングから来たのではありません。それはまた別の女性でしょう」

オズボーンは、事件をピーターに問い正すには、これを訴えている女性が誰であるのか、そしてそれがどこで起こったのかを知る必要があると言い張った。ライトが被害者の名前を明かすのを拒否すると、オズボーンは次のように言った。「もし本当にクリスチャンがそんなことをしたなら、彼に謝らせましょう」。謝られるなどということを、クィーベンホウベンは考えてもみなかった。「それを聞いて、唖然としたわね」と彼女は強い口調で言った。「クリスチャン・ピーターの顔を見るのもいやなのよ。ましてや、彼とオズボーンコーチと座って話をするなんて、まっぴらごめんだわ」

オズボーンはまた、自分がピーターを呼び寄せて叱責しようと申し出たが、クィーベンホウベンは満足しなかった。「本当に呼び寄せて咎めるなんて、信じられません。それに、それだけじゃなんの効果もないと思うわ。現に、他の女性も彼にいやがらせされてきているんだから」と彼女は言った。

スポーツ選手を容疑者とする訴えが裁判所まで届くケースは稀だが、その届いたケースでも、弁護士とコーチたちが選手のこれまでの潔癖を挙げて、寛大な処置を要請する。警察の報告書や非公式な被害の訴えがあっても、それが法廷で証拠として正式に提出されない限り、ないも同然とみなされる。そこで、クィーベンホウベンは言う。「ピーターが私にしたことを、彼の犯罪歴に正式に記録させるようにしたいの。そうすれば、彼が同じようなことをまたすると、これで前にも訴えられていて有罪にされているってきちんと出てくるわけでしょう」

クィーベンホウベンの父親は、オズボーンの対応に驚き、娘にこう言った。「自分が正しいと思うことをしなさい。検事局へ訴えることも可能だと、弁護士のブルースは言っていたよ」

日曜の夜父親の家を後にしたクィーベンホウベンは、自分のポケットカレンダーに目をやり、今週は六つの学校を訪問する予定になっているのを確認した。クィーベンホウベンは、リンカーン市の消防署とタイアップして、生徒たちにデア（DARE）というプログラムについて話をしていた。これは、生徒が麻薬に手を染めないように指導するためのプログラムだった。月曜日には四年ぶりに母校の高校を訪れて、このプログラムの話をすることになっていた。卒業後初めての訪問だった。彼女が母校の生徒たちに与えるアドバイスは「自分を信じて、正しいと思うことをしなさい」というものだった。彼女は、友人たちからの圧力に屈して麻薬に手を染めてはいけない、と訴え続けてきて、それは生徒の間に広く共感を呼んでいた。こうしたことを言ってきたクィーベンホウベンは、今、自分自身が同じような選択の場に立たされているのを感じた。ピーターを正式に訴えるかどうかという選択だった。

リンカーン市で育ってきたクィーベンホウベンは、ネブラスカではフットボールが州の宗教のように奉り上げられているのをよく知っていた。「ネブラスカ州出身の人でないとたぶんわからないでしょうが、フットボールゲームのある土曜日は、赤いシャツ（ネブラスカ・コーンハスカーズのユニフォームの基調色）を着ていない人はネブラスカでは見られないくらいなんですよ」と彼女は説明する。「それしかないんですね。それ以外することがないんですよ。農業かフットボール、それだけですね」

そのコーンハスカーズのメンバーを訴えるとなると、フットボールプログラム全体に悪評が立つことなるのは免れない。しかも、訴えがミス・ネブラスカからだとなると、大々的にとりあげられることは必至だ。「正式に訴えることが正しいことかどうか、本当はわからない。フットボールチームの華やかな舞台を傷つけるようなことはしたくないし」とクィーベンホウベンは思った。友達数人からも、訴えがチームの評判を落とすことになりかねない、と慎重に考えるよう忠告された。

「もうあれこれ考えるのはやめて、きれいさっぱり忘れてしまおうということもできました。誰も、自分の過去を何もかもさらけ出してみんなに見てもらいたい、なんて思わないでしょう」とクィーベンホウベンは説明した。「でも、私には隠すことなんて何もなかったんです。人に知られたくないような過去なんて、本当に何もないんです。多くの女性が勇気を出して訴えられないのは、何年か前にあった些細なことをほじくり出されるんじゃないかと心配するからでしょう」

「ランカスター郡地区司法局です」と電話口の声が応対した。「地区司法官と話がしたいのですが」とクィーベンホウベンは言った。「ご用件は何でしょうか」と受け付け係が答えた。「私はナタリー・クィーベンホウベンです。ネブラスカ大学フットボールチームのメンバーから性的な嫌がらせを受けたので、それについて地区司法官と話がしたいのです」と、しっかりした口調でクィーベンホウベンは言った。

その日の午後、彼女はランカスター郡地区司法官ゲーリー・レイシーと会った。会談には、性犯罪担当検事も参加した。ピーターの名前は、他の犯罪との関連で検事局に報告されていたが、彼の性犯罪の訴えを持っていった女性は、クィーベンホウベンが初めてだった。

クィーベンホウベンが事件を報告すると、性犯罪担当検事が性犯罪確認ドリルを行った。これは、報告された事件はまさしく性犯罪であると確認するため、一連のチェックポイントと照合するものだった。例えば、ネブラスカ州の定める陪審員への指導書では、性犯罪の被害者は被害に遭ったとき最大限の力で抵抗したということを、検事が証明しなければならないことになっていた。これに照らすと、知り合いに強姦されたとする訴えは、検事側に受け付けられない場合も多かった。「知り合いに強姦されたというケースは、訴追するのが難しいですからね。被告がどういう人物であろうとね」と性犯罪担当検事は話した。「被告が誰であろうと、有名な人物であろうとなかろうと、それは関係ないですね。陪審員の審判する性犯罪裁判で私は訴追を多くしてきましたが、陪審員たちは被害者に非常に冷たいですよ」

クィーベンホウベンの報告は、十五分とたたないうちに終わった。性犯罪担当検事は、心の中で自問した。「陪審員たちは、彼女の言うことを信じるだろうか。私はなんとなく、彼女は好感を持たれるだろうという気がする。陪審員裁判では、こういうことは重要要因だし……」

クィーベンホウベンは大学教育を受けていて、卒業後の仕事では公に注目を集めることになる。それに彼女は、ミス・ネブラスカにまで選ばれていて、加害者とは面識も全くなかった。「彼女は、実際に起こったことを正確に記憶できるはずだ。事実、彼女の話はつじつまが合っている」と検事は考えた。「それに彼女には、嘘をつくような動機も見当たらない。わざわざ面倒な手続きを踏みにここまで来る必要はなかったのだ」

二人の検事は、クィーベンホウベンに自信を持ってこう告げた。「正式な訴えの手続きをしましょう。勝訴の可能性がないようなら、私達も勧めはしません。是非正式に訴えましょう」。クィーベンホウベンは複雑な思いでこれを聞いていた。検事側は、ピーターの行為が力づくでなされたことと、その行為が「性欲をあおったりあるいは性的満足を得たりするためになされたと解釈できる」ということを証明しなければならなかったが、二人はそれもできる自信があった。

三人の会談は午後四時に終わり、その足でクィーベンホウベンは警察署に向かった。検事がカワモト巡査部長に、性暴力の被害者が今検事局を出てそちらに向かったと電話を入れておいてくれた。警察署では正式な報告書を作成することになっていた。

リンカーン市警察署は過去数年間にフットボール選手を何人も逮捕していた。ところが、有罪までこぎつけるのは稀だった。検事の対応が甘いのではないかと批評家たちの間では批判があった。

三十分後、到着したクィーベンホウベンをカワモト巡査部長が出迎えた。カワモトは、職務上何百人という性暴力被害者の話を聞いているので、クィーベンホウベンが警察署に足を踏み入れた瞬間から、安心で話しやすい環境を彼女のために整えることを心得ていた。カワモトは彼女をインタビュー室へ案内した。テープレコーダーをまわしながら、カワモトは鋭い質問を始めた。それに答えるうちにクィーベンホウベンは、もう後戻りできないことをはたと悟った。文の途中で言葉を切って、彼女は言った。「なんだか心配になってきました。私がミス・ネブラスカだということを、ご存じですか」カワモトは、躊躇することなく答えた。「ええ、知っています」。彼はクィーベンホウベンのことはこの件の前には聞いたことがなかったが、今回の事件の一情報として聞いていたのだ。

報道機関に騒がれることが心配だとクィーベンホウベンが言うと、カワモトは、彼女のプライバシーが守られるように細心の注意を払うと言って安心させた。クィーベンホウベンの報告が終わると、カワモトは次のように言った。「あなたのような人が訴え出てくれることが、非常に意味があるのです。あなたのように勇気もあり知名度も高い人が、第三種暴行の訴えを持ってきてくれなければ、父親に性的いたずらをされている五歳の少女はいったいどうなるのでしょう。その見本がなければ、誰かにそれを訴えろと言っても無理な話でしょう」

カワモトとのインタビューを終えると、クィーベンホウベンは警察署の被害者証人課へ連れて行かれた。この課は毎年百五十人から二百人の性暴力被害者の手続きを担当していた。この課の一人によると、大学のスポーツ選手の関わる事件は年に一件か二件しか報告されないということだった。「一般的に知られているより高いレベルの恐れが、被害者側にあるんですよ。例えば、被害者は友達にこう言われます。『彼はスポーツ選手よ。やたら訴えない方がいいんじゃない。ほんとにそれ、彼がやったの?』」またこの人物はこうも言った。「〔スポーツ選手から〕被害を受けた人は、これが公にされると自分の方が汚名を着せられるんじゃないかと思う傾向があるようです。少なくとも、強姦の被害者にはその傾向があるようですね。自分の方が大学で村八分にされるんじゃないかってね。それに、他のスポーツ選手からも警告されるんです。『おまえ、訴え出るなんて本気かよ。考え直した方がいいぜ』ってね。こういう圧力がかかるので、訴えることは非常に難しくなるようです。ネブラスカ大学は小さいですからね。学生は誰とでも知り合いという感じですよ。ですから、スポーツ選手といざこざがあると、急に友達がいなくなったりする。特に、スポーツ選手と親しい友達がね」

クィーベンホウベンが被害者証人課の担当者と手続きを始めると、クリスチャン・ピーターに対する苦情が山ほど寄せられていたことを教えられた。ところが、誰も正式な訴えの手続きをしたがらなかったという。クィーベンホウベンが手続きを終えた一か月後、ピーターには別の未解決だった暴力事件の逮捕状が出され、彼は逮捕された。そして彼がランカスター郡刑務所に留置されている間に、クィーベンホウベンに対する第三種性暴力の容疑で逮捕状が出され、再逮捕されたのだった。

捜査官はピーターに、一九九三年の五月一三日にブラス・レイルにいたことを覚えているかと尋ねた。ピーターは、そのバーに行ったことはあると認めたが、その日の夜そこにいたことは覚えていないと答えた。そこで女性の股に手をやったことを覚えているかと聞かれると、彼は、女性にそんなふうに触ったことは一度もないと答えた。また、そのバーで女性にやめろと言われたことも認めなかった。ピーターが、これからどうなるのかと聞くと、軽罪の部類に入る第三種性暴力の容疑で法廷への召喚命令が出されると捜査官は答えた。この軽罪が何を指すのかを聞くと、ピーターはこう言った。

「ってことはつまり、女が触られたって言うだけで、触ったやつを逮捕するのかい」(5)

ピーターは、駐車場の係員を脅した容疑で出廷義務があったのに、それを怠って逮捕されていた。それにまたこの性暴力の容疑が加わったので、彼は弁護士を雇うことにした。ハル・アンダーソンという著名な弁護士だった。アンダーソンは、ネブラスカ大学のフットボール選手を弁護した経験が豊富で、今回もピーターの出廷日を延ばすことに成功した。それでピーターは、一九九三年のフットボール全シーズンを中断することなくプレーすることができた。秋にクィーベンホウベンは、担当者から日程の遅れを告げられた。「フットボールシーズンが終わるまで待つことになるでしょう」とのことだった。弁護士が、法律の許す範囲内でピーターの出廷日を遅らせ、フットボールを続けさせていたのだった。検事にもそれはわかっていた。「アンダーソンは、フットボールのためにピーターの出廷日を遅らせていました。そういう作戦だったのです。まず、陪審員による裁判をすると決めましたが、陪審員の任期内に出廷日を設定しなかったので、次の任期内の日にちを設定するということになったのです」

▼ストリッパーの訴え

シーズンが始まって二か月とたたないうちに、ピーターの部屋でまた別の性暴力事件が起こり、警察が駆り出された。一九九三年一〇月二四日、ピーターと彼の友人六人は、リンカーン市の先にあるBJのハイドアウェイというストリップバーでその日の晩を過ごした。そこでピーターは、メリッサ・ドゥマスというダンサーに目をつけた。ドゥマスのその晩の仕事が終わると、ピーターは彼女に家まで送ろうと申し出て、彼女はそれを受け入れた。途中でピーターは、自分のアパートに寄らなければならないからと言って、彼女も中に招き入れた。ピーターの友人たちは別の車で既にピーターのアパートに来ていた。

アパートに入ると、ピーターの友人がドゥマスに飲み物をすすめた。その間、ピーターは自分の部屋に行っていた。すると友人の一人が、ピーターが部屋で何か見せたがっているとドゥマスに告げた。ドゥマスが部屋に入ると、上半身裸のピーターがベッドに座っていた。そのうち二人はキスし始めた。ドゥマスの話によると、「ピーターはにわかに興奮してきて、自分のパンツを膝下まで引き下げた。それと同時に、彼女のパンティーも引き下ろした」。それからピーターは立ち上がって、ドゥマスにオーラルセックスをさせようとした。そのとき、部屋のドアが急に開いて、ピーターの友人六人全員がパンツ一枚でそこに立っていた。

それを見てドゥマスはけたたましくわめきちらした。たじろいだ男たちは部屋から出て、ピーターはこの成り行きに怒った。下着を奪い返す間も惜しんでドゥマスはアパートから走り出た。身につけていたのはスウェットパンツだけだった。それからすぐに友人の家に車で乗り付け、そこから警察に通報した。

ピーターのアパートに着いた警官たちは、ピーターにはクィーベンホウベンへの性暴力容疑がかけられていることを知っていた。ピーターは玄関口に出てきて、通報した女は気違いだと主張した。彼の白いブリーフとTシャツというういでたちは、ドゥマスの描写した通りだった。アパート内で、警官たちはドゥマスのヘッドバンドを回収した。後の報告書によると、それには「ピーターの乾いた精子が付着していたと見られる」(6)

ベッドルームでシュナイダー巡査が、ここで何が起こったのかとピーターに尋ねた。ピーターはここでドゥマスと様々な性行為を行ったと認めたが、それらはすべて彼女の方からしかけてきたと主張した。ピーター自身の言葉では、二人とも服を着終わったとき、ベッドルームのドアがいきなりノックされて、それで「メリッサは気が違ったようにわめき出した」という(7)。

この尋問の最中、シュナイダー巡査は部屋から出て、パートナーのゲイド巡査部長と相談した。この時点では逮捕を正当化するだけの強い証拠がないと二人は判断して、この事件のその後は郡検事局に任せることとした。

ネブラスカ大学のスポーツ選手は法律適用上優遇されているという風評がただでさえ立つので、性犯罪担当検事は、警察の報告書と、ピーターとドゥマスの食い違う話を念入りに吟味した。「私自身は、ドゥマスの話が本当だと思いました」と検事は言った。「ピーターの話はうさんくさいような気がしましたね。それに、彼は気が短くてかんしゃく持ちですからね」

とはいっても、検事の対応は慎重だった。「事件を全体的に判断しなければなりませんからね。裁判に持っていけるだけの証拠や裏付けがあるかどうか、有罪判決を得る可能性があるかどうか、などとね」この事件の物的証拠は、ドゥマスがその晩つけていたヘッドバンドに付着していた精子だけだった。「ドゥマスの言ったことを信じて、裁判に持っていったとしましょう」と検事は続けた。「これを陪審員たちに話します。性行為が無理強いされたと、私は証明できるでしょうか。ドゥマスの話だけでは、やはり証明できないと思います」

更には、ドゥマスの言葉とピーターの言葉が比べられるわけだ。ピーターに対する苦情のリストは長くなるばかりで、その中には犯罪を疑われる行為も含まれているというのに、このような事件で細かくつつかれるのはドゥマスの方なのだ。「実際問題、陪審員たちは彼女の職業を問題にします。それに彼女は、彼のアパートにすすんでついて行った。この二点が決定的で、陪審員たちが有罪判決を下すことはありえないと思います」

ピーターのもう一人の弁護士、ニュージャージー州を拠点とするゲーリー・フォックスは、ドゥマスの話を頭から相手にしなかった。「二つの相対するグループがあったとしましょう」とフォックスは言った。「ある人物がどちらのグループに属するかで、その人物がどう見られるかは違ってきますよね。そういうもんじゃないですか、我々の社会って。法制度でも同じですよ。あの人は正直だという評判があるとか、あの人の言うことなら信用できるという評判があれば、その人の言うことの信頼性は明らかに上がりますね。私達も、誰かが何か言うのを聞くときは、それを言っている人物をよく見ますよね。そして、その人について自分が知っていることや、コミュニティーにおけるその人の信頼性などに基づいて、その人の言うことの真実性を判断します」

言ってしまえば、容疑者は花形フットボール選手、そして被害者はストリッパーだ。つまり、ドゥマスは「道徳的観念の高い人物ではない、と言わざるをえません。その証言が信頼できる証人だと言えるような人物ではないのです。つまり、信用できない人物です」とピーターの弁護士は結論した。

これは、その行動パターンと信頼性が疑われる二人の人物が、一つの事件で何が起こったかそれぞれ違うことを言うという典型的なケースだった。それなら、その二人の行動パターンと信頼性が同じように非難されるのが筋というものだが、フォックスはそうでないのをこう説明した。「秤が同じなら、容疑者の方が放免されるわけですよ」

この事件は裁判には持ち込めないと検事は感じ、それについて次のように話した。「私はクリスチャン・ピーターを尊敬に値する人物だとは思っていません。ですからもしこれがいけるケースだと思ったら、起訴していましたね。ところが、今回は勝訴の見込みはほとんどありません」

一方、クィーベンホウベンのケースは未解決のままだった。長引く延期にしびれをきらしたクィーベンホウベンは、被害者証人課へ電話で問い合わせた。すると、一月過ぎまで待つようにと言われた。ハスカーズは、元日に全国優勝をかけてオレゴンボウルでプレーすることになったのだった。それまでピーターの弁護士は公判の日を遅らせることに成功していたが、いよいよオレゴンボウルの日程と重なりそうになると、弁護士は、ピーターが陪審員による裁判を受けられる権利を放棄して、その代わりに裁判官による裁判を後日受けられるようにはからった。「ピーターがいよいよ出廷命令を受けそうになったので、ピーターの弁護士は陪審員による裁判を放棄して、更に引き延ばしにかかったのでしょう」と検事は言った。

前回、弁護側が公判延期の動議を出したときには、検事側はそれに抵抗したが、今回はそれを支持した。というのは、ピーターの弁護士が検事にこうもちかけたからだ。「ピーターに有罪答弁させますから」これに対して、検事はこう答えた。「陪審員裁判を放棄して有罪答弁するというなら、少し遅くなっても待ちましょう」これについて検事は次のように説明した。「フットボールシーズンが終わるまで出廷しなくてもいいようにするという弁護側の遅延作戦に違いありません」。でも、検事は続けて言った。「陪審員裁判にかけると、敗訴する可能性がないとは言えません。ところが、判事裁判で有罪答弁をすると弁護側が保証するなら、『そういうことなら、待ち続けよう』ということに当然なりますね」

▼対照的な審判

オレゴンボウルの始まる二週間前に、今度はまた別の女性がピーターから性暴力を受けたと訴え出てきた。これで三人目だ。この女性は、ピーターに強姦されたことがあると訴えた。彼女はキャシー・レッドモンドといい、ネブラスカ大学の三年生で、スポーツ選手だった。彼女の学習アドバイザーは、オズボーンコーチのアシスタントコーチの一人だった。それもあって彼女はオズボーンを知っていたので、警察に訴える前にオズボーンに直接話してみることにした。

レッドモンドの話によると、彼女は大学に入学したての第一週目にピーターに紹介されたという。ピーターの寮は彼女の寮の隣にあって、彼女は友達を介してピーターに出会ったのだった。彼女の訴えによると、彼女がピーターについて彼の寮の部屋に入っていくと、彼は彼女が出て行こうとするのを妨げて最後には強姦したという。また、その二日後の夜、ピーターは酔っぱらってレッドモンドの寮の部屋に友達二人と現れ、レッドモンドを再び強姦した。その一部始終を友達の一人は近くの部屋で聞いていたという。

レッドモンドが二年前に起こったこの二つの事件の話をするのを聞いて、オズボーンは尋ねた。「なぜ今までこのことを黙っていたんだね」。レッドモンドがはっきり答えないので、オズボーンはまた尋ねた。「きみ、それが誰だったか、本当に確かかね」「ええ。確かにクリスチャン・ピーターでした」と彼女は言い切った。「では、クリスチャンをここへ呼ぶことにしよう。それで、確かに彼がやったんだときみが確認できたら、この件を司法局へ持って行こう」とオズボーンは言った。

ピーターとレッドモンドを会わせるというのは、オズボーンがこういう件を内々に処理したがる傾向と一致していた。「強姦の被害者のほとんどは、加害者に再び対面するのをいやがります。でも、私は彼女をよく知っていますし、もし彼女が不安がったり困ったそぶりを見せたりしていたら、もちろんこの対面を提案したりはしませんでしたよ」とオズボーンは強調した。加えて、「私達はお互いをかなりよく知っていました。ですから、彼女が本当のことを言っているなら、対面をいやがらないはずだと思ったのです」

ところがレッドモンドは、ピーターがいるときにオズボーンにもう一度会いに行く代わりに、ネブラスカ大学のキャンパス警察にこの訴えを持っていった。一九九三年一二月一六日、オレゴンボウルの二週間前のことだった。その三か月後、レッドモンドの父親がキャンパス警察に電話をして、娘の訴えがどうなっているのか説明するよう要求した。すると、訴えは未だに郡検事局にすら送られていないということがわかった。性犯罪担当検事のもとにやっとこれが届いたのは、一九九四年三月二五日のことだった。

郡検事たちから見ると、レッドモンドの一件は手のつけようがなかった。事件は二年以上前に起こっているので、レッドモンドの訴えを裏付ける物的証拠や医学的証拠は何も残っていなかったのだ。しかもそれより大きい頭痛の種は、二度目の強姦が彼女の寮の部屋で起こっているという事実だった。それも、彼女がピーターを自室に入れた後だった。

「正直言って、このケースには十分な証拠がないと見ました」と検事は話した。

それでも検事は、レッドモンドの訴えをピーターの弁護士ハル・アンダーソンの耳に入れなければならないと思った。「私はこのケースは起訴しないが、ピーターには明らかに問題があると思う。きみ、なんとかすべきじゃないかね」と検事はアンダーソンに言った。

ピーターのもう一人の弁護士ゲーリー・フォックスはこう言う。「クィーベンホウベンは他の被害者とは格が違ったんですよ。彼女の訴えが真に受けられたのは、彼女がナタリー・クィーベンホウベンだったからです。それだけの理由で彼女のケースはあそこまでいったんですよ」

三月のリンカーン市裁判所は、コーンハスカーズの選手たちでにぎわった。まず、ピーターがやっと出廷して、クィーベンホウベンの事件での罪状を全面的に認めた。彼には、十八か月の保護観察処分が言い渡された。一方、ピーターの弁護士ハル・アンダーソンは、ピーターのチームメイトにも弁護を依頼された。依頼人は後にハイズマン・トロフィー（NCAA内で毎年一名選ばれる最優秀選手に贈られる）の候補者となるローレンス・フィリップスだった。フィリップスは、ロサンジェルスにある更生施設からネブラスカ大学のフットボールコーチたちに拾われて来た。フィリップスはそこに十三歳のときから住んでいた。家で暴力ざたがあってから、母親に家を追い出されたのだった。フィリップスはフットボール選手としてはたぐい稀な才能を持っていたので、ネブラスカ大学に招かれたのだった。ところが、ピーターと同じように学業成績は目も当てられないありさまだったので、他の大学からは引きが来なかったのだ。フィリップスもピーターと同じように法を愚弄することにかけては時間を無駄にしなかった。

フィリップスには暴力行為の容疑がかけられたが、弁護側の引き延ばし作戦で公判は結局一年も延期された。こういった法に触れる問題を起こしていても、ピーターもフィリップスもフットボールチームのメンバーからはずされることはなかった。それどころか、一九九四年の全シーズンを何ら変わりなくプレイすることを許されていた。一九九五年には彼らの活躍で再びオレゴンボウル出場を果たし、元日にはマイアミを破って全米チャンピオンに輝いた。

アメリカ西部の州の新居で、クィーベンホウベンはコーンハスカーズの選手たちがホワイトハウスに迎えられるのをテレビで見ていた。一九九五年三月一三日、クリントン大統領の来賓として迎えられたのだった。毎年大統領は、大学フットボールの全米チャンピオンをワシントンに招いて、祝賀会を催すのだった。「フットボールをしているっていうことだけで、格が上がるんですね」とクィーベンホウベンは言った。「道徳的人物じゃなくても、英雄扱いされるんですね。一見英雄みたいでも、非常にいい人だとか、信頼できる人物だっていうわけじゃありません。一緒に出歩いても安全で、性暴力のようなことなどしないなんて必ずしもいえないのです」

スポーツ選手には英雄的地位が与えられているので、彼らを強姦で訴える女性がいるとその女性の人物像がこと細かに調べられる。ドゥマスとクィーベンホウベンは対照的なバックグラウンドを持っていたが、それと同じように彼女たちの訴えの行方も司法制度の中で対照的だった。このことは、容疑者とされるスポーツ選手の人物像がどうであれ、検事は被害者の人物像を拠り所として起訴、不起訴の判断をするということを物語っている。

註

(1) Terry J. Wood, "Assault Case Dropped," *Arkansas Traveler*, March 11, 1991, p. 1.
(2) Debbie Becker, "Players — Penalties Reduced in Arkansas Assault Case," *USA*, April18, 1991.
(3) Ibid.
(4) Candace Meierdiercks, "Hall Charged, Faces Jan. 9 Date in Court," *Arkansas Traveler*, December 12, 1994, p. 1.
(5) Lincoln Police Department, supplementary investigation report, June 11, 1993, p. 4.
(6) Lincoln Police Department, incident report, October 25, 1993.
(7) Ibid.

7章　仮面の裏

私は、弁護依頼人と一緒に裁判所へ向かい、着いたらいつもこう指示しています。いつもと同じようにごく普通に車から降り、私の横をゆっくりと落ちついた歩調で歩き、自信に満ちた表情で知り合いや支援者に頷いて見せなさい、と。依頼人の身柄が拘束されている場合は、出廷前に身なりをきちんと整えさせます。服は通常のものに着替え、清潔に身繕いします。形式的なほんの数分の出廷でもそうです(1)。

——O・J・シンプソンの弁護士、ロバート・シャピロ

▼栄誉の裏の暴挙

一九九四年一一月二日午後八時、トム・オズボーン専用の飛行機がボストンのローガン空港に着陸した。ボストンのパークプラザホテルでは、六百人以上のスポーツ関係者、政治家、報道関係者、大学関係者などがオズボーンの到着を今か今かと待っていた。その週の初めに、オズボーンの率いるネブラスカ・コーンハスカーズが、大学フットボール全米一の座を獲得していた。しかし、今回オズボーンは別の件でボストンに招かれたのだった。彼のこれまでの地域社会への貢献、とりわけ、彼が自分の選手たちを促して、若い世代に人生を前向きに生きるようにアドバイスさせていたことを、「社会とスポーツ研究センター」が讃えたのだった。

リムジン車の運転手は、大急ぎでオズボーンの一行を空港からホテルまで送り、そのままホテルの入口付近で待機していた。オズボーンは十五分後にまたホテルを出て空港に戻り、専用飛行機でネブラスカ州リンカーン市にきびすを返すことになっていたのだった。

会場でオズボーンが紹介される前に、ネブラスカ大学のスポーツ学科が用意した六十秒のビデオが上映された。ビデオは、フットボールチームの地域社会への貢献と、チームメンバーの優秀な学業成績を強調していた。司会者がオズボーンの紹介を始め、成績優秀なスポーツ選手を育てる一方で、他の追随を許さない勝率でゲームを展開する実績を讃えると、集まった人々も称賛の拍手を送った。大学スポーツプログラムでこういった実績があるところは少ないのだ。紹介されたオズボーンは一分間のスピーチを行い、与えられた名誉に感謝し、割れんばかりの拍手に送られて会場を後にした。

ところが皮肉なことに、オズボーンがちょうどこの人道的栄誉に浴していたとき、彼は報道機関で非難の的となっていた。チームの選手が法を犯しても、オズボーンは彼らを野放しにしておくと批判されていたのだ。この批判は九四年シーズンの残りから九五年シーズンに入っても続いていた。オズボーンは、犯罪容疑で取り調べを受けている選手でもゲームに出し、その采配を正当化しようとする。オズボーンは、犯罪容疑で取り調べを受けている選手でもゲームに出し、その采配を正当化しようとする。また、有罪判決を受けた選手でさえも軽い処分にするだけでまたゲームに出す。こういった彼のパターンが非難の嵐を呼んだのだった。『スポーツ・イラストレイテッド』誌はこれを「権力者の横暴」(2)と呼び、オズボーンのことを「コーチ兼陪審員」とあてこすった。『ニューヨークポスト』紙は、この状態を「トムのばかげた行為」(3)と揶揄し、『USAトゥデイ』紙は「コーンハスカーズの選手が一シーズン出場停止処分にされるには、これ以上いったいどんな暴挙を犯せというのだろうか」(4)と問うた。

ネブラスカ・コーンハスカーズがフットボール全米一の座を獲得したため、チームは詳細な調査の対象となった。それは、大学チャンピオンチームがルール違反をしていなかったかと調べられるのに似ていた。スポーツチームのチャンピオンに汚点がないことは稀だが、コーンハスカーズの場合はNCAAのルール違反などより数倍深刻な問題で攻撃されることになる。九四年から九五年のシーズンで、チームのスターティングメンバーのうちの七人と鍵となる予備選手一人が、暴力的かつ深刻な犯罪で有罪判決を受けているか、あるいはその容疑をかけられている。九三年三月に、ディフェンス・タックルのクリスチャン・ピーターがナタリー・クィーベンホウベンに対する性犯罪で有罪判決を受けたが、オズボーンはそのシーズンの公式ゲームの一つもピーターを出場停止にすることはなかった。それ以後も、重罪容疑のかけられたチーム選手が続々と出ていたが、それでもオズボーンは彼らを処分することはなかったのだ。
＊一九九三年、ディフェンス・バックのタイロン・ウィリアムズは、その年の八大学フットボール新人賞に選ばれた。ネブラスカ大学に入学したての一年目は、学力不足のためフットボールはできなかったが、その次の年のことだった。ところが、シーズンが終わって数週間とたたないうちに、ウィリアムズは人の乗っている車に向かって発砲して、逮捕された。ウィリアムズの弁護士は、この事件の裁判を二年も遅らせることに成功し、ウィリアムズが起訴されてからも、彼は無実に違いないとオズボーンは公言していた。裁判待ちの間に、ウィリアムズはコーンハスカーズの最強ディフェンス・バックとして名を馳せ、九四年から九五年までの全シーズンを通して出場して、ネブラスカ大学でのプレーを終えた。九五年シーズンの終わりに、ウィリアムズはグリーン・ベイ・パッカーズと契約した。NFLシーズンの始まる最初の週にウィリアムズの裁判は始まることになっていたが、九六年九月九日、彼は暴行容疑と銃器不法発砲容疑に有罪答弁をした。そして、懲役六か月を言い渡され、九七年二月二四日から服役を始めた。
＊レシーバーのレジー・ボールは、学力不足のためネブラスカ大学での最初の二年間はフットボールができなかった。しかし三年目には、チームのレシーバーとしてナンバー・ワンの座を占めた。九四年一一月二九日、ボールは盗難の容疑で逮捕されたが、オズボーンは彼をスターティング・メンバーから降ろさず、一つのゲームも休ませずに出場させた。後にボールは、盗品を受け取ったとして有罪を認めた。
＊ボールの相棒、ワイド・レシーバーのライリー・ワシントンは、九四年にある男性に暴行を加えた

として逮捕された。ところが、ワシントンはフットボールチームからは何の処分も受けなかった。その後、彼の犯罪容疑は軽くされて、罰金百ドルが課せられた。そして九五年八月二日、ワシントンはリンカーン市内のコンビニで別の男性に向かって発砲し、殺人未遂で逮捕された。留置所に十三日いたが、保釈金一万ドルが彼のために集められて保釈された。ワシントンが九六年秋に予定されていた裁判を待っている間、オズボーンはワシントンのフットボール奨学金を継続し、チームに籍を置かせていた。「ライリーは実は無実である可能性が非常に高いと思う」とオズボーンは発言していた。これは、予備公判で証人である二人が、あれは確かにワシントンだったと証言していた後になされた暴言だった。

＊ディフェンス・タックルのジェイソン・ジェンキンズは、カンサス州の準大学でフットボールをした後、ネブラスカ大学のフットボールチームに編入した。リンカーン市にやって来て間もない九三年四月、彼には第一級暴行の容疑がかけられた。男性の顔にビールびんをたたきつけて、片目を失明させたのだ。有罪判決を受ければ、懲役二十年が待っていた。ジェンキンズの弁護士ハル・アンダーソンは、被害者と交渉してジェンキンズに不利な証言をしないという約束をとりつけ、示談金二万五千ドルを支払った。そしてジェンキンズは当初より軽い罪で有罪を認めることを許され、その刑は保護観察処分のみだった。結局ジェンキンズはコーンハスカーズでプレーし続け、九五年一月に全米一の座を獲得したときには、彼の写真が『スポーティング・ニュース』誌の表紙を飾った。

＊ローレンス・フィリップスは、九四年度シーズン初めの花形ランニング・バックだった。彼には暴行容疑がかけられていたが、彼の弁護士はフィリップスが裁判前の更生プログラムに参加することと

引き換えにその容疑を取り下げさせることに成功した。ところが、フィリップスはこのプログラムを終了せず、その六か月後に再び逮捕されることになる。そのときの容疑は、彼の元恋人ケイト・マキューインに残虐な暴力行為を働いたというものだった。オズボーンは事件直後フィリップスを出場停止処分にし、報道関係者にこう告げた。「ローレンスと私は、何が起こったかについて同じ見解に達しました。私はあれを暴力行為とは呼ばないが、あの女性に損害を与えたことは確かです。階段を引きずり降ろされて、怪我をしたとは聞いていています」。さらにオズボーンは次のように公言した。「こういった暴力行為はチームとして許さないと、選手全員に伝えました」。そして、次のようにも認めた。「四か月か五か月ごとに〔フィリップスは〕少し暴走することがあります」。ところが、出場停止たった六ゲームで、オズボーンはフィリップスを復帰させたのだった。それも、フィリップスが起訴罪状を争わないと事実上有罪を認めた後だった。「フィリップスを復帰させたのは当然ですよ」とオズボーンは言った。「八三年にマイアミ相手に二点入れたのと同じ感覚ですよ。何も考える必要はなかったんです」

＊フィリップスが元恋人を襲撃する二十四時間弱前には、チームのもう一人の先発ランニング・バック、デイモン・ベニングも同じ容疑で逮捕されていた。彼も、自分の元恋人に暴力をふるったのだった。オズボーンは、ベニングと話をした後次のように発言した。「こういうことが起きたのは残念でした。しかし、もし事態がベニングの言う通りなら、彼のしたことを責めるつもりは毛頭ありません」。ベニングにはチームとしての処分は何もなく、容疑は後に取り下げられた。

＊九五年九月二三日午前五時ごろ、一人の女性が病院に連れて来られた。そこで彼女は、数時間前に

ネブラスカ・コーンハスカーズの一人に強姦されたと訴えた。この選手にはその日のうちに容疑がかけられそうだと、オズボーンはアシスタント・コーチから聞いた。この選手と被害者は、コーンハスカーズがパシフィック大学と試合をした後のパーティーで出会ったという。オズボーンのアドバイスで、この選手は弁護士に連絡をとった。結局、郡検事局は正式な起訴手続きはできないと判断して、このケースは片づけられた。

＊フィリップスがチームに復帰してからたった二週間後に、今度はもう一人のランニング・バック、ジェイムズ・シムズが、裁判前の更生プログラムに入った。これは、七月三日に彼の元恋人を巡る事件で彼が逮捕されたことの顚末だった。シムズの容疑は、治安妨害と破壊行為だった。ところがシムズにはチーム処分は何もなく、通常通りプレーし続けていた(5)。

この一連の事件のさなか、オズボーンは『オマハ・ワールド・ヘラルド』紙に、チームに選手を集める際の方針を語っていた。「麻薬使用歴や深刻な犯罪歴のある選手には手を出しませんよ」と彼は言った。「でも、両親のいない子供なんかは引き受けますね。スラム街で生き残ってきた子供とかもね。少年合唱隊員にフットボールをやらせたって、勝てるわけはないんでね。タフでないと、フットボールはできませんから」(6)。困難な環境で育ってきた若者たちをネブラスカ大学に連れて来て、今度はやりたい放題の環境に放り出すというのは、危険極まりないゲームだ。「大学生というのは概して、高校では経験することのなかった自由を手にしています」とピーターの弁護士ゲーリー・フォックスは言う。「普通の大学生でさえそうですから、スポーツ選手、特に人気スポーツの選手となると、この自由の幅がまたいちだんと大きくなるんです。セックス、麻薬、アルコールと、誘惑はゴマンとある。大学のスポーツ選手のまわりに典型的に起きることの結末は、深刻でさえありますよ。よく考えて手を出した方がいいですね。特に、名の知れ渡った選手には誘惑が多いですからね」

コーンハスカーズの選手の犯した犯罪で、九三年から九五年の間に警察に報告されたもののうち、七件が女性に対する暴力犯罪であった。フォックスは言う。「スポーツ選手は、女性の注目を人一倍集めますからね。ロックスターでも、フットボールスターでも、女性が寄って来るんですよ。どういうわけか、女性は彼らに近づいて、彼らの生活の一部となってくっついていたいらしいんですね。これが、スポーツ選手の女性に対する考え方に影響しないわけはないでしょう」

「どんな人間関係でも、それに関与している二人の人間がこの関係はどこに向かって進んでいるのかについて別々の考えを持っていたら、当然問題は起こりますね。スポーツスターの考えでは、その関係は相手が考えているよりずっと短いものだということが多い。そうなると、そこにはやはり問題が起きるでしょう」

オズボーンがフィリップスをチームに復帰させたとき、それはフィリップスの行いを改善させるための方策だとオズボーンは弁明した。フィリップスが「社会で通用する人物になって、これから先もうまくやっていけるように」(7)なるためには、フットボールの枠組みが必要だというのだ。加えて、オズボーンは次のようにも言っている。「あの事件のことを最初に聞いたときは、たぶん彼をチームから永久に追放すべきだろうと思いました。一種のストーキング事件だと思ったからです。ところが、本人から事件の背景や詳細を聞くと、ストーキングとは全く違っていたということがわかったのです」

「私は彼に、私が一番重要だと思った質問をしました。それは、『きみは自分をコントロールできていたのか、できていなかったのか』という質問でした。すると彼は、コントロールできていなかったと答えました。それで、彼には助けが必要だとわかったのです。彼は自分をコントロールできていなかったとわかっていたし、自らの行為がとんでもない結果を引き起こす可能性についてもいやというほど聞かされていたのです。それで、彼を助けるために何かしなければならないと感じ、一番いいのはフットボールだけはやめさせないことだと思ったのです」(8)

しかし、クリスチャン・ピーターが同じように復帰を許されたいきさつを詳しく調べてみると、オズボーンがフィリップスを復帰させたのも当然だと言える。オズボーンの考えでは、犯罪行為は選手をチームから追放するには及ばない行為なのだ。これは、選手の犯した犯罪の訴えがあると、それを次の4ステップのふるいにかけるというオズボーンのパターンを見ればわかる。こうしてふるいにかけられて、最終的に残る訴えは少ないのだ(9)。

▼ステップ1　証拠を集める

有名人になると、あることないことうわさされたり書き立てられたりするので、ネブラスカ・フットボールチームの選手が何かで訴えられるようなことがあると、オズボーンはまず次のような前提からことにあたる。「うわさ話やあてこすりのほとんどは、全く根拠がない」。その訴えが性暴力に関するものだと、オズボーンはまるで弁護士でもあるかのようなアプローチをする。「性暴力とひとくちに言っても、いろいろありますよね。強姦かもしれないし、暴力行為かもしれないし、体に触れた部分が悪かったとか、異性を言葉の暴力で傷つけたとかいうことかもしれない。とにかく、程度の差が大きいんです」

クリスチャン・ピーターを巡っては、かなりの種類の訴えに対応するはめになったわけだが、まだ若く前途のある選手をセンセーショナルな報道から守ってやらねばならぬという意識から、オズボーンは自分が直接関係者から事情を聞いて、訴えの真偽を検討するというやり方を好んだ。それはなぜか。オズボーンはこう説明する。「公にされることが真実であることを期するのが一番大事だと思うんですね。単なるうわさ話やあてこすりに振り回されているのではないということを確かめなければならないのです。もし本当に罪を犯したなら、その人物は責任をとらなければならない。しかし、そこで魔女狩りみたいなことをしているのではないと確認しなければならないのです。実際、なかったことをでっち上げられてさらしものにされている人が多いんですから」

被害者と直接会って話をすることで、被害者の言うことの信頼性も判断できるとオズボーンは説明する。「事件のいきさつをみて、訴えの深刻さを吟味する必要がありますね。第二に、訴えのタイミングですね。事件後すぐなされているかどうか」そして、第三にみなければならないのは、「被害者は信用するに値する人物かどうか」という点だった。ピーターの行為を警察に報告した女性三人のうち、この三つの関門をくぐり抜けた者は一人もいなかったとオズボーンはみる。

キャシー・レッドモンドの訴えは、なんといっても　報告のタイミングが悪かった。オズボーンは次のように公言している。「あの訴えはどうもあやしいと最初から思いましたね」。証拠の集めようがないので、訴えを裏付けるのは困難だった。「つまり、それが二、三日前に起こったことか、四年前に起こったことか、ということでしょう。三、四年前に起こったことなら、それまでなぜ黙っていたのか、ということになるでしょうね。そして、それについて今さらいったい何が調べられるのか、ということです」

メリッサ・ドゥマスの一件では、被害者の信頼性が問題だったという。ドゥマスは、事件をただちに警察に報告したのだが、彼女はストリップバーのダンサーだということで、その証言の信頼性が疑われたのだった。さらに、ピーターの友人やルームメイト計六人が、ピーターの証言を裏付ける供述をしていた。

一方、ナタリー・クィーベンホウベンの一件では、被害者の信頼性も迅速な報告もあった。しかしオズボーンは、その訴えが深刻でないとみる。クィーベンホウベンは、見ず知らずの男に股間部を二度も握られている。一度は後ろから、二度目は前からだ。オズボーンによると、「こういうことはよくあることでしょう。週末の大学街ならどこでもこういうことは起こってるでしょう。バーかなにかで誰かに触っていたずらするっていうようなことですね。ざらにあるようなことですよ」。ところが、このような乱行や脅迫行為を禁止する法律が事実ネブラスカ州にあるのだ。それでもオズボーンは、このような出来事は自分の部屋で内々に処理した方がいいのだとみる。しかし、クィーベンホウベンと検事たちはそうはみなかった。

クィーベンホウベンが、ピーターに会いにオズボーンの部屋へ来るのを拒否してから、オズボーンは事実関係を明らかにしようと独自の調査を始めた。「被害者と話をする機会はなかったので、彼女の言い分がなんであるかはわかりません」とオズボーンは言った。「しかし、私はクリスチャンとは話しましたし、その場に居合わせたらしい一人か二人の人物とも話しました」

このやり方は被害者を怒らせただけではない。このように事件に立ち入るのは証拠に手を加えることと紙一重で、それは重罪に当たるのだ。クィーベンホウベンのケースを担当していた検事はこう漏らした。「彼らは、証人にやたらと近づいていました。証人に、一度証言したことを変えさせようとしていた、と言っているわけじゃありませんが、証人となりうる人物に近づくことは普通許されないのです」

オズボーンが、刑事犯罪の調査に関わる証拠をいじくり回すのは、証人となりうる人物を呼んで話を聞くというだけにとどまらなかった。ディフェンスのタイロン・ウィリアムズの発砲事件では、オズボーンはその犯罪でウィリアムズが使ったとみられる拳銃をしまい込んでいた。郡検事のゲーリー・レイシーは、『スポーツ・イラストレイテッド』誌に次のように語った。「オズボーンは、自分の影響力を利用して刑事裁判制度の機能を妨害していることになります。彼は刑事裁判制度に首を突っ込むべきではありません」(10)

▼ステップ2　法の番人と渡り合う

オズボーンは、自分が犯罪の調査初期に首を突っ込むことで司法制度が妨害されるとは思わない、自分は公平を期するために調査に関わるのだと主張する。「何かが本当に起こってそれが深刻なことだと私が確認できたら、それはもちろん司法当局へ持っていきますよ。で、いくべきところまでいって、証拠なんかも集めるだけ集めてもらって、どう転ぶかみてみるわけです」

司法当局までいく訴えの数を制限しようとするオズボーンの試みの裏には、彼が心底信じていることがあった。それは、選手が刑事裁判制度に委ねられると、スポーツ選手だというだけでもう不利になるということだった。「問題の事件が大々的に報道されていたりすると、スポーツ選手が法廷で真に公平な扱いを受けることはまずないと言っていい、というのが私の主張してきたことです」とオズボーンは強調した。司法当局はスポーツ選手に甘いという批判を逃れるために、かえって厳しすぎる処置をとるとオズボーンは信じていた。「私の見てきた事件のほとんどがそうですが、まわりが騒ぎ立てて問題の選手についてある程度報道されると、市の検事をはじめ、郡検事やその他事件を担当している人物は、事件を起訴まで持っていかなければならないというプレッシャーを感じるようなんです。自分がスポーツ選手に甘いとか、任務をまっとうしていないなどと見られるようなことがあってはいけないと思うんでしょう。ですから、司法局の面々は、なかなかスポーツ選手を裁判前の更生プログラムに入れたり、保護観察処分にしたりしないんです。または、『この事件を起訴するだけの十分な証拠はない』とも、なかなか言わないんですよ」

ネブラスカ大学のフットボール選手が容疑者とされる事件を何件も担当した検事の一人も、次のように認めた。「我々が、スポーツ選手の男性をそうでない男性より厳しく扱うというのは本当かもしれません。スポーツ選手を優遇していると非難されるのを、皆、懸念していますからね。ですから、リンカーン市では、スポーツ選手は起訴される率が高いと言えるかもしれません。容疑をでっちあげているなどというわけじゃもちろんありません。ただ、スポーツ選手に甘いという印象を与えないように気をつかっているんです」

この検事のコメントは、オズボーンの危惧が全く根拠のないものではないことを感じさせる。しかし、一歩踏み込んで、それではこの危惧に基づいて起こすオズボーンの行動が、一旦起訴されたケースにいかに大きな影響を及ぼすかということまで考える必要がある。事実、オズボーンがケースに関与することで、有罪判決が難しくなるのだ。オズボーンの名声と、被告の得られる豊富な情報と人脈とが、最終的に有罪判決が下るのを妨げている。つまり、スポーツ選手を起訴することと、その選手を有罪にすることとは、全く別問題なのだ。

前出の検事もこれを認めた。「〔スポーツ選手には〕いい弁護士がつきますね。それに、他の被告には考えられないような人脈、金、情報などが豊富に手に入ります。ですから、ケースが起訴されてからも、弁護するあらゆる手段や機会があるわけです。こういうことは、その辺の普通の男性には望めませんよ」

こういった背景は、検事たちがケースを扱うときにどのように影響するのだろうか。ネブラスカ大学のフットボール選手たちに対する苦情をいくつも調べてきた検事は、次のように説明する。「役者や小道具をしっかりそろえておくことでしょうね。相手が次から次へとしかけてきますから、それにしっかり応戦できるようにね。結局、準備を万全にしておくということでしょうか。あるいは、応戦に対する心構えを十分にしておくとかね。そして、さあ起訴というときには、すべてが万全に整っているようにするわけです」

「あのフットボールチームのコーチ陣は、選手たちをものすごくサポートしますよ。選手たちはここに両親も家族もなく一人ぼっちでいるということで、様々な面で手を貸しますね。代理でどこかに出席したり、支援の手紙を書いたりと、いろいろね」

ピーターを容疑者とする三件の訴えを吟味していた性犯罪担当検事も、このサポートシステムは承知していた。「ええ、そういうものがあることは知っていました」と彼女も認めた。実はこのシステムは何も新しいものではなく、数年前に既にその存在が明らかになるような犯罪が起きていた。それは、警察署にも検事局にとっても後味の悪い事件となった。

九二年一月、ネブラスカ大学フットボールチームのランニング・バック、スコット・ボールドウィンに、女性に対する第一級暴行と警察官に対する第三級暴行の容疑がかけられた。大学で行われたバスケットボールゲームの最中に、ボールドウィンは警官の一人と口論となった。その後、ボールドウィンはジョギングで自宅アパートに向かった。その途中で、車に乗ったチームメイト二人が彼を見かけ、乗せて行ってやろうかと声をかけた。それだけで何も挑発したわけでもないのに、ボールドウィンは助手席に乗っていた選手に殴りかかって、首を締めた。攻撃されたチームメイトは二人がかりでボールドウィンを取り押さえようとしたが、ボールドウィンは車のボンネットに飛び乗って、拳でフロントガラスをたたき割った。

ボールドウィンが割れたガラスを手にしてチームメイトの一人を攻撃しようとしていたとき、もう一人がやっとの思いでボールドウィンを地面にねじ伏せた。興奮がさめるとボールドウィンは起き上がり、着ていたものを残らず脱ぎ捨てた。素っ裸になったボールドウィンの前に、二十代前半の女性が歩いて来た。犬の散歩をしに、近くのアパートから出てきたのだった。その数分前に何が起きていたのか、彼女は全く知らなかった。と突然、ボールドウィンはその女性をすくい上げ、舗装道路に思い切りたたきつけた。そして彼女を道の反対側に引きずっていって、駐車してあった車に頭をたたきつけた。さらに、ぐったりした彼女の首根っこをつかんで、コンクリートの壁に頭を何度もたたきつけたのだった。

被害者は、大脳の前頭葉と鼻腔にまで出血が及び、頭蓋骨も複雑骨折していた。血は脳膜を伝って脊椎に流れ落ちた。この残虐行為で、女性は入院生活二か月を強いられた。彼女はグラフィック・アーティストだったのに、基本的な運動機能をすべて失ってしまったのだ。歯を磨いたり、髪をとかしたりといった単純な動作もすべて一から練習しなければならなくなってしまった。それに、短期の記憶能力や数を数える能力、そして語彙力などもすべて再訓練しなければならなかった。

ボールドウィンの弁護にあたったハル・アンダーソンは、検事の請求した保釈金五十万ドルを引き下げるよう争った。その結果、判事は保釈金を一万ドルと定めた。それでも、ボールドウィンにはとうてい工面できない金額だった。ところが、「ある匿名の義士」がそれを支払い、ボールドウィンの保釈が実現した。オズボーンはこう説明する。「私の知る限りでは、〔この匿名の義士〕はしばらくネブラスカ州を離れていて、最近戻って来たということです。全く運がよかったんですよ。シーズンチケット購入者やチーム関係者でこれだけの額を払える人はいませんでしたからね」。このときオズボーンはまた次のように言って世間の同情を求めた。「ボールドウィンが悪人扱いされては、かわいそうです。好きこのんでこんなことをしたわけじゃないんですから」(11)

オズボーンは、大学の支援を受けて自らが立役者となり、ボールドウィンの弁護士料や医療費を支払うための私設基金を設立した。さらに大学は、NCAAの許可を受けてボールドウィンの医療費を大学から直接支払えるように手続きをとった。それだけでなく、スポーツ学科は、NCAA規約内でボールドウィンの家族がネブラスカ州にやって来るための旅費を肩代わりすることに成功した。さらには、ボールドウィンが裁判待ちしている間、自分がボールドウィンの面倒をみたいというオズボーンの要請が判事に受け入れられて、ボールドウィンはオズボーンの自宅に引き取られた。

ボールドウィンに寄せられたこの大学ぐるみのサポートを目のあたりにして、警官の一人はNCAAに抗議の文書を送りつけた。この警官は、オズボーンの一連の行動を「目にあまる」とし、ボールドウィンの方こそ被害者だとたきつけるのは間違っていると主張した。この文書に応戦する形で、オズボーンは『デイリー・ネブラスカン』紙記者にこう話した。「あの警官と会って話をした後、これは大変だと思いました。なぜなら彼は、犯行を前もって計画して襲撃する犯罪者と、精神的な問題を抱えている普通の人とを区別できないらしいんですから。法の番人たる職についている人物が、病んでいる者が医師の治療を受けるのに文句をつけるというのは問題じゃありませんか。警官たる者がそのような考え方を持っていては、危険だと私は思います」(12)

そしてその後、オズボーンは警察署長に文書を送った。「署長に手紙を送っておいた方がいいと思ったのです。こういったことについて、署の警官と話し合ってみる機会があればと思いました」とオズボーンは言った。「他の警官も、あの〔抗議文書を送った〕警官と同じ考えを持っているなら、それは深刻な問題じゃないでしょうか」。オズボーンはさらに、『デイリー・ネブラスカン』の記者にこう告げた。「せっかく逮捕した者が釈放されるのを見るのは、警察にとっては確かに不服かもしれません。しかし、法の番人たる職についている人物は、容疑者の権利だって尊重すべきでしょう。それに、容疑者がどんな問題を抱えていたかも解明したいはずでしょう」(13)

この一連のオズボーンの言い分を真に受けるなら、当然次の問いかけが必要となってくるだろう。ボールドウィンがそこまで精神的に不安定だったなら、そもそも彼はフットボールチームで何をしていたのか。それでもボールドウィンは、弁護士を通して狂気を理由に無罪を認められた。これを受けてオズボーンは、毎春恒例の公開フットボールゲームの収益を被害者の医療費に充てると発表した。報道陣に向かってオズボーンはこう話した。「我々は、これが正しいことだと思うからするのです。それに、被害者とその家族に対する責任もあります。この二か月の間にあったまわりからの圧力とか、非難の声などに押されてするのだというわけではありません」(14)。被害者より自分のチームの選手である加害者の方に気を遣っていると、オズボーンは批判されていたのだった。このフットボールゲームは、被害者のために三万四千ドルの収益をあげた。

結局ボールドウィンは、狂気を理由にすべての罪状で無罪放免とされた。法廷命令により、一日二回リシアム剤を服用し、一週間に一回精神科医と面談するという条件で、大学に戻ることも許された。奨学金も継続され、外来患者としての診察も引き続き受けることができた。ところが、それから三か月とたたないうちに、ボールドウィンは再び騒ぎを起こしたのだ。一連の電話通報で、オマハ市の女性警官二人が騒ぎの現場にかけつけた。するとそこでは、全裸のボールドウィンがガラスのドアに体当たりしようとしていた。彼を取り押さえようともみ合いになり、警官が発砲した。撃たれたボールドウィンは、胸から下すべてが不随となった。

このボールドウィンを巡る一連の事件を振り返って、ピーターの件三件を扱った性犯罪担当検事は、次のように話した。「あのときは、大学とコーチ陣のサポートが非常に大きかったですね。オズボーンは、〔ボールドウィンに〕付き添ってやって来たりと、助力を惜しみませんでした」。警察署の一人もこう話した。「私自身、大学側がどれだけスコット・ボールドウィンのために仲介したか、この目で見ました。こういうこともあるのかと、びっくりしましたね」

▼ステップ3　チームとしての処分を決める

クィーベンホウベンがピーターから被害を受けた一件でも、オズボーンがいて、第一級の弁護士がいて、ネブラスカ大学フットボールプログラムへの人々の絶大なる支援があったのだが、それはピーターの有罪判決を妨げるまではいかなかった。ピーターに有罪判決が下った以上、オズボーンとしても正式な処分をしないわけにはいかなくなった。チームの選手が法を犯したのだから、チームとしてなんらかの処分をしなければならない立場に立たされたのだ。そこでオズボーンは、毎年恒例の春の公開ゲームからピーターをはずすことにした。ところが、オズボーンのとった処置はそれだけだったのだ。以下のインタビュー録は九五年七月のものだが、それを見ると、オズボーンの独裁ぶりがよくわかる。第三級性暴力で有罪の確定した選手にはどのような処分が適切かは、オズボーンが全くの独断で決めたのだった。

質問　それ〔ピーターを春の公開ゲームからはずすという決断〕には、あなたも関与していたのですか、それとも、全くあなたの権限外で決められたことですか。

オズボーン　私が彼をはずさなかったとしたら、いったい誰がはずしたと言うんですか。おかしな質問ですね。

質問　スポーツ学科もその決定に関与していたのですか、それとも、それは全くあなた一人で……〔中途でさえぎられる〕

オズボーン　私が決めたに決まってるじゃないですか！

このやりとりからわかるように、選手の処分を最終的に決めるのはオズボーン一人なのだ。オズボーンがうんと言わない限り、チームとしての処分はありえない。彼の方針はこうだ。「本当に事件は深刻だと、私も心底納得できたら、もちろんチーム処分を考えますよ。通常、出場停止処分にしますね。永久に出場停止か、ゲーム一つ停止か、あるいはその中間かはいろいろですね」。ところが、オズボーンに出場停止処分が必要だと納得させるのは、容易なことではない。彼の以下の発言からもわかるように、彼は最後の最後まで選手の非を認めないのだ。「容疑者は有罪が確定するまでは無実だと、法律でも謳っています。それが私達のとる立場です」(15)。これは、ライリー・ワシントンが殺人未遂で起訴されていたときに、彼をまだチームに残しておくとオズボーンが決定し、それを弁護したときの発言だった。

ところがピーターの一件では、有罪が確定されていたのだ。「確かにクリスチャンは、法廷で性暴力の有罪判決を受けていたので、それを無視することはできないと思いました」とオズボーンは認めた。しかしながら、実はオズボーンはこの判決を信用していなかったのだ。そのことは、オズボーンがピーターに下した処分の軽さから伺われる。たった一つの、それも練習試合からはずしただけだったのだ。「彼は有罪とされましたが、本当に何が起こったかについては、まだまだ疑問が残っているんです。彼があんなことをしたかどうかについてさえ、全員一致でうんと言っているわけではありませんから。ですから、実際のところ、あの判決には疑問が残りますね」とオズボーンは言った。「あれは自分がやった、クリスチャンじゃなかったと言ってきた男さえいました」とオズボーンは言った。「ですから、我々は本当に正確に犯人を割り出したかどうかさえ、疑問です。被害者は、振返って見るとそこにクリスチャンが立っていたと言っている。しかし、それは本当にはっきりしたことじゃなかったはずです。誰も、実際に彼がそれをしたのを見てはいない。被害者でさえ、彼がするのを見たわけじゃなかったんですから。彼女は、誰かが後ろから股間を握ってきたことは知っている。それで振り返ったら、クリスチャンが立っていたと言うんですから。ところが、そこには大勢の人が立っていたんですよ」

ピーターは、クィーベンホウベンの訴えは人違いだと法廷で争うこともできた。しかし、彼はそれをしなかった。というのも、少なくとも一人はクィーベンホウベンに暴行したのはピーターだったと証言していたからだ。ところがオズボーンは、この証人の供述にもケチをつけた。「証人は彼女〔クィーベンホウベン〕の恋人だと思いますが、彼はフットボールチーム選手の選抜審査を受けて結局やめた人物じゃないでしょうか。それで、そのことを根にもってフットボールプログラムをよく思っていないんじゃないかと思います。それで、被害者と口裏を合わせて証言したとも考えられます」とオズボーンは言った。ピーターの弁護士ハル・アンダーソンも、被害者は「ネブラスカ大学フットボールをよく思っていない」男性と婚約していると公言した。ところが事実は、クィーベンホウベンと一緒にいて事件を目撃した男性は、フットボールチームの選抜審査など受けたことはなかった。それに、クィーベンホウベンは誰とも婚約などしたことはなかったのだ。

ピーターのもう一人の弁護士、ゲーリー・フォックスは、ピーターの有罪判決の意義を最小限にとどめようと次のように言い張った。「あの一件では、法廷で事実が確認されることはなかったのです。法廷では、原告の訴えが争われることがなかったので、彼の有罪が認められたままでです。したがって、ナタリーが神に誓ってした証言なども全くありませんでした。法律で禁じられている部分を触るという行為がなされ、彼はそれに有罪答弁をしました。その答弁をするにあたって、事実関係を明らかにしようとしましたが、そこで〔クリスチャンが〕言うには、『何が起こったか、自分では覚えていない。でも、そこにいた友人によると、僕は彼女に触ったらしい』ということです。ですから彼は、被害者の供述を一字一句すべて認めたか、といったら、答えは明らかにノーです」

オズボーンもこのフォックスの理屈を利用して、ピーターをあれ以上の出場停止処分にしなかったとみられる。「クリスチャン本人は、あの出来事は記憶にないと言っています」とオズボーンは言った。「ただ、法廷では争わないことにしただけです」。それでもオズボーンは、「チームとしての処分は必要だと思いましたし、するつもりでした。実際、彼を出場停止処分にしましたし。この件で彼に向けられた好奇の目や非難、マスコミの騒ぎなどを考えると、クリスチャンはもうかなりの代償を払っていたと言えますよ。彼のイメージを悪化させるようなあらゆる報道が、全米に向けてなされたわけですから。こういうことは、普通起こりませんよ。それに、彼が出場停止になったときはちょうど彼の両親が息子のプレーを見に来ていたときでしたからね」

▼ステップ4　人々を納得させる

毎週行われる記者会見で、オズボーンはフットボールコーチから容疑者の権利擁護者に早変わりすることがあるが、それをむしろ喜んでいるようである。「訴えを起こした者は、報道機関で言いたい放題言えることが多いんです。ところが訴えられた方は、何も言わないようにと弁護士からアドバイスされているのが普通です」とオズボーンは話した。「ですから、新聞なんかでは一方的な話になるんですよ。それではあんまりでしょう」。そこでオズボーンは、自分が一肌脱いで公平さを期そうというのだ。

クィーベンホウベンの一件については、「自分が正しいと思ったことをしたまでです」と強調して、幕を下ろした。しかし、オズボーンの容疑者権利擁護運動はまだ始まったばかりだった。九四年八月、キャシー・レッドモンドが、ピーターとネブラスカ大学を相手どって民事訴訟を起こした。レッドモンドは、クィーベンホウベンの件でのピーターの有罪確定に勇気づけられ、また、ピーターに強姦されたとする自分の訴えが退けられたことを不満として、この訴訟を起こしたのだった。折しもその次の月に、今度はフィリップスが逮捕されるという事件が起きた。ところが大学側はフィリップスを擁護して大学にとどめたので、レッドモンドの一件と相まって大学に非難の矛先が向けられることになった。

フィリップスの事件で、ピーターの有罪確定という事実の影が薄れたので、オズボーンは今度はフィリップスにフットボールを続けさせようと、まわりからの支援を得るのに奔走した。フィリップスは刑事訴訟で有罪判決を受けたのに、結局大学側は、フィリップスを停学処分にはしないことにしたのだ。それどころか、フィリップスが自分のとっている授業に毎回欠かさず出席することと、怒りをコントロールするためのカウンセリングコースを終了することを義務づけ、その期間中を保護観察処分としたのだった。「大学とフットボールプログラムは、敢えて難しい道を選んだと私は思っています」とオズボーンは、全米ネットワークを持つ新聞紙上で言っている。「彼を追放することは簡単です。しかし、この事件にはあらゆる要因がありました。その多くは、決して一般には公開されないような、いや、するべきではないような辛い事柄なのです。それをよく考えると、我々の選んだ道が正しい道だと思うのです」(16)

この道が確かに正しい道だと思った人は少なかった。しかし、ネブラスカ大学とネブラスカ州はこれをそのまま受け入れた。大学理事長のジョアン・レイツェルは、オズボーンの方針を支持する発言をした。「学内規律に照らした処分も、フットボールプログラムの立場からの制裁も、ともに決めるのが難しかったのです」とレイツェルは言った。「ローレンス・フィリップスに対する制裁は、質量とも適切だと思います。するべきことが決まっていて監督も行き届いた環境に置かれるわけですから」(17)。NCAAの秘書兼会計、フィリス・ハウレットも、オズボーンの裁断を信頼している旨を強調した。『USAトゥデイ』紙上で彼女はこう話している。「トム〔オズボーン〕の評判は非常に高いです。それが形だけのものであると考える理由は私にはありません。それに、彼の方が事情に詳しいでしょうし、それらを総合的に判断して今回の決定をしたのだと私は思っています」(18)

オズボーンの決定に反対した大学関係者らは、その反対意見を表明するのを差し控えた。フィリップスの暴力の被害に遭ったのはネブラスカ大学女子バスケットボールチームのケイト・マキューインだったが、チームコーチのアンジェラ・ベックは、涙を抑えながら新聞記者に次のように語った。「トムがあの決定をした以上、私は同じ大学の一員として、また、同じスポーツプログラムの一員として、トムの決定を尊重します」(19)。しかし翌日、ベックは次のように告白した。「あの決定のなされたいきさつについては、非常に不満が残りますね。もっと厳しいガイドラインがあればと思いました。でも私は、ここの大学の関係者として自分の言動をコントロールしなければなりません。私を私人として知る人は、私が本当はどう感じているかわかっていると思います。でも、所詮私のチームの関するところではないし、加害者は私の指導する選手でもありません。私の在学する大学でもありませんし」(20)

この決定を公に非難したのは、ネブラスカ大学の女性のためのグループのみだった。フィリップスのフットボールへの復帰の条件として、大学の授業に毎回出席しなければならないという制裁項目について、「大学の授業に出るということが、いったいいつから制裁と考えられるようになったのか」(21)とネブラスカ大学女性センター所長のジュディス・クリスは言った。また、女性団体幹部会の座長メアリー・マガービーは次のように言った。「問題は、人に暴行を加えるような学生が我々の大学の顔となっているということです。そんなことはお断りです」(22)。この女性団体幹部会は、学生行動規律の修正案を提出した。それは、暴力犯罪で有罪となった学生は、フットボールなどの課外活動を中止しなければならないという内容のものだった。ところが、大学の学生課副課長ジム・グリーセンは、その意図はわかるが、賛成しかねると話した。「事件にはそれぞれ特殊な事情があるので、一件一件個別に見ていくべきだと思います」(23)と彼はつけ加えた。

娘がネブラスカ大学に通っていて、ネブラスカ大学フットボール選手の刑事犯罪事件に詳しい人物は、犯罪者に奨学金を支給することに対して人々はなぜ反対の声を上げないのかを次のように説明した。「ネブラスカ州全域からこの大学に来ている人達、それに、他州から来ている人達も、大学のすることを信頼しているわけです。自分の子供が大学に行って初めて自宅以外のところに住む、という親もいることでしょう。ですから、大学は安全なところだというイメージを持ちたいわけです。大学ももちろん、キャンパスは安全だ、『うちの大学では学生を大事にします』と宣伝しますから」

ピーターがクィーベンホウベンにした暴行を、たいしたことではないとあしらったのと同様に、今回もオズボーンは、フィリップスの残虐行為を最小限に解釈し、ひいては彼に対する自分の寛大な処置を正当化しようと重箱の隅をつつくような操作をした。しかし、マキューーインがフィリップスから受けた暴行は、残虐極まるものだったのだ。

マキューーインはカンサス州出身で、フィリップスがリンカーン市にやって来て間もなく彼とつき合い始めた。ところがそれは、フィリップスがマキューーインに乱暴するという関係だった。フィリップスはことあるごとにマキューーインを殴っていたので、とうとう彼女は彼との関係を断ち切ることにした。九五年の夏、マキューーインは、スタンフォード大学から編入してきたスコット・フロストという学生とつき合い始めていた。フロストは、一年後にクウォーターバックとしてネブラスカ大学フットボールチームに入ることになっていた。マキューーインがフロストのアパートでテレビを見ていると、フィリップスがそこへ彼女を探しにやって来た。

フィリップスはフロストのアパートの表口から入ろうとしたがそれを拒まれたため、アパートの三階建てのビルの壁をよじ登り、最上階にあるフロストの部屋のバルコニーのガラス戸から無理やり押し入った。殺されると直感したマキューーインは、バスルームに逃げ込んだ。怒り狂ったフィリップスは彼女を追ってバスルームに入って来て、彼女につかみかかり、「おまえ、なんで俺に嘘ついた！」(24)と怒鳴った。フィリップスはマキューーインをバスルームからリビングルームへ引きずり出し、容赦なく殴り始めた。

「フットボールはどうなるんだ、ローレンス？」とフロストは叫びながらフィリップスを止めようとしたが、無駄だった。「フットボールはどうなるんだ？」(25)。フロストは、フィリップスがマキューーインとこじれていることをオズボーンから聞いて知っていた。そして、金輪際マキューーインに近づかないこと、近づいてまた何かあったらフットボールチームから追放される、とフィリップスが警告されていたことも知っていた。

しかしフィリップスはフロストを無視してマキューーインを殴り続け、挙げ句の果てには彼女の髪の毛をつかんで三階から一階のロビーまで階段を引きずり降ろした。そして、彼女の頭をロビーの壁にたたきつけたのだ。マキューーインの髪と上着は血みどろになった。騒ぎを聞きつけて大勢の女子学生とアパートの管理人、それに二人の男性がロビーにかけつけたので、フィリップスはやっとマキューーインを離した。マキューーインは病院へかつぎ込まれて、頭を縫った。そして、その他の部位にできたあらゆる傷の手当てを受けた。

九六年度シーズンの後刊行された『ゆるぎない基盤の上で』という自著の中で、オズボーンはこの暴行を次のように描いている。「それからローレンスは、彼女を三階から一階まで引きずり降ろした。

彼女の髪の毛をつかんでいたが、ときには上着もつかんだ。二人が一階に着いたとき、スコットがローレンスを被害者から引き離そうとした。（中略）ローレンスが〔マキューインを助け出そうとしていた二人の男性から〕マキューインを引き離したとき、マキューインは頭を壁にぶつけた。そのときかいつかははっきりしないが、マキューインの後頭部が切れた。それでローレンスは少し気がそがれ、その隙にスコットとマシューがマキューインを近くのアパートに避難させた。そのときローレンスは腹立ち紛れに郵便受けを殴りつけ、両手にひどい切り傷を負った」

マキューインの怪我のひどさを歪曲してあたかも軽傷だったかのように、オズボーンはこう書き続ける。「被害者は後頭部を数針縫った。階段を引きずり降ろされたときに、あざや擦り傷もできた。彼女の上着は破れ、血にまみれていたので、そのアパートの住人の一人に処分してもらった。被害者は病院で手当てを受け、間もなく退院したが、この出来事から受けたショックは無論大きかっただろう」

郵便受けの近くで起こった暴行の一部を目撃したサンディー・ウォームは、こう言った。「私は、ローレンス・フィリップスが被害者の頭を何度も壁にたたきつけているのを見ました」。ところが、オズボーンはこう書いている。「〔ウォームは〕ローレンスが〔マキューインの〕頭をつかんで壁際に立っていたのを見ただけで、壁と宙の間を行ったり来たりする動作は見なかったと後に明らかになった」

フィリップスがマキューインに加えた暴行の残虐さを最低限に抑えて伝ようとするオズボーンの努力は、愚の骨頂だ。そのばかさ加減は、一九九六年八月にさらに暴露されることになる。オズボーンの本が出版されてから二か月とたたない八月一六日に、マキューインはカンサス州ジャクソン郡の巡回裁判所で訴訟を起こした。それによって、フィリップスの度を越した暴力性向の全容が明らかとなる。それは彼がネブラスカ大学在学中には全く咎められることのなかったものだった。訴訟は当初、非公開という取り決めで始められたが、ウィリアム・マウアー判事は訴訟内容を一時的に公開し、『カンサス・シティー・スター』紙がその写しを手に入れた。スター紙は、マキューーインの訴訟内容から次の抜粋を報道した(26)。

＊九四年一〇月、「フィリップスは、マキューーインの頭を思い切り壁にたたきつけ、壁をへこませた。そして、彼女の首を締め、フィリップスのアパートから出ようとする彼女を力づくで押し止めた」

＊九五年四月、「フィリップスはマキューーインに、自分以外の男とつき合っているのかと聞き、次のように言って脅した。『まずおまえの両膝頭を撃ち抜いて、それから両ひじを撃ち抜いてやる。そうやって思い知らせてやるのが、ロサンジェルスのギャングスタイルさ』」

＊九五年五月一〇日、「フィリップスはマキューーインの車のタイヤを切り裂き、こうやって殺してやると脅した。これは、フィリップスがマキューーインに水を一杯持って来いと要求し、マキューーインが自分で持って来てと返事をした後で起こった」

＊九五年八月二四日、「マキューーインは、酔ったフィリップスを車でアパートまで送ってやることを承諾した。アパートに着くと、フィリップスはマキューーインを帰さず、そこで彼女に性暴力をふるった」

＊九五年九月一〇日、「友人宅にいたマキューーインに、フィリップスは殴る蹴るの暴行を加えた。

そして、彼女の髪をわしづかみにして三階から一階まで引きずり降ろし、壁に頭をたたきつけた、とマキューインは訴えている」

スター紙がこの報道をして間もなく、フィリップスの弁護士たちは、訴訟を巡回裁判所からカンサス・シティーにある連邦裁判所へ移すことに成功した。九月一七、一八、一九日と非公開審理を行った後、連邦地方裁判所判事ブルック・バートレットは、訴訟を非公開として継続することを認めなかった。「一人の人間が他の人間に対して、フィリップスが彼女にしたと訴えられているような仕打ちをすることは許されません」とバートレットは言った。「更に、このような行為をのさばらせておくような場所は、大学の名に値しません。（中略）この件は、ネブラスカ大学の実情にメスを入れるきっかけとなるべきです。あの大学の目的は、いったい何なのでしょうか。フットボールチームから収益を上げることですか。それとも、学生が公平で正当な方針の下で教育が受けられ、他の学生から身の安全を脅かされることのないような安全な環境を提供することですか。そして、法外な行為がなされたときには、その時点で――今回の件でそれがなされたと結論しているわけではありませんが、そういう行為がなされたときには――大学は被害者に対して、義務があるのです。それは、被害に拍車がかからぬように、被害者が更に手痛い目にあうことのないように取り計らうこと、そして、加害者をこそ痛い目にあわせて高い代償を払わせるようにすることです」(27)

バートレットの審判の下ったすぐ後で、フィリップスはマキューインと非公開の示談を成立させた。バートレットの発言に対して、オズボーンは次のように応答した。「私はこの大学で何が起こったか

を知っています。それに対して私達のしたことで、謝罪する気は全くありません」(28)

▼常習犯を生むサポートシステム

犯罪行為に走る性向のある若者、特に女性に対して暴力行為を犯す性向のある者は、利益目的の大学スポーツプログラムには無用である。大学スポーツを取り巻く環境は、選手を常習犯化しこそすれ、改心を促しはしない。「何かがある行動を抑止する働きをするには、その何かを考えると、暴走しようとする者が二の足を踏むという効果がなければならない」とノースウェスタン大学の法律学者ポール・ロビンソン教授は書いている。「しかしもっと重要な点は、その抑止物となる何かは、捕まって罰せられるかもしれないという本物の危機感を思い起こさせるべきだということだ」(29)。犯罪に当たる暴力行為を犯すスポーツ選手を、再三にわたって処罰から免除することは、彼らの暴力性向を助長するだけだ。コーチ達が、法の裁きなどどこ吹く風と選手たちの奨学金を継続させることは、スポーツプログラムの利益にはなってもその選手の利益にはならない。しかも、そういったことを許す大学や地域社会が、結果的に不利益を被ることになるのだ。

ネブラスカ大学フットボールチームが二年連続全米制覇を果たしてからほんの数日後、ローレンス・フィリップスは、ピーターと共に大学をやめてNFLでプレイすることを発表した。フィリップスもピーターもネブラスカ大学を中退し、その後二人とも夏の始まる前に逮捕された。三月二日、ピーターは、フットボール関係者の晩餐会の後で、二十一歳のジャネール・ミューズにバーで暴力行為を働いた。その時ピーターは、法廷でもお馴染みのジェイソン・ジェンキンズとレジー・ボールと一緒だったということだ。ピーターはミューズの首を摑んでわいせつな言葉を怒鳴り散らした。ピーターはこの件で有罪を認め、十日間の刑務所入りを言い渡された。この刑に不服を申し立てたが却下され、九六年八月二二日、ピーターはネブラスカ州立刑務所で服役を始めた。

一方フィリップスは、九六年六月一三日にカリフォルニア州の高速道路で逮捕された。フィリップスがタイヤの一つパンクした金色のメルセデス・ベンツを時速八十マイルで運転しているのを、パトロール中の警官が止めたのだった。その時、フィリップスの血液中アルコール濃度は、カリフォルニア州法の定める運転許可最大濃度の二倍にのぼる値だった。

オズボーンの擁護した選手たちのトラブルは続く。九七年二月二四日には、既にグリーン・ベイ・パッカーズの一員となっていたタイロン・ウィリアムズが、ネブラスカ州の刑務所で六か月の服役を始めた。これは、彼がネブラスカ大学三年生のときに起こした銃撃事件の結末だった。また、セントルイス・ラムの一員となったローレンス・フィリップスは、九六年一二月に、先のカリフォルニアでの飲酒運転を全面的に認めた。そしてそれから二か月とたたない九七年二月一六日、今度はネブラスカ州オマハのホテルで、治安紊乱行為で逮捕された。逮捕されてから四日後には、フィリップスと、彼のネブラスカ大学時代のチームメイト、クリントン・チャイルズを相手どった訴訟が起こされた。訴えたのはリサ・ベイトマンとその恋人アーサー・ストールワースで、二人はフィリップスが逮捕されたときにホテルにいたのだった。訴えによると、二人はフィリップスとチャイルズから殴られた上に、不法に閉じ込められたとしていた。また、ベイトマンが起こした訴訟では、フィリップスが彼女の性器などを手やシャンペンのびんで触ったと訴えていた(30)。更に九七年二月二〇日には、セントルイス警察署がフィリップスを御用としていた。容疑は物損事故を起こして逃走し、しかもそのときは免許停止処分を受けていたにもかかわらず車を運転していた、というものだった。この免許停止処分は、フィリップスの起こしたもう一つの物損事故及び逃走事件に対する処分だった。この事件では、フィリップスは一月下旬に自宅付近にあるフォレストヒルズ・カントリークラブ入り口の柱に、運転していたハム・ビーで衝突した(31)。更に九七年三月一一日には、三十日の刑務所入りを言い渡された。これは、ケイト・マキューインに対する暴力事件で、ネブラスカ州から言い渡されていた保護観察処分の条項に従わなかったためだった。九七年二月には、ネブラスカ大学理事会がキャシー・レッドモンドと示談を成立させた。レッドモンドは、クリスチャン・ピーターに強姦されたと訴え、ピーターと大学を相手どって民事訴訟を起こしていたのだった。一方ピーターは、ミューズに暴力行為を働いた件でネブラスカ州での短期間の服役を終え、九六年の暮れにニューヨーク・ジャイアンツと契約した。

トム・オズボーンの発言が正義感に溢れているように聞こえても、犯罪を犯した選手を再三にわたって擁護し選手名簿に留めておくという彼のやり方は、言語道断だ。女性に暴力をふるい、その他もろもろの暴力犯罪を犯す凶漢を、これほど多くの市民が支援はおろか応援までするというのは、スポーツ界以外では考えられないシナリオではないか。ところがオズボーンは、コーチという地位を利用して選手の反社会的な行動を弁護していながら、厳しい批判や深刻な進退問題にさらされることもない。強姦、殴る蹴るの暴行、それに銃器使用の絡む犯罪を犯した選手に毅然とした処罰を与えないこういったコーチ陣の姿勢に迎合している大学側も、コーチと同罪に等しい。

註

（1）"O. J's Lawyer Tells How to Use Media," *USA* August 1, 1994, p. 11A.
（2）*SI*, January 23, 1995, p. 14.
（3）Phil Mushnick, "Tom Foolery: Nebraska's Good-guy Image Is Just a Sham," *New York Post*, January 6, 1994.
（4）Tom Weir, "Significance of Phillips Call Lost on Nebraska," *USA*, November 2, 1995, p. 12C. なお、次の文献も参照のこと。Filip Bondy, "The Other Side of Husker Glory," *New York Daily News*, January 8, 1995.
（5）ネブラスカ大学フットボール選手の逮捕と、それに応じるオズボーンコーチの行動とコメントは、以下の新聞記事で報道されている。George Vescey, "Why Can't Champions Stay Clean?" *NYT*, September 12, 1995; Malcolm Moran, "Nebraska Is Reeling after Arrest of Running Backs," *NYT*, September 12, 1995; Malcolm Moran, "Nebraska Allows Phillips to Return," *NYT*, October 25, 1995,p. B14; Ira Berkow, "Huskers Hardly Shun the Easy Way Out," *NYT*, October 26, 1995; and Malcolm Moran, "Osborne Says Decision on Phillips Was Simple," *NYT*, October 27, 1995, p. B18.
（6）Lee Berfknecht and James Allen Flanery, "NU Football Endures Off-field Scrutiny," *Omaha World-Herald*, February 4, 1995, p. 39.
（7）Moran, "Osborne Says Decision Was Simple."
（8）Moran, "Nebraska Allows Phillips."
（9）トム・オズボーンについて書かれた文献と、彼自身の書いた文献のすべてを筆者は集めた。加えて、一九九五年七月一一日に筆者はオズボーンをインタビューした。更に、九五年六月一四日と八月八日に、筆者はオズボーンから書面を受け取っている。筆者とオズボーンとのやりとりはすべて、九五年九月一〇日、フィリップスが逮捕される前に交わされていたということに注意されたい。ネブラスカ大学フットボールプログラムがマスコミの注目を集めるようになったのは、このフィリップス逮捕事件の後だったのだ。自著『ゆるぎない基盤の上で』の中でオズボーンは、筆者が彼にインタビューしたのは九六年一一月だと書き、インタビューの途中で筆者を報道関係者だと勘ぐった彼はにわかにインタビューを中止したと書いている。このどちらも事実に反している。
（10）Michael Farber, "Coach and Jury," *SI*, September 18, 1995, p. 32.
（11）Chuck Green, "Coach Says Sate Won't Pay Legal Fees," *Daily Nebraskan*, 91, no. 115: 1.
（12）Chuck Green, "Police Officer Protests Baldwin Case Funding," *Daily Nebraskan*, 91, no. 144: 1.

(13) Ibid.
(14) Paul Hammel, "N.U. Game to Become a Benefit," *Ohama World-Herald*, April 14, 1992, p. 1.
(15) *Boston Herald*, August 29, 1995, p. 60.
(16) Moran, "Nebraska Allows Phillips."
(17) Ibid.
(18) Steve Wieberg and Jack Carey, "Reinstatement of Huskers' Star Renews Debate," *USA*, October 26, 1995, p. 2C.
(19) Moran, "Nebraska Allows Phillips."
(20) Steve Wieberg, "Osborne Taking Heat for Phillips Move," *USA*, October 25, 1995, p. 8C.
(21) Moran, "Nebraska Allows Phillips."
(22) AP, October 29, 1995.
(23) Ibid.
(24) Osborne, *On Solid Ground*, p.98.
(25) Tom Junod, "What If Tom Was One of Us ?" *Gentlemen's Quarterly*, October 1996, p. 224.
(26) Joe Lambe, "Phillips Sued for Assault," *Kansas City Star*, September 4, 1996, p. D1.
(27) Tom Jackman, "Phillips and Ex-girlfriend Settle Lawsuit," *Kansas City Star*, September 26, 1996, p. D1.
(28) AP, September 26,1996.
(29) Paul H. Robinson, "Moral Credibility and Crime,"*Atlantic Monthly* 275, no.3 (March 1995): 72.
(30) Shannon Querry, "Rams' Phillips Faces Lawsuits," AP, February 19, 1997.
(31) "Rams Running Back Faces New Problems with Traffic Accident," AP, February 21, 1997.

8章　正義の代償

普通の強姦では、懲役三年半です。ところが被害者の方は、終身刑です。

——ユナイテッド・ウェイ公共サービスからの発表より

▼マイク・タイソンによる強姦事件

一九九二年に、デジレイ・ワシントン強姦の罪でマイク・タイソンに有罪判決が下されたのは、刑事訴訟では稀な一件だった。顔見知りの男性に強姦されたと訴える女性の言うことを、陪審員たちはなかなか信じないからだ。しかも、その顔見知りの男性がスポーツ選手となると、強姦の「ご」の字も聞いたことはないと言っていいくらいだ。タイソンは、強姦で有罪判決を受け刑務所入りした数少ないスポーツ選手のうちで、最も名の知られた人物である。

法廷でのワシントンの勝訴は、顔見知りの有名スポーツ選手に強姦された他の被害者をも勇気づける朗報かに見える。ところが現実には、それとは反対の空恐ろしいメッセージが被害者たちに送られたのだ。それは、タイソン有罪判決の後にワシントンのなめた屈辱が物語っている。スポーツ選手は有罪判決を受けても、かつての富や名声を後に容易に築き直す。そしてまた法を犯すのだ。一方被害者の方は、その一挙一動が問題視され、その人物像が判決の後も延々と攻撃され続ける。

ワシントンの場合、タイソンが服役中の三年間ずっと、タイソンの控訴担当弁護士アラン・ダーショウィッツに中傷され続けた。そして、自分の評判が地に落ちていくのをただ黙って見ているしか対応する術を知らなかった。一方タイソンは、一九九五年に出所するとただちにプロボクシングに復帰し、復帰後初マッチで四千万ドルを稼いだと報告されている。また、ストリップバーへも再び頻繁に足を運ぶようになり、出所後一年とたたないうちに女性に暴力をふるったとして警察に通報されている。

一九九一年七月二〇日午前三時三十分、デジレイ・ワシントンはインディアナポリスにあるメソディスト病院の救急課に現れ、強姦されたと訴えた。当直医のトマス・リチャードソンが彼女を診察した。ワシントンが病院にやって来た時には、その強姦から二十四時間以上たっていたので、爪でひっかかれて剥がれた皮膚を集めたり、残された陰毛を探したり、膣内の洗浄をしたりといった通常の処置は意味がないとリチャードソン医師は判断した。そういった処置で強姦の証拠が集められるとは、その時点では思えなかったからだ。その代わりにリチャードソン医師は、ワシントンの膣口を直に診察した。これは、ワシントンにとっては苦痛であったが、決め手となる非常に重要な診察であった。診察の結果リチャードソン医師は、膣口に擦り傷を二つ見つけた。両方とも幅〇・八インチ、長さ八分の三インチの傷であった。続いてリチャードソン医師が、膣内に傷があるかどうか見るために膣鏡を挿入しようとしたとき、ワシントンは痛みに耐えかねて身をくねらせた。リチャードソン医師はこれまでに膣内を診察した経験を二千以上持ち、そのなかに強姦の被害者も幾人かいて、ワシントンの苦痛は十分承知していた。そこで、綿密に膣内を調べるのは差し控えた。その後警察は、強姦のあった夜ワシントンのはいていたパンティーを回収したが、そのパンティーの二箇所に血痕があり、それはリチャードソン医師の見つけた擦り傷の位置と一致していた。

リチャードソン医師は、ワシントンに妊娠と性病の可能性について話した。それから、ワシントンが淋病に感染するのを防ぐために、抗生物質の注射をした。さらにリチャードソン医師は、HIVに感染していないかどうかのテストを受けるようにとワシントンに勧めた。診察を終えると、リチャードソン医師は診察結果を記録して、インディアナポリス警察署の性犯罪課に報告した。

性犯罪においては、その犯罪を直接知っているのは、通常被害者と加害者のみだ。ということは、第三者の証人はいないわけで、その場合には、被害者の訴えを裏付ける医師の診察結果がこの上なく重要になってくる。女性の秘部に残されたあざや出血といった外傷の記録はなくてはならないものだが、その記録をとってもらうためには、被害者は自分の秘部を診察されるという恥ずかしい思いをしなければならない。それも、性暴力を受けたそのすぐ後にだ。加害者が被害者の親戚だったり、社会的に名の聞こえた人物であったりした場合には、被害者は自責の念にかられたり、頭の中が混乱したりして、強姦されたことを報告するのを思いとどまることが多い。それでも、やっとの思いで覚悟を決めて訴え出たときには、体に残された暴力の証拠はなくなっているのだ。

「被害に遭った女性は自分を責め続けるので、その間に時間がたち、体に残された精液の跡は消え、ベッドのシーツは洗濯され、傷も治り、あざも消えてしまうのです」とグレッグ・ギャリソンは話した。ギャリソンは、ワシントンがタイソンを相手どって起こした刑事訴訟の訴追検事だった。スポーツ選手が強姦者の場合は、「女性はなおいっそう自責の念にかられますね。スポーツ選手にのこのこついて行くなんて、自分はなんてバカなんだろう、それだけならまだしも、この男の目的は自分の体だけだったんだってことがわからなかったなんて、本当にバカだった、と自分を責め続けるわけです。ワシントンはこうして非常に悩んだのです」とギャリソンは説明した。その後調査員たちは、タイソンから暴行を受けたと訴える女性が他にも多数いることを知り、彼女たちの訴えはワシントンの訴えに酷似していることもわかった。ところがこの女性たちは、信じてもらえないことや報復されることを恐れて、タイソンの暴行を報告しなかったのだ。

七月二二日、ワシントンの診察結果報告書がトミー・カズミックの机に届いた。カズミックは、インディアナポリス警察署の性犯罪調査官だった。リチャードソン医師の報告書を読み終えると、カズミックは、マイク・タイソンに対する苦情をワシントンから聞くのはこれが最初で最後だろうと思った。強姦の被害者のほとんどはその手当を受けた後、警察に訴え出るという次のステップを踏むことはなかなかないということを、彼は経験上知っていたからだ。性暴力の被害に遭った女性たちは、ただでさえショックを受けているのだから、その事件をあえて公にすることを当然ながらいやがる。タイソンほどの地位のスポーツ選手を正式に訴えることで、ワシントンはマスコミの注目をいやというほど浴びることになるのだ。「スポーツ選手を巡る事件は、センセーショナルに報道される傾向があります。それは、被害者よりスポーツ選手の方にまず打撃を与えます」とギャリソンは言った。ところが弁護側は、スポーツ選手に有利なようにマスコミを操るのだ。「これは、いつの時代にもあった人格攻撃ってやつですよ」とギャリソンは説明する。有名人に強姦された女性は、正義を追求しようとするとこの人格攻撃に遭うという危険を伴うのだ。

しかし、ワシントンはカズミックを驚かせた。彼がワシントンの診断書に目を通した次の日に、ワシントンから電話があり、正式に訴える手続きをしたいから会いに来ると言ってきたのだ。ワシントンは両親に付き添われて警察署にやって来て、カズミックに事件のいきさつを話した。ワシントンがその三十分の陳述を終えると、マリオン郡検事のジェフリー・モディセットがカズミックに単刀直入に尋ねた。「きみは、どう思うね」

「タイソンはやったんですよ」とカズミックは自信満々に答えた。この断固とした答えに、モディセットもやはりそうかもしれないと思った。カズミックは、性暴力の被害者、加害者をともにインタビューした経験が豊富なので、彼の判断なら間違いないと思ったのだ。「彼女なら、証人として最高でしょう」とカズミックは続けた。「頭は切れるし、はきはきと表現力も豊かだし、見た目も美しい。ということは、彼女を見ていて嫌な気はしないし、言っていることはよく理解できるし、彼女の言うことなら信用できる、ということになるのです。人前で話す訓練を受けていますから、証人台に上ってパニックに陥るようなことはないでしょう。彼女はそこに毅然として立って、何が起こったのかをはっきりと話すはずです。途中で投げ出すようなこともないでしょう。彼女の言うことは信用できます。事実に違いないでしょう」

「勝てるかね」とモディセットは聞いた。「勝算は、私が今まで起訴したケースと同じくらいありますよ。勝算がなければ起訴はしません」とカズミックは答えた。

顔見知りに強姦されたとするケースは、社会的に誤解されていることが多く、一般にはその誤解すら知られていない。そしてそれを弁護側は被告に有利なように利用して弁護をする。加害者はこう言った、被害者はああ言ったというすれ違いのやりとりを聞いて、陪審員たちが被告は有罪であると確信できるかどうか、検察側は疑問を持つのが普通である。陪審員たちが、被害者にどういうイメージを持つかの方が、顔見知りの女性を男性が力づくで犯すということがどういうことまで含むのかという微妙な議論よりずっと判決に影響するのだ。インディアナポリスに住む陪審員たちは、顔見知りに強姦されたという典型的な事件に挑むだけではない。被告は、女性に絶大な人気を誇るマイク・タイソンで、こういう主張を持ち出してくるに決まっているのだ。「俺にはいやというほど女が寄ってくるんだ。その中からよりどりみどり、どんな女でも選べるわけだ。その俺がどうしてわざわざ強姦なんかする必要があるんだ」

検察側が躊躇するのも頷ける。ワシントンの訴訟の陪審員の一人マイケル・ウェティッグは次のように言ってこの検察側の反応を裏付けた。ウェティッグはコンピューター技師で、熱心なスポーツファンだった。ワシントンの訴訟で陪審員を務めるまで、顔見知りに強姦されるという事件が多いことは全く知らなかった。「この訴訟のときまで、顔見知りによる強姦というのはあまり聞いたことがありませんでした」とウェティッグは言った。「全く面識のない男に街頭で強姦されたという話はよく新聞で読むけど、顔見知りに強姦されたという話はあまり聞きませんね」

カズミックの思った通り、法廷でのワシントンは立派だった。陪審員たちは彼女を魅力的に感じ、彼女の言うことには説得力があると思った。ワシントンが証言する段になって法廷に入ってきた瞬間から、陪審員たちの目は彼女に釘付けになった。その細身の百二ポンドの体は、ほんの数フィート離れて座っていたタイソンの厚みのある二百六十ポンドの体と全く対照的だった。ワシントンは見た目に「かわいらしかったね」とウェティッグは言った。「それにとても頭がよかった。彼女はセックスするためだけにパーティーに行くようなタイプだとは思えなかった。彼女の立ち居振る舞いや話しぶりからは、すれているようには全く見えなかったね」

陪審員たちがワシントンの立ち居振る舞いに心から好感を持ったのは事実だが、彼等がタイソン有罪と確信したのは、ワシントンの語った事件の生々しい描写を聞いたからだった。一九九一年七月一九日、カンタベリーホテルの六〇六号スウィートで何が起こったのかを、ワシントンは次のように語った。「彼は自分の手を私の股間に押し込んできました。指を私の膣の中に入れてきたのです」と彼女は始めた。タイソンが彼女を見つめていた。「彼は私の両足をつかんで、私を逆さに持ち上げました。そして私のお尻の穴から膣に向かってなめまわしたのです。それから、自分のペニスを引っぱり出して露出させ、それを私の膣に押し込みました」

タイソンは、この残虐行為を終えてワシントンを離した後に何と言ったのかとギャリソンが尋ねると、ワシントンはこう答えた。「『おまえはまだ赤子だな。ほんの赤ん坊じゃないか。えんえん泣いてばかりいる赤ん坊だよ。おれがでかいんで、おまえは怯えてめそめそしてるんだろう』」

ウェティッグはワシントンの証言に感服して、彼女を「勇者」と呼んだ。後にギャリソンもこう言った。「法で裁くときに必要とされることを臆せずに言う、という肝っ玉と勇気を、彼女は備えていたんです。彼女ほど勇気のない子供だったら、ふにゃふにゃとくじけてしまったことでしょう。安いトランプゲーム用テーブルのようにね。いやそれ以前に、彼女ほど勇気がなかったら、最初から訴訟にまで持ち込まなかったでしょう」

恥ずかしくて答えにくい質問にも動ぜず、的を射た正確な応答のできるワシントンを予期してか、タイソンの弁護側は、法廷でワシントンがタイソンに不利な証言をしないようにと裏工作に出た。公判が今にも始まろうというときに、ワシントンは示談を持ちかけられたのだ。その内容は、訴えを取り下げ示談に応じることを条件に、百万ドルをワシントンに支払うというものだった。こういった弁護側の戦略は稀ではない。暴力犯罪で訴えられたスポーツ選手はお金がある。それに、刑事訴訟にもっていかれると自分たちの常軌を逸したライフスタイルが暴露されるので、訴訟はなんとしてでも避けたいのだ。九五年には、性暴力の被害に遭った十七歳の女性が、ダラス・カウボーイズのエリック

・ウィリアムズとの示談に応じている。ウィリアムズは彼女に非公開額の示談金を支払い、彼女が陪審員たちの前で証言するのを食い止めた。九四年には、ネブラスカ大学フットボールチームのジェイソン・ジェンキンズが、同大学生被害者に二万五千ドルを支払って、彼に不利な証言をしないように話をつけている。そして、シンシナティ・ベンガルズの十人もの選手が、ビクトリア・アレクサンダーへの口止め料を支払っている。それは、事件が妻に知られたり、報道されたりするのを恐れてのことだった。

ところがワシントンは、タイソンからお金を受け取るより、刑事訴訟で正義を貫くことを選んだ。ワシントンは既に、あの悪夢のような強姦に遭い、その辛い検査も受け、警察にも正式に報告し、陪審員たちの前でも証言するという容易でないステップをこなしてきたわけだが、今度は公開法廷でタイソンに対峙しようというのだ。この決断は、自分をまたいちだんとさらけ出すことを意味した。「法廷には、足を広げた女性の膣口の拡大写真が掲げてありました。その写真は陪審員たちの目の前に二日間置かれていたのです」とウェティッグは話した。「他の男がいる前でそれを二日間も見てられませんよ」

陪審員や一般大衆を前にして、強姦の悪夢を再び思い起こさなければならないという残酷なプロセスに敢えて身を投じることで、ワシントンは逆にタイソンを追い詰めることができた。それは、訴えられたスポーツ選手がめったに経験しないことだった。すなわち、真実のみを語ると神の前で宣誓してから、女性に対する自分たちの態度や行為を明らかにしなければならないのだ。スポーツ選手が強姦で有罪になる確率は極めて低いが、その最大の要因は、スポーツ選手の女性に対する歪んだ考え方が知られていないということだ。陪審員がそれを聞かされる機会はほとんどないのだ。被告のスポーツ選手の言い分は、原告とはあくまでも合意の上で性交渉を持ったというもので、それより一歩踏み込んで、宣誓下で証言するようなことはめったにない。というのも、高額で雇われている弁護士たちがこれでもかこれでもかと被害者の人物像をこきおろすので、被害者はくじけて訴訟をそこまで進めることができないからだ。しかし今回の訴訟では、ワシントンは自分の評判を落とすことなく証言台から降りることができた。

「現場の証拠や、専門家の証言、アリバイ、あるいは人物像から断固として挙げられる証拠など、タイソンには何もなかったわけです。そういう場合には、タイソン自身が証言台に立つほかないでしょう」とギャリソンは言った。「どんな暴力犯罪の裁判でも、陪審員たちは［被告の］目を見て、嘘をついているのか真実を語っているのかを判断します。陪審員たちに被告の目を見るチャンスを与えなかったら、彼等はきっとこう判断するでしょう。『今まで聞いたことはすべて原告の言うことをサポートしている。そうであれば、被告を有罪にするしかないだろう。証拠はすべて原告の言うことを裏付けているんだから』」

「タイソンは、宿なしの酔っ払いを切り刻んで殺したモーティマー・ファッドのように、そこにただ呆然と座っている、ということはないはずです。岩のようにただそこにいるだけ、というわけにはいかないんですから」

タイソンは、女性をのべつまくなしに獲物にするということを臆面もなく認め、それが彼にとっては致命傷となった。「タイソンには、これといって何も目的はなかったんです」とウェティッグは結論した。「彼は他にもたくさんの女性と寝てきて、みんな喜んでたんです。だから、ワシントンも喜ばないはずはない、とこう思ったんでしょうね。今までがみんなこうだったから、女性はみんなこうだと思い込んでしまうんでしょう。毎晩違う女性と寝ていて、その誰もが喜んで体を開く。だからタイソンは、自分では強姦なんかしてないと思っていたのかもしれません。でも、相手の女性がやめてと言って抵抗したら、彼は強姦罪で有罪ですよ。彼自身が認めようと認めまいとね」

陪審員たちは、全員一致で有罪判決を下した。その審議には十時間もかからなかった。「男性は全員、迷うことなく有罪の判断を下しましたね、最初の意見表明でね」とウェティッグは言った。「四人の女性の口から最初に出た言葉は、『私だったら最初から、夜中に男性のホテルの部屋へついて行ったりなんかしないわ』。でも、私たち全員、ワシントンの言うことは信用できると思いました。審議の最中に議論となったことは、彼女に向けられていたのではなくて、タイソンに向けられていました。私たちは全員、タイソンは有罪だと確信したのです。彼が証言台に立ったとき、私はやつはやったんだと思いました」

▼被害者への人格攻撃

一九九二年三月二五日、ハーバード大学法学教授のアラン・ダーショウィッツが、十二に及ぶ項目についてインディアナ州裁判所に控訴した。その日は、パトリシア・ギフォード判事がタイソンに懲役六年の刑を言い渡す前日であった。タイソンは、これまで弁護士料に約二百万ドルを費やしていたとされ、そこまでしたならあと数百万も同じだとばかりに、金に糸目をつけずになんとしてでも有罪判決を覆えす意気込みだった。ダーショウィッツを担ぎ出したことで、タイソンはワシントンに報復できることになる。ワシントンは、タイソンの責任を最後まで追及したことで、多大な代償を払わせられることになったのだ。法廷に自ら現れてタイソンの弁護をする以前に、ダーショウィッツはワシントンの信頼性を切り崩していった。

「私が最初からタイソンの弁護をしていたら、グルーピーという現象に焦点を当てて争いましたね。そして、デジレイ・ワシントンはグルーピーであったと結論したと思います」とダーショウィッツは話した。彼は、タイソンの最初の弁護団はワシントンの信頼性をもっと攻撃すべきだったと感じていた。「彼女がグルーピーのように振る舞ったのは確かでしょう。彼女の行動はグルーピーのようだったと言えるはずです。それに彼女は、グルーピーに慣れているスポーツ選手の部屋に午前三時に入っていくということがどういうことなのか、わかっていなければならなかったのです。自分はグルーピーではないということを、全く疑う余地なくはっきりと伝えておくべきだったのです。彼女は、それをしませんでした」

ワシントンは、公判にあたって自分のプライベートな部分をさらけ出すことを余儀なくされ、それをなんとか乗り越えたのだが、公判が終わった後で、自分の人格が正面から攻撃されることは予期していなかった。ダーショウィッツは、CNNからポルノ雑誌まで、あらゆるメディアを使ってワシントンを攻撃し始めた。彼の手口は、有名スポーツ選手を追いかける女性が一般的にどう思われているかを利用して、ワシントンは軽蔑に値するうそつき女だとでっち上げることだった。「私が感じるには、彼女は最初からセックスを糸口に、マイク・タイソンから一夜限りの関係以上のものをもぎ取ろうとしていたんだと思うのです」とダーショウィッツは言った。「それは何かというと、タイソンのお金です。最初からそれが目的だったんですよ。当初思った道筋からその金が得られなかったから、今度は強姦されたと叫び出したわけです」。ところが事実は、全く逆だった。訴訟を取り下げて示談に応じれば百万ドル渡す、とまで言われたワシントンは、それを断わったのだ。

メディアを自分の議論の舞台として、ダーショウィッツは攻撃の幅を広げていった。彼は、陪審員への指導が不適切であったとか、審議手続き上に間違いがあったとか、あってしかるべき課程がはずされていたなどと、憲法で保障されている条項にまで及んであら捜しをした。また彼は、ワシントンに当然あったであろう嘘をつく動機が、公判で陪審員たちにはっきり示されていなかったと主張した。こうしてワシントンの信頼性を公に攻撃すると、今度は彼の控訴書類に、陪審員たちはワシントンに関する重要な間接的証拠を知らされていなかったという主張を絡めた。この証拠が含まれていれば、陪審員たちはあるいは違った判決に到達したかもしれないと彼は書いたのだった。「陪審員たちは、あの部屋で何が起こったかは実は当事者の二人が証言したこととはかなり違っていたのだと結論したかもしれないのです」とダーショウィッツは話した。「例えばこういう結論です。彼女は彼とセックスしたくてたまらなかったというわけではないが、してもいいと思った。もしそれが、彼の友達なり、恋人なり、あるいは妻になるために必要なことならね。彼女は、一度もいやだとは言わなかったわけです。そうではなくて、媚びていたのです。流れに任せていったわけですよ。判事が、考慮できる広い範囲を適切に陪審員たちに教えなかったために、陪審員たちはいったい何を結論したのか、我々には全くわからないわけです」

陪審員たちは、ワシントンの言うことは信用できると太鼓判を押したにもかかわらず、このダーショウィッツの総力攻撃の前にその確信は崩れていくことになる。タイソンに有罪判決が下ってから二週間しかたたないうちに、この確信の揺らぎ始めた陪審員たちはいないかと触手が伸ばされた。陪審員たちの身元は容易に明かされないようにという配慮がなされていたにもかかわらず、タイソンのエージェントに雇われた私立探偵たちが陪審員を一人残らず探し当てた。「彼等は電話の一本もよこさず、ある日突然うちにやって来たんです」とウェティッグは言った。彼の家に、ある日曜の晩、インディアナポリスに住む男一人と、ニューヨークから来た私立探偵一人が訪ねて来たという。「彼等は、こんなことを言う陪審員を探していたのです。『早く陪審員の義務なんか終えたかったから、他の陪審員の言う通りに意見を合わせていただけなんだ』ってね」とウェティッグは言った。

この探偵らの圧力に屈しまいと、陪審員たちは異例の挙に出た。彼等の判決は全員一致の有罪判決だったと宣言する書類に、陪審員十二人全員が署名したのだ。ところが、この判決を下したために地元や勤務先で歓迎されなかった陪審員たちもいて、彼等はますます強まる圧力に屈し始めた。男性陪審員の一人は、ユナイテッドポスタルサービスの配達員だったが、勤務先や自宅近所でいやがらせを受けた。その結果、懲りずに何度もアプローチしてくる探偵たちの言うことに耳を貸すようになった。それに、彼の仕事仲間はワシントンを嘘つき女とみなし、彼女がタイソンの部屋に入った目的はセックスだけだったと信じていた。「彼等［ユナイテッドポスタルサービスの配達員の男性仕事仲間］は、この配達員と口をきかなくなりました」とウェティッグは話した。「あの訴訟の話はタブーでした。こういう勤務先でのあつれきがあってから、彼は考えを変え始めたんです」

こうして勤務先で村八分にされた彼は、タイソンは有罪だとした自分の考えは間違っていたと、ラジオのインタビューで公言し、訴訟の時点で陪審員たちに示されなかった情報を今になって知り、その結果、事実は女性が男性を強姦したのであって、その逆ではなかったのだと主張した。この情報とはダーショウィッツがばらまいていたもので、ワシントンは高校時代に、同じ高校の人気スポーツ選手に強姦されたという話をでっち上げたというものだった。ワシントンはこの選手と性交渉を持った後、そのことが父親に知れて怒りをかうのを恐れて、あれは強姦されたのだと訴えたという。「彼女は前に一度強姦されたとでっち上げている、父親が激怒するのを恐れてね。今回も同じだと我々は見ているんです」とダーショウィッツは言った。このような過去がワシントンに本当にあったかどうかは立証されていない。このような全く根も葉もないかもしれないような情報を流して、ワシントンは実はスポーツ選手を追いかけるグルーピーなのだとダーショウィッツは言いたいのだった。

このラジオインタビューからしばらくして、この陪審員はダーショウィッツと共にモンテル・ウィリアム・ショー（テレビのトークショー）に出演した。その後、この陪審員は他の陪審員たちに電話をし始めた。「彼［この陪審員］は、電話で聞き出したことをダーショウィッツに伝えていたのです」とウェティッグは言った。「彼［この陪審員］が私に電話をしてきたときには、質問を二、三しましたね。陪審のための指導は、口でなされただけか、何か書かれたものがあったかと聞いてきました」トークショーのホストやらテレビ番組の解説者やらが、何十人と陪審員たちを追いかけ、このメディア駆りだし作戦はダーショウィッツの思惑通りタイソンに有利に展開し、ワシントンを苦しめていった。「『私はこういう証拠を手にしているんですよ』というようなことをダーショウィッツは言うわけです。そうすると、『彼がそう言うなら、本当だろう』と思う陪審員が出てくるんです」とウェティッグは言った。タイソンに刑が言い渡されてから六か月のうちに、十二人のうち六人の陪審員たちが、タイソンは公正な裁判を受けることができたのかどうかと疑いを抱き始めた。

「これもアラン・ダーショウィッツのおかげですよ」とギャリソンは言った。「陪審員たちは操作されたんです。金をもらっていたかどうかはわかりません。でも、何かが彼等の考えを変えたんです。金など一銭ももらわず、正しいと思うことを最善を尽くして行いますと神の前で誓ったあの時から、今のこの豹変です。あの訴訟の時のことを思い出させて、あることないこといろいろ吹き込んで、やんややんやとあおり立ててテレビ出演させる。最高級ホテル、リッツ・カールトンなんかに泊まらせてやってね。それとも、しばらく王侯貴族扱いしてやって、したり顔で彼等の言うことに頷いてやれば、あれ、やっぱり自分は間違っていたのかな、と思わせることができる」

陪審員たちは、このケースをほじくり返すNBCニュースやESPNから出演の要請を受け、エド・ブラッドリーの「ストリート・ストーリーズ」、モーリー・ポビッチなどのテレビタレントにも追いかけられた。「インタビューのほとんどは、私たち陪審員が正しい判決を下したかどうかを聞いていたわけではなかったのです」とウェティッグは言った。「そうではなくて、あの判決は正しくなかったと公言する陪審員たちを探していたのです。こういう状況に置かれてそれにどう対処するかによっては、陪審員室で神に誓って言ったこととは全く違うことを言うようになってしまいます。知らず知らずのうちにね。そういう圧力のあるときには、余計ね。今や私たち陪審員は、スターなんですから。とりあえず、当分の間はね。誰もが電話で私たちと話したがるんですよ。メディアだけじゃありません。仕事仲間とか、友達とかもですよ。黒人の陪審員たちは、特に辛かったようです。陪審を終えると、いろんないやがらせを受けたんですよ。ある男性なんか、自宅の電話番号をしょっちゅう変えてましたね。で、結局引っ越してしまいました。元友達からさんざんいやがらせを受けてね。それで彼も、あの判決は間違っていたと言い出したんです。それ以来、彼は［もう一人の］女性陪審員も説得して、彼女にもあれは間違いだったと言わせています」

▼再審請求却下

一九九三年二月一五日、ダーショウィッツはインディアナ州の控訴裁判所に控訴の書類を提出した。そこには、真実を見えにくくするように手練手管を使った議論が詰まっていた。「控訴するときには、私自身何が真実だと思うかは示しません。この時点では、何が真実かは私にもわからないからです」とダーショウィッツは認めた。彼が力を入れた争点は、次の一点だった。「原告が性交渉に同意したと被告が取り違えたという可能性、および被告が同意を得たと思い込んだのは無理もないという可能性もあったということを、陪審員たちに示すこと」を裁判所が拒絶したというものだった。タイソンの控訴申し立て要旨は、次のように続ける。「被告弁護団は、こう議論することもできたはずである。被告は、原告が同意したと本当に思い込み、その思い込みは間違っていたとはいえ、二人の接触の状況下から見れば無理もない思い込みだったと言える」

合意上のセックスを山ほどこなすスポーツ選手もいるという事実を利用して、ダーショウィッツはこう言いたいのだ。タイソンもそのうちの一人なので、ワシントンをグルーピーの一人に過ぎないと誤解したというのだ。「彼女はセックスに今にも同意するかのように見えたわけです」とダーショウィッツは言った。「タイソンは、彼女がこれから同意するものと思ったのではないでしょうか。彼女が既に同意したというのではなくて、これから同意しようというところだったのです。もちろん彼女には、やっぱりいやだといつでも意志を変える権利があります。しかし、それをはっきりと彼に伝わるように意志表示しなければならないのです」

ところが、タイソンが公判で証言したことは、このシナリオに当てはまらない。自分がワシントンと性交したいという意志を、どのように彼女に伝えたかと尋ねられたタイソンは（つまり、どのようにして彼女の同意を得たかという質問に対して）、こう答えた。「『おまえとやりたい』と単刀直入にワシントンに告げると、彼女は『いいわよ』と答えた」

ダーショウィッツの言い分が法廷で認められるとすると、顔見知りを強姦したという容疑は、スポーツ選手には全くかけられないということになる。「法制度は非常に混乱しているんです」とダーショウィッツは言った。「〔タイソンの訴訟の陪審員たちに〕渡された指導書に書かれていたのは、彼女がセックスに同意したかしなかったか、その一点のみを審議せよということでした。しかし、これは法の運用としては間違っているのです。法が運用されるべきなのは被告に対してで、刑事訴訟では被告のその時の心理状況が問題とされるのです。その時彼は彼女の心理をどう解釈したか、それが問題なのです。彼が彼女は同意したと信じたのは無理もないという状況があったかどうかです」

ところが、間違っているのはダーショウィッツの方で、刑事訴訟でも強姦は殺人とは違う扱いなのである。強姦は、加害者個人に特有な心理が問題にされるのではなくて、ごく普通の人物が加害者のいた状況に置かれた時に、どういう心理になるかが問題にされるのである。言い換えれば、強姦の容疑をかけられた被告が、原告は同意したと思い違いをしたと主張した場合は、陪審員たちの審議すべきことは、ごく普通の良識ある人物が被告と同じ状況に置かれた場合、この人物は相手の女性が同意しなかったとわかるかどうか、ということだ。

ダーショウィッツの論理は被告のスポーツ選手に断然有利に働くことは明らかだ。しかし、法は彼の論理を受け付けない。相手の同意が得られたと思い違いをし、それが無理もない思い違いだったかどうかを見定める物差しは、個人特有のものとしては認められておらず、一般的なものとして解釈されているからだ。『良識ある普通の人物は、その状況下でどう判断するか』であって、『マイク・タイソンがどう感じるか』ではないのです」とロバート・バートンは説明した。バートンはマサチューセッツ州最高裁判所判事で、強姦容疑の訴訟で陪審員への指導書を数え切れないほど出した経験があった。それに彼は、ダーショウィッツの持ち出すような論理には慣れっこだった。「物差しは、被告の状況下に置かれた良識ある普通の人物であって、被告個人ではないのです。被告がスポーツ選手であろうとなかろうと、関係ないわけです」

「ダーショウィッツの論理を認める裁判所はまずないでしょう。ある男が、彼個人の特殊なバックグラウンドや経験に基づいて勝手に判断したことが、彼の裁判の物差しになるということはありえません。その彼独自の物差しで、彼が被害者を強姦したかどうか、あるいは、被害者が同意したかどうかをはかるということはありえないわけです。彼が抜きんでたスポーツ選手であるとか、グルーピーたちが我も我もと彼と寝たがるとか、女性の誰もが彼を崇拝して、プロスポーツ選手ならと競ってセックスしたがるという状況があるからといって、それが裁判の行方を左右するわけではないのです。そんなことがあったとしたら、全くナンセンスですよ。被告それぞれのバックグラウンドや経験によって、『犯罪行為か否かは、俺自身がどう見るかで決まるんだ』などと言わせるわけですか」

原告がセックスに同意したと、被告が思い違いをしたかもしれないという可能性を考慮するように陪審員たちが適切に指導されなかった、というダーショウィッツの訴えだったが、控訴裁判所はそれを却下した。ところがこの却下の裁断が下される前に、ダーショウィッツはワシントンへの攻撃を一段と強化したのだ。彼は、世界で最も広く読まれているポルノ雑誌の一つ『ペントハウス』に、ワシントンは軽蔑に値する女だという読後感をあおるような文章を寄稿したのだった。その『ペントハウス』一九九三年五月号の表紙には、恐ろしげな顔をしたタイソンのアップの写真が載り、そこには「アラン・ダーショウィッツが暴く『強姦されたマイク・タイソン』」と書かれていた。ダーショウィッツは『ペントハウス』に随時寄稿しているという立場を利用して、あたかも不正を暴いて真実を追求するかのようにワシントンを中傷したのである。そこには、性的意味合い深げに根も葉もないことが語られていた。その中には、証拠としての値打ちがないと裁判所が判断したため、訴訟では取り上げられなかったことまで含まれていた。またそこには、水着姿のワシントンの写真も意味ありげに載せられていた。それは、インディアナポリスで開かれた黒人博覧会でワシントンがモデルとなって撮影されたものだった。このダーショウィッツの書いた文章の一部を以下に抜粋する。

今では、少なくとも五人の陪審員たちが、タイソンの裁判はやり直すべきだと訴えている。そしてこのやり直し裁判では、陪審員たちに最初に示された嘘の証拠が訂正され、最初にはずされていた証拠が改めて提出されるべきだ、としている。ある陪審員は、こうまで言っている。「私達〔陪審員〕は、男が女を強姦したと判断しました。ところが今考えてみると、実は女が男を強姦したようです」。また、ローズ・プライスという陪審員は、デジレイ・ワシントンこそが「罪を犯した」と今では信じている。裁判では陪審員たちに示されなかった情報を今では知り、それに基づいてプライスは、ワシントンは「法廷で描かれたような何の罪もない無邪気な少女ではない」と結論するに至った。

最近、他の二人の陪審員からも電話が突然かかってきて、私はこう訴えられたのだ。この新たな情報を知って、私達もタイソンには再審の機会が与えられるべきだと信じる、そして、デジレイ・ワシントンについての真実のすべてをあの時知っていたなら、タイソン有罪の判断を下したかどうか疑問である、と。更に、五人目の陪審員は、モーリー・ポビッチ・ショーに出演して全く同じことを宣言した。彼も、今になって知ったことをあの時知っていたなら、タイソン無罪放免の判断を下していただろうと話したのだ(1)。

ダーショウィッツの再審請求は、インディアナ州の控訴裁判所で認められることはなかった。それでも彼は、メディアを利用してワシントン中傷キャンペーンをあおり立て、陪審員たちの当初の裁断がいかに綿密な考慮の後に下されたものかという事実を曖昧にしたのだ。「タイソンの訴訟が終わって一年半ぐらいしてから、ワシントンである日、ビンス・フラー〔タイソン弁護を請け負った弁護士〕とワインを飲む機会があったんですよ」とギャリソンは話した。「その時に、彼は〔陪審員たちが後で判決をいじくり回すことを〕どう思うか聞いてみました。すると、彼も私と同じくらい怒っていましたね。陪審員たちが、自分たちの下した判決は間違っていたかもしれないなどと考えさせられるなんて、もってのほかだと怒っていましたよ。そのようなことは、裁判という概念やシステム自体を攻撃していることにほかなりませんから。裁判では、神の前で宣誓した上でなされた証言を基に、人々は裁かれるわけです。また、ダーショウィッツの言うようなことが証拠として提出されなかったのはなぜか。それは、証拠として認められなかったからです。証拠ではなく、単なる憶測だったからです。それに、この訴訟には何の関係もない事柄だったからです」

「ある少年が話をでっち上げたとしたって、それが法的に意味があるわけないでしょう。ワシントンが高校時代に、彼に強姦されたと訴えた、などと言ってみたって、この少年は法廷に出向いてきちんと右手を挙げて宣誓した上でこれを言ったわけではないのです。ところがダーショウィッツは、元陪審員たちにこういう話を吹き込んで、当初の確信をぐらつかせてしまう。『えー、そういうことがあったのか。知らなかった。うーん、そうか、そういうことなら、それを知っていたなら……』という気持ちにさせてしまうわけです」

「ところが、こういうことはみんな馬鹿げていますよ。そういう話は、はなから事実ではないのですから。ダーショウィッツがそれを話しているときだって嘘は嘘なのですから、それが後に真実になるはずはないんです。ところが、これを聞いた元陪審員たちは、自分たちの判断を疑い始めてしまう。あんなに一生懸命に取り組み、辛い判決でもそれを敢えて下した勇気と気概を持った人々が、です。

これは、全く非道極まりないことです」

▼世論の逆転

ダーショウィッツの指揮したメディア狂騒曲は、ワシントンの評判を台無しにしただけで、タイソンの無罪獲得にはなんの効果ももたらさなかった。ダーショウィッツは、最終的にはアメリカ合衆国最高裁判所まで控訴請求をしたが、すべて却下されたのだ。その足取りは以下の通りである。

＊一九九三年八月六日、インディアナ州控訴裁判所は、タイソンの強姦罪有罪を支持した。

＊一九九三年八月二六日、インディアナ州最高裁判所でダーショウィッツはタイソンの再審請求を行った。一九九三年九月二一日、裁判所は再審請求を却下した。却下の旨を伝える判事からの一ページの書面が公開されると、ダーショウィッツは次のように宣戦布告した。「法手続きで必要なものならどんなものでもふんで、この冤罪をはらしてみせます」(2)

＊一九九三年一二月一五日、ダーショウィッツは再びインディアナ州控訴裁判所に意見表明の機会を請求し、それを認められた。これは、有罪判決の下った犯罪者に対しては控訴の機会が二回与えられているというインディアナ州法に目をつけたものだった。ここでの争点は、ワシントンがタイソンを訴えるつもりでいたことを、検事側が知っていたかどうか、というものだった。

＊一九九四年三月七日、インディアナ州最高裁判所は、タイソンは公正な裁判を受けられなかったという議論を、ノーコメントで退けた。

＊一九九四年四月、ダーショウィッツは、インディアナポリスにあるアメリカ合衆国地方裁判所に、

タイソン有罪判決を覆すよう申し入れた。

＊一九九四年六月一三日、タイソンはパトリシア・ギフォード判事のもとに出廷して、減刑請求をした。ところが本人は、自分のしたことを悔いる様子はかけらも見せなかった。タイソンの請求は退けられた。

＊一九九四年七月一一日、タイソンはギフォード判事に手紙を送り、先月の自分の態度を詫びた。そして、減刑請求をもう一度考慮してほしいと伝えた。

＊一九九四年九月八日、アメリカ合衆国地方裁判所のサラ・エバンズ・バーカー判事は、自分は無実の罪で刑務所に入れられたというタイソンの訴えを退けた。その他の訴えもすべて、考慮に値しないと退けられた。

＊一九九六年一月八日、アメリカ合衆国最高裁判所は、タイソンは公正な裁判を受けることができなかったという議論を退けた。これは、タイソンが出所して一年近くたってからのことだった。

このような一連の控訴棄却措置、ひいては陪審員たちの当初の有罪判決を支持する裁判所の数々の判決があったにもかかわらず、一九九五年三月二五日にタイソンが出所するまでには、彼の有罪とワシントンの信頼性を巡る世論は劇的に変わっていた。インディアナ州立大学世論調査研究所が、『インディアナポリス・スター』紙とWRTVテレビ放送用に行った世論調査では、黒人の回答者の六十七パーセントと白人の回答者の二十八パーセントが「マイク・タイソンは美人コンテストの出場者を強姦したという冤罪を着せられた」(3)と信じていた。

タイソンは不正に裁かれた被害者で、あたかもその借りを返すためにリングに戻ってきたかのように宣伝することは、強力なセースル手段となった。この元チャンピオンは、出所してから数週間のうちに、出所後初のタイトルマッチで四千万ドルの稼ぎを約束された。その初試合の二か月前の九五年六月二一日、タイソンはハーレムのアポロ劇場の周りで行われた「名誉回復の日」のラリーに参加し、そこで二千人のファンに迎えられた。彼はそこで百万ドルを慈善団体に寄付することを約束した。

この同じ日の午前中タイソンは、強姦容疑をはらす最後のチャンスを放棄した。というのも、一か月後にインディアナポリスのアメリカ合衆国地方裁判所で予定されていた民事訴訟を、示談に持ち込んだのだ。一九九二年六月二二日に、ワシントンはタイソンを相手どって数百万ドル台の賠償請求訴訟を起こしていたのだった。この訴訟が起こされた時に、ダーショウィッツは次のように啖呵を切った。「願ったり叶ったりですよ。これでやっと、我々が真実のすべてを公開できる舞台が与えられたわけですから。これで、デジレイ・ワシントンの仮面をはがしてその正体を暴いてやれます。金目当ての嘘つき女ですよ、我々が最初から見抜いていたようにね。やはり金目当てですべて始めたんですよ」。そしてダーショウィッツは次に『ボストン・グローブ』紙に、タイソンがこの訴訟を避けて示談に持ち込むようなことは絶対にないと豪語した。「彼女には一銭も渡しませんよ」とダーショウィッツは言い張った。「示談を狙っているなら、おあいにくさまですね。この訴訟は、我々にとっては願ってもない機会ですからね。最初の訴訟に入れられなかったことも入れて、事件をもう一度吟味できるんですから」(4)

ダーショウィッツは、この民事訴訟で取り上げられるであろう一つの重要な点を避けて通っていた。タイソン側に都合が悪いのを知っていたからだ。それは、タイソンがワシントンに性病をうつしたかどうかという点だった。ワシントンの弁護を引き受けたボストンの弁護士デバル・パトリックは、ワシントンが二種類の性病に感染した可能性のあることをこの訴訟で訴える心づもりだったということだ。

刑事訴訟の前に行った性病感染のテストで、ワシントンは二種類に陽性反応を示したという証拠があった。「専門家からの証言も加えて、身体的、精神的苦痛がどういうものであるかを示すつもりです」とパトリックは『ボストン・グローブ』紙に語っていた。「そういった苦痛として、性病もむろん考えられるでしょう」(5)

タイソンは示談のためには一銭も払わない、とダーショウィッツが豪語したのとはうらはらに、ワシントンは法廷で争うには至らなかった。彼女は示談に応じ、非公開額の示談金を受け取った。

出所後一年間の保護観察期間が終わらないうちに、タイソンは性暴力の容疑でシカゴ警察の調査を受けた。一九九六年四月七日、ラドナ・オーガストがシカゴ地区の病院へ赴き、その後で警察にも足を運んで事件を訴えたのだ。彼女は、客で賑わうナイトクラブで、タイソンと一悶着あった。結局警察は、タイソンに正式な容疑をかけることはなかったが、オーガストの民事訴訟弁護士チャールズ・グラディックによると、次のようなことが起こったという。「オーガスト氏とタイソン氏が対面し、その際、タイソン氏が性的意味合いの濃い不適切なことを言ったとオーガスト氏は話しています。そしてその後すぐに、嫌がる彼女を無視して体に触ってきて、彼女の顔の左側に吸いついてきた、ということです」(6)。この事件をうけて、パトリシア・ギフォード判事は、タイソンがインディアナ州外へ出ることの制限を厳しくすることとした。また、マリオン郡最高裁判所の保護観察処分監督官のジョージ・ウォルカーは、タイソンが保護観察処分になっている期間中は、彼がバーやストリップ劇場に出入りすることを禁止した。

一方、ワシントンは、大学を四年で卒業して小学校の教師となった。タイソンの名前の出てくる研究論文や新聞記事などには、未だに彼女の名前も出てくる。

註

(1) Alan M. Dershowitz, "The Rape of Mike Tyson," *Penthouse*, May 1993, p. 58.
(2) Thomas P. Wyman, "Indiana's High Court Refuses Tyson Appeal," AP, September 22, 1993.
(3) *Emerge*, December–January 1994.
(4) Ron Borges, "Civil Suit Filed against Tyson in Rape Case," *Boston Globe*, June 23, 1992.
(5) Ibid.
(6) "Tyson Accuser Says Publicity Not Goal," *USA*, April 17, 1996, p. C3.

9章　セックスで感染する病気

時々待てないようなときに売春婦を呼ぶ奴もいるよ。そのときのホルモンの具合によるわけだけど。でも、たいていはバーに出掛ける。（自分の男としての力を試すために）挑戦する気分を味わえるし、ハントのスリルがたまらないんだ。売春婦や簡単になびいてくる女じゃ、ハンターが狩りを投げ出して店に買い出しに行くみたいなものだからね。

——ナショナルリーグの野球選手

▼ウイルスの容赦ない攻撃

一九九六年二月一〇日、ラスベガスで予定されていた十ラウンドの試合の数時間前、ヘビー級ボクサー、トミー・モリソンは試合前の食事の最中に、プロモーターのトニー・ホールデンの部屋に呼ばれた。部屋に入った途端、主治医、トレーナー、アシスタント・トレーナー、そしてホールデンが集まって、黙りこくっているのが目に入った。「何かおかしいなって思ったんだ」。モリソンは後にEAPNラジオでこう語っている。「みんなの表情でそれがわかったんだ」

悪いニュースには慣れていた。リングの外で向こう見ずな生活――とくに女性に関して――のために、何度も窮地に立たされていた。一夜のセックスの相手から、子供ができたと知らされたことが二回。婦女暴行罪で警察の捜査を受けたことが二回。そのうちのひとつは自分の子供の母親に関わるものだった。モリソンの女性問題の始まりを指摘して、彼の親しい同僚のひとりはこんなことをいっている。「トミーは一時、キャンディ・ストアに行くみたいな感覚で女性を買いあさっていた時期があった」

そんなことをしていたら、たいていの職業では出世コースから外れてしまうところだが、モリソンの場合は違っていた。彼は彗星のごとくボクシング界に現れ、一躍有名になったのだ。

民法も社会規範も、中西部出身のブロンドで筋肉隆々のスポーツ選手の行動を抑えることはできなかった。ところがついに、目に見えないウイルスが彼に容赦ない一撃を食らわせてきたのだ。ホールデンはモリソンに、HIV検査が陽性だったと単刀直入に告げたのだった。「僕の最初の反応は、これは何かの間違いだ、ぜったいにこんなことはありえない、というものだった」。モリソンは二日たってもまだそれを認めないでいた。「僕の健康に問題なんかないよ。健康だって感じるし、毎日練習もやってる。練習は続けるさ」

ヘビー級の試合が突然キャンセルされた七日後、モリソンはオクラホマ州タルサで、フイアンセのドーン・フリーマンを伴って記者会見を行った。その席で、彼はエイズウイルスに冒されたためにプロボクシング界から引退すると表明した。その中で、彼はこんなふうに語っている。

〔僕は〕やりたい放題、手当たり次第、むちゃくちゃな生活をしてきた。もう、僕を理想のモデルとは見ないでほしい。そうではなくて、理想のモデルになれるチャンスがあったのに、それを台無しにしてしまった人間と考えてほしい。無責任で、無分別で、未熟な判断の数々、それがいつかは僕の命さえ奪ってしまう……

これ〔HIV〕は、同じ針を使う麻薬依存症や、ホモセクシュアルの人がかかるものだとばかり思っていた。この病気にかかるよりも、宝くじに当たる確率の方が高いに決まってると思ってたんだ。でも、それは大間違いだった。人生最大の誤算だったね。今、この数年間に僕と接触した人たち全員に連絡をとろうとしているところだ。練習した相手や、特に若い女性たちにね。

モリソンは、女性との見境のない性関係を率直に認めたという点で、マジック・ジョンソンの例にならうこととなった。ジョンソンはあの伝説的なバスケットボール選手で、セックスから感染した病気のためにスポーツ界からはじき出された最初の有名スポーツ選手だった。

「ウィルト・チェインバレンやマジック・ジョンソンのような有名選手たちがまき散らすナンセンスや〔チェインバレンは、二万人の女性とセックスしたと豪語していた〕、今までに何人の女性と関わったかというような話を聞くと、スポーツ選手たちはバスケットボールやフットボールの試合に街に来ては、手当たり次第女性と寝ているということが分かります」。強姦罪で、マイク・タイソンを有罪とした少し後に、グレッグ・ギャリソン検事は話した。「こういう事実が、ゆきずりのセックスの問題をより深刻にしているんです。道徳的な問題はもちろんのこと、ゆきずりのセックスには何もいいことはありませんよ。いろんな問題が後で起こるんですから。妊娠したり、病気をうつされたり、といったね。道徳的な適切な理由以外にも、ゆきずりのセックスを避けるべき理由はいくらでもあるんです」

ジョンソンのときと同様に、モリソンが自分の問題を公表したとき、彼と性関係を持ったことのある女性は不安と怖れにおののいた。ところが、この二つのケースを巡る報道では、この二人とセックスをしてエイズウイルスにさらされた何十人という女性たちについては、ほとんど触れられていなかった。その代わりに強調されたのは、他の選手を感染の危険から守らなければならないということだった。モリソンの試合がキャンセルされて数日以内に、マサチューセッツ州とニューヨーク州のボクシング協会は、すべてのボクサーにＨＩＶテストを義務づけた。一方、ペンシルベニア州議会では、試合の三十日前にボクサーがＨＩＶテストを受けることを義務づける法案が提出された。その法案によると、テストを拒否したボクサーは、ペンシルベニア州で試合をする権利を即刻失うとされていた。相手の血に直接触れる危険のあるスポーツでは、その選手全員にエイズテストを受けさせるようにと議会に働きかけた者もいた。直接血に触れる危険のないスポーツでも、エイズテストを義務化すべきだという声も一九九二年に高まった。その年、マジック・ジョンソンが引退からの復帰を図ったのだが、病気が感染しては困ると声を上げた選手が何人かいたのだった。もともとは、選手が出血した場合、正式な令状のない捜査や押収などの対象とされないようにその選手の人権を守ることがまず第一だった。それでスポーツ界では、選手が出血した場合の抜かりない対処法が定められていた。例えばNBAがチームトレーナーに指導していた手順によると、選手が出血したらただちに退場させ、傷口がふさがって出血が完全に止まるまではゲームに戻さないことになっていた。ところが、モリソンがHIV感染を公表したのと時を同じくして、ある訴訟があり、そこでアメリカ合衆国憲法第四条修正条項が再解釈されることになった。その再解釈では、慎重に準備されたテストプログラムの実施は合憲である、とされたのだった。

ヴァーノニア学校区対アクトン（一九九五）の訴訟で、合衆国最高裁判所は、学生スポーツ選手に無作為のドラッグテストを実施することは人権侵害ではないと判断した。この訴訟は、フットボールをする機会を奪われたとして学生が学校区を提訴したものだった。この学生は、学校区が新しく導入した学生スポーツ選手対象のドラッグ対策に従わず、その結果フットボールをするのを許されなかったのだった。訴訟の争点は、憲法第四条修正条項の謳う「不当な捜査や押収」から国民は守られるべきだという点の解釈で、このケースでは、十分な理由なしに尿の採取と検査が行われたと原告は訴えていた。しかし、六対三の評決でスポーツ選手に対する無作為ドラッグテストが支持され、裁判所は次のように結論した。「それなりの根拠のない調査でも、合憲であり得るときがある、と我々は判断した。それはどういうときかというと、調査の際には正当な理由や根拠がなければならないという条件を満たせないような、特殊な状況がある場合である」。アントニン・スケイリア判事は、続けてこう書いている。

学校スポーツは、恥ずかしがり屋のためのものではない。練習や行事の前にはそれ用の服に着替える必要があるし、終わった後には一緒にシャワーを浴びたり着替えたりしなくてはならない。そうしたことをする場所は、通常、学校のロッカールームだが、そこが一人一人の選手のプライバシーを尊重する場所だとは考えにくい。他にも、学生スポーツ選手たちのプライバシー尊重についてはあまり期待できない理由がある。「チームのために働く」ことを選んだからには、一般生徒より厳しい規則に自ら身を委ねたことになるのだから。

最後に、このプログラムは、学生スポーツ選手がドラッグを使用しているかどうかという極めて限られた点に絞って実施されている、という事実を見失ってはならない。ドラッグの使用者が身体を害する恐れのあるのはもちろんのこと、共にプレーする選手への危険も極めて高いのである。スポーツ選手は「理想のモデル」と見なされているため、彼らがドラッグを使用するとそれをまねて他の人々も使用する、という問題がある。それに、スポーツ選手自身の健康を冒す危険も大である。スポーツ選手がドラッグを使用できないようにすることで、これらの問題に効果的に取り組めることは明らかである、と我々は思う。

無作為テストに関する他の判決と共に、この訴訟での判決は、行政の行うテストプログラムが広く大衆のために重要な目的を達すると見なされ、スポーツ選手のプライバシー侵害が最小限に抑えられる場合には、そのテストプログラムは合憲であるとしたのである。この判決は特にドラッグテストに対して下されたものだが、慎重に構成されたＨＩＶテストプログラムにも、当然同じような判決が下されるものと考えられる。

ところが、そういったテストプログラムを実施するのは、実は当を得ていないのだ。特にスポーツ選手の間では、そんなプログラムがエイズ蔓延に歯止めをかけることはあり得ないとすぐにわかるだろう。実際、スポーツ競技をすること自体でＨＩＶに感染する危険は知られていないのだ。エイズと診断されたプロスポーツ選手は多く、それが原因で死亡した選手もいるが[1]、アメリカのプロまたは大学スポーツ選手が、競技中に体内からの分泌物を通してエイズウイルスに感染したというケースはまだ確認されていない。理論上では、ウイルスを持つスポーツ選手から傷口や粘膜などを通して感染することも考えられるが、最先端をゆくエイズ研究者たちは、実質的にはそれはほとんどありえないとしている。

では、エイズ感染の危険がもっと深刻なのは何か。それは、見境のない性交渉だ。しかもそれは、エイズだけでなく、他の性病をもまき散らす。淋病、梅毒、生殖器ヘルペス、それにB型肝炎などだ。スポーツ選手たちはコンドームの使用を嫌い、複数の女性と関係を持つことで感染の危険に輪をかけ、ＨＩＶや性病の蔓延に拍車をかけていることが知られている。皮肉なことには、ジョンソンが感染を公表した一九九二年とモリソンが公表した一九九六年の間に、スポーツ選手たちは危険なセックスを敬遠し始めるどころか、敢えてそれをするような悪質な態度になっていることが多い。

スポーツ選手のエイズテストを義務化するという計画が全く的外れであるのは、ウイルスを持つ選手から競技中に感染するのを防ぐためという前提が的外れだからだ。危険にさらされているのは、実はスポーツ選手の生活に関わる女性たちなのだ。妻や恋人、ゆきずりのセックスの相手などが、今や深刻な危険にさらされている。異性間セックスでは、男性より女性の方が感染する確率が高いと言われている。一九九二年には、女性がエイズに感染する原因として、異性間セックスがドラッグ注射を凌いだ。異性間セックスではまた、もっと一般的な性病が女性にうつされる確率も高い。病原菌が骨盤へ侵入したり、不妊になったり、子宮や卵管その他の器官へバクテリアが侵入したりという形で、これらの病気が女性の体を冒すのだ。

他人を自分の性欲の対象としか見ないような環境が有名スポーツ選手を取り巻き、その無責任な行動の結果、感染性の病気が女性を襲う。この病気は、感染の危険を知りながら敢えて性関係を持つ女性も、その危険さえ知らない妻や恋人も、無差別に襲うのだ。三十五歳のラジェナ・ルッカビル・グリーンは、かつて大学の優等生でビューティーティークイーンでもあったが、彼女は、フィアンセであった有名レーサー、ティム・リッチモンドがエイズに冒されていることを知らず、彼の死後、その死因が新聞で報道されて初めて知ることになった。グリーンがリッチモンドのプロポーズを受け入れたのは、一九八六年九月、リッチモンドがエイズと診断されるほんの数か月前だった。そのときグリーンは、その十年前からリッチモンドがさまざまな女性と性関係を持っていたことを全く知らなかった。

リッチモンドは、元大学フットボール選手で、後にNASCARサーキットで花形レーサーとなったのだが、そのセックスの相手は「星の数ほどいて、とても数えられたもんじゃない」と友達に言わせたほどだった。彼の死後、リッチモンドのガールフレンドの一人がエイズで死亡し、あと二人はエイズのため隔離されていると、『マイアミ・ヘラルド』紙は報じた。そして、グリーン自身も感染していると報道されると、三十人以上の女性がグリーンに連絡をとり、リッチモンドとのセックスで自分たちもＨＩＶ感染の危機にさらされていると訴えてきた。

問題は、こういったスポーツ選手の妻や恋人たちの悲劇的な出来事にとどまらない。スポーツ選手から性暴力を受けた女性たちにも、残酷な結末が待っているのだ。強姦された女性が、それでＨＩＶや性病をうつされたと立証することは非常に難しい。なぜなら、倫理面や法律面から考慮しなくてはならないことが多く、その証拠を集めることは容易ではないからだ。それでも、加害者の特徴（セックスの頻度が多いとか、不特定多数の相手がいるなど）や、セックスのタイプ（膣交、アナルセックス、オーラルセックスなど）から割り出すと、被害者が強姦から感染したと言えることも確かだ。性犯罪の容疑をかけられたスポーツ選手には、病原菌を持ち歩いている者が多い。ゆきずりのセックスをすることが多いとか、相手が無数にいるとか、コンドームを使わないとか、グループセックスまでしているといった行動様式があるからだ。「こういった行動のすべてが、危険信号です」と、ボストンにあるベス・イスラエル病院の強姦救助センター所長、ヴェロニカ・ライバックは指摘する。「こういう行動が重なれば重なるほど、性病が感染する危険が高まるわけです」。かくして、乱交癖のあるスポーツ選手の性暴力の被害に遭った女性は、性病をうつされる可能性が高いことになる。

スポーツ選手独特の心理的要素も、選手が性病に感染し、それを別の相手にうつすという問題に拍車をかけている。スポーツ界では、自分は無敵なのだという考えが浸透していて、それは往々にして彼らの性関係にも持ち込まれている。マジック・ジョンソンは、ＨＩＶ陽性の診断をうけて、次のように述懐している。「エイズが騒がれる今の時代、無防備なセックスは無茶だ。もちろん、今はそれがよくわかる。でも実際、そんなことは昔から知っていた。ただ、気にもとめなかっただけだ。よほど慎重にしなけりゃならないってことはよく聞いてたが、他人事のような気がしてたんだ。自分にそんなことが起こるなんて、とうてい考えられなかった」。こういう思いを抱くのは、スポーツ選手だけではないだろうが、スポーツ選手は生活のあらゆる面で安全網を享受しているので、この点でも自分は安全だという気になってしまうようだ。スポーツ選手が性暴力で女性に病気をうつす頻度は測定できないが、ケーススタディで確認されていることはある。それは、病気をうつされた女性たちは泣き寝入りをするばかりで、それを尻目にスポーツ選手たちは当たり前のように競技場に戻り、観衆の声援を浴びているということだ。

▼レイプによる性病感染

一九八六年、一月二四日、ウィスコンシン州マディソン――

午前七時三十分発、ウィスコンシン州マディソンからミネソタ州ミネアポリス行きの定期便が、離陸態勢に入ろうと滑走路を走行中、突然、ターミナルへ戻るようにと指示された。理由は、機器の故障や、気象状況の悪化、従業員による業務妨害行為などではなく、警察からの要請だった。マディソン市警察が、刑事犯罪捜査のため飛行機を戻すよう要求していると、パイロットは告げられた。ミネソタ大学男子バスケットボールチームがその飛行機に乗っており、そのうち三人の選手が、その日の朝早く起きた集団レイプ事件の容疑者として、手配されたのだった。

チームがこの早朝便に乗る約二時間前、アシスタント・コーチは、選手の宿泊しているホテルの部屋すべてにモーニング・コールを入れた。朝六時前には、チーム用バスに全員が乗り込んでいるようにと念を押すためだった。五時少し過ぎに三〇八号室の電話が鳴ったとき、その部屋をあてがわれていた二人の選手は眠ってなどいなかった。ミッチ・リー、そして二十一歳の三年生ケヴィン・スミス、そしてそこに居合わせた一九歳の二年生ジョージ・ウィリアムズは、酔った女性を順番に犯すのを眺めていたのだった。彼らは、盛大なパーティーがあって大勢の人が来るからとその女性をそそのかして、ホテルに連れ込んだのだった。コーチからの電話で、選手たちは慌てて荷物をまとめ始めた。女性を床に放置したまま、スミスは部屋の隅から丸まったジャージを取った。そのとき女性は、そのジャージに「ミネソタ・ゴーファーズ」というロゴがあるのを目にして、彼らが大学スポーツ選手であることを初めて知った。

あわてていたので、リーは財布をうっかり部屋に置いて出てしまった。そのことに気づいたのは、空港に向かうバスの中だった。空港に着くとすぐ、リーはホテルに電話をして、財布を部屋から回収しておいてくれるよう頼んだ。

ホテルの従業員が三〇八号室に入ると、シーツの束の下で、服装の乱れた若い女性が胎児の恰好で丸まっているのを発見した。従業員が事情を聞くと、十八歳のウェンディ・スロコロブは泣きだして、強姦されたのだと訴えた。数分後、ホテルの経営者はマディソン市警察に連絡して、ミネソタ大学バスケットボールチームのメンバーが宿泊していた部屋で、強姦されたと訴えている女性が見つかったと報告した。

容疑者は飛行機でミネソタ州に戻るところだと知って、警察は空港管制塔に連絡をとって、飛行機が飛び立つのを差し止めたのだった。スロコロブはパトカーに乗せられて、加害者を確認するために空港へ向かった。チームの選手全員が飛行機から降ろされ、パトカーの前を歩くよう指示された。こうして即席の列が作られ、スロコロブはまずリーを、そして二回目の通過のときにスミスを確認した。ウィリアムズを見分けることはできなかったが、それは彼の顔を見ていなかったからだった。ウィリアムズは、電気が消された後で部屋に入って来て、スロコロブの顔が床に押しつけられているときに、後ろから肛門にペニスを押し込んだのだった。スロコロブに確認されるのは免れたが、ウィリアムズは警察の事情聴取で事件への関与を認めた。

こうして、定期便が延期され、全米上位ランクの大学バスケットボールチームが空港で引き止められ、三人の選手が警察に引き渡され、被害者の女性が検査のため近くの病院に運ばれたということで、マディソン市警察の刑事部長は、郡検事事務局に緊急電話を入れた。その日の十時頃までには、性犯罪専門検事のジュディス・ホーリーがこの事件を受け持つことが決まった。彼女は、マディソンの郡検事事務局に赴任する四年前、合衆国司法局で性犯罪を担当していた。マディソンに来てからも、性犯罪の訴追を担当していたが、その他にもさまざまな軽犯罪や重犯罪も扱っていた。スポーツ選手を加害者とする性犯罪を訴追したことはなかったが、スポーツ選手を訴追したことはあった。「マディソンは学園都市で、飲酒年齢はほとんど今まで十八歳でしたから、酔った大学生の問題行動はよくあるんですよ。治安妨害行為、殴り合い、窃盗、強盗などですね」とホーリーは言った。「スポーツ選手もごたぶんに漏れず、問題を起こしていますね。学園都市では、そう珍しいことではありません」

被害に遭った女性は、子宮頸部や肛門や口内の診察を受けていた。彼女はその三か所全部にペニスを押し込まれていたからだった。その間にホーリーは、選手たちが事件をどう説明するかを見定めていた。スミスは警察の取り調べに対して、チームメイトたちはスロコロブに苦痛を与えていると思ったと認めた。チームメイトたちは「彼女をちょっと手荒に扱って、あまり思いやりがあるとは言えなかった」と言った。しかしスミスは、自分と彼女とのセックスは確実に合意の上だったと主張した。一方、ウィリアムズが言うには、彼がリーとスミスの部屋に入ると、床にうつ伏せになっていたスロコロブの上にリーが馬乗りになっていたという。リーは起き上がると、ウィリアムズに向かって「さあ、今度はおまえの番だ」と言ったという。「それで、僕はパンツを下ろした。女性には声をかけなかったし、女性も僕に何も言わなかった。そして、僕は後ろから彼女と性交した」

ホーリーは、このウィリアムズの説明が、強姦されたという被害者の訴えを裏付けるものと見た。「私に言わせれば、彼の言ったことは全く言語道断ですよ」とホーリーは話した。「あれが合意ですって？　冗談じゃありません。でも、それが彼の言い分だったんです。『僕はあの女性とは顔見知りではなかった。男どもがそれまでどういうつもりで何をしていたのかも知らなかった。あいつらの部屋に入ったら、そこで起こっていることを見て、つい僕もやってしまったんだ』なんてね。その後ウィリアムズは部屋を出て、罪悪感を感じたもんだから恋人に電話したんですよ」

それでもホーリーは、十八歳の専門学校生がなぜ自分からすすんで大学スポーツ選手二人のホテルの部屋に入っていったのかを、陪審員たちに説明しなければならなかった。スロコロブはウィスコンシン州北部の田舎町で育ち、高校を卒業してマディソンにある専門学校に入り、六か月しかたっていなかった。彼女はスポーツ選手を追うグルーピーではなく、むしろ、自由奔放に、いろいろな種類の人との付き合いを楽しむタイプだった。学校のキャンパス外で、大学生も含むゲイの男性たちとアパートを借りて同居していた。強姦された木曜日の晩、スロコロブはゲイの友人たちとクラブへ踊りに出かけていた。その同じ晩、たまたまウィスコンシン大学対ミネソタ大学のバスケットボールの試合があって、毎週木曜日に大学キャンパスを包む盛大なパーティーの雰囲気をいっそう盛り上げていた。

スロコロブとその友人たちがクラブから帰る途中、一台の車に乗り込んだ一行と出くわした。パーティーに向かうところだという。その一行にスロコロブの知り合いの女性がいて、スロコロブは誘われるままに合流した。一行は、ジンジャーズというバーを今しがた出たところで、そこでは、ミネソタ大学バスケットボールチームのメンバーが勝利の祝い酒に酔っていた。スロコロブは知らなかったのだが、車に乗っていた女性のうちの何人かはその試合を見に行っていて、その後ジンジャーズでリーとスミスに出会い、彼らを自宅に招いてパーティーをするということだった。

「ホストの女性たちは極めて世馴れていて、バスケットボール選手全員と関係していました」とホーリーはつきとめた。「彼女たちは、この長身で若い黒人の男性がミネソタ大学バスケットボールチームとしてやってきたのを見て、その晩パーティーをすることにしたんです。強姦の被害者は、チームの選手を一人も知りませんでしたが、このパーティーに落ち着いてしまったんです」

ホストの女性たちのアパートで、スロコロブはスミスと知り合い、数回一緒に踊った。そのうち、ホストの女性二人が選手たちを宿泊先のホテルへ送っていくことになり、スロコロブも、「コンコースホテルでパーティー」しないかと誘われ、一緒に行くことにした。この女性二人は、そこで当然性行為をするという心積もりだったのだが、スロコロブはそれに全く気がつかなかったらしい。うぶな上に、お酒もはいって判断力も鈍っていたのだ。「彼〔スミス〕は、ものすごく面白いよって言ったんです」とスロコロブは後日証言している。「それに、家まで車で送ってもらえるから、とも言っていました」。ホーリーも、スロコロブの証言を支持した。「彼女は、ホテルでパーティーがあるものと思っていたんです。世馴れていないので、これを無邪気に信じてしまったわけです」

午前三時過ぎに一行がコンコースホテルに着くと、女性の一人は選手の一人と部屋に入っていき、スロコロブはスミスとリーの部屋へ連れていかれた。（あと一人の女性はどうなったか、定かでない。）部屋に入るや、スミスとリーはスロコロブの服を脱がせ始めた。「私は、『手を放してよ。いったいどういうつもり？』って言いました」とスロコロブは言った。「なにが起きているのか、わからなかったんです」

暴行の初期には、多数の選手が部屋に入ってきたが、最後にウィリアムズが加わった。彼は、上の階であった応援団主催のパーティーに出ていたが、それが終わってから部屋にやってきたのだった。彼が三〇八号室のドアを開けたのは午前四時頃だったが、この暴行を目にした彼は、自分もズボンを脱ぎ、ためらうことなくペニスをスロコロブの肛門に押し込んだのだった。

スロコロブはウィリアムズの顔は見なかったが、強姦にもう一人加わったことはよく覚えていた。「もう一人、黒人の男が部屋に入ってきて、私の左足を持ち上げていました」と彼女は言った。「みんなで、私の両足を広げていたんです」。この暴行で、スロコロブは少なくとも十二回、口、膣、肛門にペニスを挿入されていた。

こういったいきさつが明らかになるにつれ、裁判に持ち込んでも容疑者有罪判決が得られるかもしれないとホーリーは感じるようになった。「このケースでは、有罪判決が得られるはずだと思いました」とホーリーは説明する。「男三人に女一人、しかも、その女性は男性と面識もなかった。それに、彼女はたったの十八歳です。この男性全員との性交に彼女が合意するとはとても考えられません。そんなことはナンセンスです」

検察側が起訴準備を始めてから数週間後、スロコロブの性病検査の結果が出た。口と膣から、淋病陽性の結果が出ていた。検査のため医師がスロコロブの口と肛門と膣から組織を採取していたとき、スロコロブは、リーの外陰部の皮膚がただれているのを目撃し、そこから強い匂いが発していたことを報告していた。スロコロブが淋病に感染していると確認されたため、検察側は暴行に加わった選手三人の尿と血液を採取するよう要求した。合衆国厚生局による検査の結果、リーが淋病に感染していることが確認された。ウィリアムズとスミスは陰性だった。この検査に関わった情報筋は、「リーは、完全な陽性」と断定していた。

リーが淋病を持ち、被害者も口と膣から淋病に感染していることが分かったのだが、検察側はそれを裁判で持ち出さないことにした。「我々には分かっていました」と検察側のある人物は言った。「被害者も、リーの匂いに気づき、体に何か異常があるとはっきり分かったのです。彼の体を見て、それが分かったわけです。捜査官たちが調査したときも、彼には病気があると感づいたようです。そして、国の厚生局が行った検査でその通りだと確認されました」

淋病への感染を強姦の証拠として提出しない理由を、ホーリーはこう説明した。「『誰が誰にうつしたか』というイタチごっこになって、スロコロブの性的過去についても公開することになったでしょう。それで、感染の問題には触れないことにしました。リーが有罪となった場合には、この問題で刑期が長引くことはあったかもしれません」

▼道徳観念の頽廃

病気をうつされたスロコロブの屈辱に輪をかけるように、リーは一年前にも強姦容疑で起訴されていたことが明らかになった。彼は、一九八五年一月二二日にミネソタ大学の学生リサ・ジョーンズを強姦したと訴えられていたのだ。ところが、ミネアポリスの陪審は、一九八六年一月一四日にリーを無罪放免とした。それからたった十日後に、今度はマディソンでスロコロブが犠牲になったのだ。ジョーンズの事件で起訴されてからリーは出場停止処分になっていたので、この対ウィスコンシン大学戦は彼の復帰後二試合目だった。

ジョーンズの事件の概要を見た限りでは(田舎から出てきた一文無しの黒人が、ほとんど白人で構成されるキャンパス内で、白人女性の寮の部屋に侵入して性暴力を加えた)、リーが一年後にチームでバスケットボールを続けていられることなど考えられなかった。ところが、チームでおそらく一番有望視されていたリーには、普通の強姦容疑者には考えられないような待遇が待っていた。まず、ミネアポリス屈指の高額弁護士が彼の代理人とされた。次に、大学側も、リーの行為をいち早く非難するどころか、公然と、あるいは警察に協力しないなど間接的に、訴追を妨害したのだった。

ジョーンズが近くの病院の救急室へかけこみ、強姦されたことを訴えてから十二時間以内に、ミネソタ大学警察の刑事マージ・フィリップス（仮名）がこの犯罪の調査担当に任命された。フィリップスは最初から、大学内部の抵抗が激しいだろうと大学警察署長のビル・ハルズから言われていた。「彼はこう言ったんです。『スポーツ学部はこの件について、あまり騒ぎ立てないようにしてほしいと言っている』」とフィリップスは話した。「『これが公になっては困る』と言わんばかりの雰囲気が、学内にはありました」

一番露骨に捜査を妨害したのは、コーチ陣だった。リーを守るために、彼らは捜査官に嘘までついたのだ。捜査官たちはリーを逮捕し立件しようとして、彼の寮の部屋やバスケットボールの練習場などを探したが見当たらず、コーチたちに彼の居所を尋ねた。ところが、どのコーチも知らないと言い張った。「ミッチ・リーを第一級性犯罪の疑いで逮捕する段になって、当の本人が見つからなかったんです」とフィリップスは言った。「後になって分かったんですが、アシスタント・コーチ（ジム・ウィリアムズ）がリーをかくまっていて、逮捕させなかったんです」

キャンパスから離れたウィリアムズコーチの家にかくまわれて、リーは警察の手から二日間逃げ延びた。それは、腕利きの弁護士フィル・レズニックを雇い入れるのに十分な時間だった。レズニックは直接刑事部長と交渉して、リー引き渡しの条件を工作した。レズニックがいたために、警察はリーから直接調書を取ることができなかった。リーは地元報道機関に不適切で軽率な発言をすることで知られていて、警察とのリハーサルなしの事情聴取では墓穴を掘ることは目に見えていたのだが、レズニックのおかげでそうならずに済んだのだ。更に、かくまわれていたことでリーの目も当てられない学業成績が暴露されずに済み、それで大学側も、なぜそんな学生に入学許可を与えてバスケットボールなどさせているのかという厄介な質問を浴びせられずに済んだのである。

「リーに直接事情を聞いたり、調書を取ったりすることができなかったんです。それも、彼には高額の弁護士がついていたからです。そんな弁護士が雇えるなんて、驚きでしたね。彼は貧しい層の出で、両親にはとてもそんなお金は出せませんからね」とフィリップスは言った。「ですからリーは公選弁護人を雇うべきところを、誰かがお金を出してあの高額弁護士を雇ったのです」

大学警察がリーの弁護士料を誰が出しているのかつきとめようとしているうちに、リーを支援しているのはスポーツ学部だけでなく、大学ぐるみであることが分かった。フィリップスが学長室に、バスケットボールチームに寄付している後援者の公式リストを提出するように要請したところ、返答を遅らせたり、たらい回しにされたり、挙げ句の果てにはあからさまな嘘までつかれた。「どうしてフィル・レズニックがミッチ・リーの弁護ができるのかをつきとめようとしていたのです」とフィリップスは言った。「後援者たちからのお金だったに違いないんですが、その調査は妨害されたわけです」

こうして学長の側近たちから協力を拒まれたフィリップスは、学長室に勤務していたあるスタッフからリストを手に入れた。「大学警察は、学長室関係の仕事も相当してきましたから、そこのスタッフをファーストネームで知るようになっていたのです」とフィリップスは説明した。「そういう関係で、リストを手に入れました。くれた人は、『絶対誰にも言わないで』とリストを渡してくれました」

捜査官たちは、誰がリーの弁護士料を払っているのか特定はできなかったが、後援者とレズニックの弁護士事務所と刑事犯罪容疑をかけられた大学スポーツ選手たちをつなぐ非公式なネットワークがあることをつきとめた。リーの最初の強姦容疑裁判を最後まで見届けたレズニックは、今度はウィスコンシン州マディソンまで派遣されて二度目の裁判でリーを弁護した。ちなみに、レズニックの弁護士事務所は、ミネソタ大学の新人フットボール選手の弁護も頼まれていた。この選手は、大学に入学して間もなく性暴力の容疑で逮捕され起訴されていた。リーと同じく、この選手も学業不振は深刻で、貧しい家の出だった。

リーの最初の裁判では、レズニックの弁護が陪審員たちを説得して、リーは無罪放免となった。それを受けてリーはただちにチームに復帰し、地元での試合に臨んだ。ミネアポリスでリーが無罪の判決を受けてから二週間とたたないうちに、フィリップスは秘書から、外出中に大事な電話があったと告げられた。

「マージ、これは腰を落ち着けて聞いたほうがいいわ」と秘書は言った。「どうしたの?」とフィリップスは聞いた。秘書は黙って伝言の書かれた紙を差し出した。そこには、「ロブ・ロンバード刑事に電話のこと。ミッチ・リーと他二名のバスケットボール選手に、ウィスコンシン州マディソンで強姦の容疑がかけられた」

思わず受話器に手が伸びて、フィリップスは最初の事件の被害者に電話をした。「あの知らせを聞いて、ああやっぱり彼女の言った通りだったんだ、と思ったんです。それで、すぐに彼女に電話しました」とフィリップスは言った。

知らせを受けた被害者は、しばらく沈黙していたが、ポツリとこう言った。「ああ、そう……やっぱりね」

最初の容疑から一年後に、再び強姦容疑で起訴されたリーだが、彼は自分の潔白を断固主張した。自分がスポーツ界のスターであるため、いわれのない非難や中傷を受けるのだと訴えた。「みんな、僕のことをトラブルメーカーって呼ぶけど、それは違う」とリーは言った。「ミネアポリスに来てからずっと、前向きに努力してきたつもりなのに、何もかもが裏目に出てしまった。どうしてだか、分からない。みんないつも僕を非難している。どうしてなんだろう。とにかく、なんで家から二千マイルも離れた所にわざわざ行って、誰かを強姦しなくちゃならないんだ。僕はそんなことをするような人間じゃないよ」

自分の行為に過ちを見ることのできないリーは、二人の若い学生の心と体に深い傷を負わせたのだ。「二人の女性には、似たところがありました」とホーリーは言った。「体格も似ていたし、二人とも田舎で育っていて、学校に入りたてでした。人をすぐ信用したので、餌食にされやすかったのです」

ホーリーは、今回こそはリーの有罪を確定しようと、前回の事件を担当したミネソタ州の警察や捜査官たちに応援を求めた。彼らは助力を惜しまないと言った。ところが、ミネソタ大学の職員たちは、全くそんな熱意は見せなかった。「何か話してくれるという人なら誰にでも会いましたが、そういう人はあまりいませんでしたね」とホーリーは言った。

しかし、数少ないそんな職員たちの中に、危険を冒して率直に語ってくれた者もいた。そこから浮かび上がってきたのは、問題行動のはなはだしい、悪名高いバスケットボールチーム像だった。全米上位ランクのチームを手っとり早く作ろうと、ヘッドコーチのジム・ダッチャーとそのスタッフは、バスケットボールと乱暴しかできないような者をリクルートしていた。つまり彼らは、学業面でも社交面でも、有名大学での生活に適応するにはあまりにもかけ離れたところにいたのだ。奨学金までもらっている選手が、大学の授業についていけないばかりではない（リーのＡＣＴ（大学入学選考の際に参考にされる学力テスト）によると、彼より学力の劣る学生は全米で二パーセントしかいないという）。育ってきた家庭環境に問題があるため、大学でも問題を起こしてしまう者が多かった。「僕は貧困街で育ってきた」とスミスも認めた。「それが、突然一万七千人のファンの前でプレイすることになって、ファンは僕がほしいと思うものなら何でも持ってきてくれるんだ。そりゃそいつを利用しない手はないだろ」

更生不可能な若者に奨学金を与えてバスケットボールをやらせた結果、学内での非行と学外での犯罪が増えた。「ヘッドコーチは、チームを全くコントロールできていませんでした。問題が起きても、それから顔をそむけていましたね」とホーリーは言った。「彼の言うことを、選手は全くききませんでした。コーチ自身も、自分は選手をコントロールできていないと分かっていたのです。でも、彼らを失いたくはなかったんです」

リーとウィリアムズとスミスにかけられた強姦容疑に対してダッチャーの示した反応が、多くを物語っている。「警察その他限られた一部の人々にしか公開されない情報を入手しました。それに基づいて、彼らは犯罪行為を犯してはいないと私は思いました」とダッチャーは、『ミネアポリス・スター・トリビューン』紙に載せられたインタビュー記事の中でこう述べている。「私がこう言ったからといって、彼らのしたことは正しいのかというと、そうではありません。グループセックスを容認するわけではないのです。私が問題にしているのは、最初から有罪と決めてかかることです」

事件は、不道徳ではあるが法律では罰せられないグループセックスだったとして、ダッチャーは三人の選手の主張を支持した。三人とも、いわれのない強姦容疑をかけられたために自分たちの選手生命に一生傷がついたと後で文句を言った。「あの晩僕たちのしたことには、ちゃんと別の名前がついているんだ。グループセックスっていうね。グループセックスなんて、みんなしょっちゅうやってるよ」とスミスは言い張った。「あの裁判で、僕の奨学金は消えた。それと一緒に、僕の夢もね。それで僕は長いこと鬱状態だった。いけない状況に足を踏み入れてしまって、そのつけが回ってきたんだ。でも、なんとか前向きに物事を考えていくようにしている」

スミスはまた、リーが二つの強姦容疑裁判によく持ちこたえたと賞賛した。「あいつは大変な思いをしたんだ。僕ら［スミスとウィリアムズ］も大変だったけど、あいつはそれを二度も経験したんだからね。みんなが反ミッチで、『おまえなんか寄らないでくれ、おまえなんかいらないんだよ、ミッチ』って言ってるようなもんだった。州のみんなにそう思われるなんて、大変な苦痛だったと思うよ」

女性に対する犯罪で告発されたスポーツ選手の多くがこのような見方を示し、それは大物選手のトレードマークにさえなっている感がある。しかしこれは、道徳観念のかけらもない、反社会的な見方で、社会生活をしていく上でまず何が大事かという優先順位が全く狂っているのだ。また、社会規律を守るよう厳しく指導しようとしないコーチたちが、その狂いにますます拍車をかけている。例えばダッチャーコーチは、最初から有罪だと推定するのが問題なのだと言ったが、この発言自体、大学やプロスポーツコーチの道徳観念の頽廃を物語っている。コーチたちは、試合に勝つためには犯罪歴のある選手たちにまで頼らなければならなくなっているので、こういう発言が飛び出すのだ。更に彼らは、選手の違法行為を若気の至りでいたしかたないという程度にしか見ていない。それで、大学スポーツやプロスポーツに絡む性の逸脱や暴力犯罪などを正面から見据えることを拒否しているのだ。

「女性の方からスポーツ選手の足元に体を投げ出して、十五分間一緒にいることで自分も有名になった気分になるんだ、という見方が一般的です」とホーリーは言った。「つまり、スポーツ選手を雲上の人か何かのように見てしまっているんですね。ところがスポーツ選手のほとんどは、女性を非常にさげすんでいます。彼らの言動を見ると、女性に対して自分のしたいことはなんでもできると思っているのがわかります」

ホーリーの訴追努力にもかかわらず、一九八六年七月二五日マディソンの陪審は、リーら三人を無罪放免とした。事件を巡る状況が理解しがたく、実際に何が起こったのかをはっきりさせられなかったということで、この評決となった。後に三人ともミネソタ大学を中退したが、別の大学や海外で三人ともまたプレーを再開した。

「どこか別の所へ行って、今までとは違うスタイルのバスケットボールをやって、NBAを目指すんだ。それがずっと僕の夢だったんだ」。公判終了直後にリーは言った。「女性を犯したって言われたけど、僕はそんなことはしていない。でっちあげだ。この僕が女性を犯す？　そんな人間じゃないよ、僕は。僕がスポーツ選手だから、いろいろ噂されるんだ」

ミネソタ大学を中退したスミスは、海外でプロとしてプレーするようスカウトされた。「僕は自由の身だ」とスミスは言った。「僕は健康だし、年収五万ドルの仕事ももらった。あの事件はいいことだったと思ってるわけじゃないが、実際、形を変えた天の恵みだったと思っている」。ウィリアムズは、カリフォルニアの大学でしばらくプレーを続けた。

一方スロコロブは、淋病の治療を続け、完治させることができた。専門学校からは中退し、ウィスコンシン州北部の故郷へ戻った。

▼性病感染の温床

ミッチ・リーが二度続けて無罪とされた時点では、顔見知りにも強姦されることがあるということを一般の人々はまだ理解していなかった。また、一九八〇年代の半ばには、エイズやHIVウイルスの感染経路についても、人々は初歩的な知識しか持っていなかった。それから十年たった今、デートレイプということばが定着し、強姦という犯罪にまつわる迷信の多くが正されてきた。更に、保健所の努力で、HIVその他の性病の予防教育も広くなされてきた。それで今では、顔見知りによる強姦の横行や性病感染の予防についての知識がはるかに普及している。

しかし、大学やプロのスポーツ選手の犯す最近の性犯罪の傾向を見ると、強姦という犯罪に対する理解がまだまだ遅れていて、性病に感染する危険の高い行動様式も未だに改めようとしていない。九五年一月二四日から九六年七月二五日までの間に（この十八か月間は、ミッチ・リーが二度目の事件で逮捕されてから無罪放免となるまでの十八か月間からちょうど十年後にあたる）、四十七人ものプロと大学のスポーツ選手たちが性犯罪で警察に通報されている。それも、一人の女性を複数の選手たちが暴行した犯罪だ。この四十七人のうち、四十三人がグループでセックスをしたと認めたが、それは合意の上だったと主張している。この十八か月間に、複数犯による性犯罪が、スポーツ選手の全性犯罪の五十パーセント以上を占めている。以下の例は、その代表的なものである。

＊一九九六年七月三〇日、全米で知らぬ人はないくらいの、高校バスケットボールのスター、ロニー・フィールズ（シカゴ出身）は、チームコーチの家で友人二人と共に女性を犯したとして、逮捕された。仲間の一人がその女性と合意上のセックスをしていた時、フィールズともう一人の男が潜んでいた物置から現れ、女性にセックスを強要した。この事件の起こる前、フィールズはドゥポール大学入学が決まっていて、大学チームでの活躍が期待されていたが、学業成績があまりにも悪かったため、後に入学許可が取り消された。三人とも有罪を認め、その刑は、保護観察つき作業プログラムを行うことだった。また三人には罰金も課され、カウンセリングも受けるよう命じられた。「この刑で、三人の被告には罪の重さを実感してほしいですね。とりわけフィールズ氏は、もはやバスケットボールスターではなく、性犯罪者と見なされていることを忘れないでほしいと思います」と検察官トマス・エパックは話した。

＊一九九六年二月、アリゾナ州立大学のバスケットボール選手三人が、女性にオーラルセックスを強要したとして逮捕された。女性は一人とのセックスに合意したが、もう二人の選手が突然彼女にセックスを強要してきた。女性が抵抗すると、一人が銃を振りかざして脅した。この三人の選手、ジョージ・ジャービン二世、トマス・プリンス、リコ・ハリスは皆十八歳の新入生で、学

力不足だと判定されそのシーズン中はバスケットボールができないでいた。
＊一九九五年八月六日、ニューオーリンズ・セインツ・フットボールチームの九人が、犯罪調査を受けた。これは、一人の選手とのセックスに合意した女性が、他の選手に輪姦されたと訴え出たためだった（第三章参照）。この事件について、検察側の報告書は次のように記述している。

選手一と選手二は横になり、服を脱いだ。選手一は、自分と選手二は彼女と性交し、自分は彼女とオーラルセックスもしたと述べた。また、選手二が彼女とオーラルセックスをしている最中に、自分は後ろから彼女と性交した、とも述べた。選手九が部屋に入ってくると、彼は服を脱ぎコンドームをつけようとした。選手一は、選手五が部屋の入り口に立っていたのをはっきりと覚えていると述べた。なぜなら、こんなに男たちがいては部屋に入れもしない、と選手五が言ったのを覚えていたからだった。この報告書は続けて、こう書いている。女性が選手の一人にやめてと叫び始めると、選手一は「黙れ、このメスブタ。こいつにやらせねえって言うのか？」と言った。

強要したのか合意の上だったのかはさておき、今日、由々しい数のスポーツ選手たちが常識を疑うような性行為をしてのけている、というのは事実である。常識を疑う、と形容できる事例はまだいい方で、もっとひどい事例では、彼らの性行為は歪み、悪趣味で、道徳観念のかけらもない。たとえ選手たちの主張をそのまま受け入れ、合意上のグループセックスだったと譲ったとしても、密室での彼らの行為は危険かつ卑劣きわまりないと、大部分の人々が思うはずである。スポーツ界には、甚だしい性の逸脱という問題をいい加減にあしらう文化があり、それが性病感染の温床となっている。暴行されて病気をうつされたというケースは最も悲惨だが、これは元をたどるのが最も困難でもあるのだ。スポーツ選手の多くが毒々しい性行為を習慣とし、スポーツ業界の役員たちはそれを毅然とした態度で罰しようとしないので、スキャンダラスな性暴力事件は増え続けるばかりである。しかしそれよりもっと深刻なのは、こうして手をこまねいている間に、ますます多くの女性が犠牲になっていくことなのだ。スポーツ選手の愚かさを背負って、彼女たちは一人で苦しんでいる。

註

(1)エイズで死亡したプロスポーツ選手の情報は少ない。チャド・キンチは、元バスケットボールのスターで、クリーブランド・キャバリアーズのドラフト一位指名選手だったが、一九九四年四月に死亡した。"Chad Kinch, 35, Ex-basketball Star," AP, April 8, 1994. を参照。また、元ライト級ボクシングのチャンピオン、エステバン・ドゥ・ジーザスも、一九八九年にエイズで死亡した。三十七歳だった。

10章　背信とドメスティック・バイオレンス

検察官　あなたは、ニコルを今までに一度も拳で殴ったことはないと言うんですね。そうですか。
O・J　一度として拳で殴ったことはありません、断じて。
検察官　平手でたたいたことも、一度もないんですか。
O・J　ニコルを平手でたたいたことも、一度もありません。
検察官　首を締めたことも、一度もないんですか。
O・J　一度もありません。
検察官　殴ったことは、一度もないと言うんですか。
O・J　一度もありません。
検察官　では、彼女にけがをさせたことも、一度もないんですか。
O・J　一度もありません。
検察官　それでは、ニコルがあなたにそういうことをされたと言ったとしたら、彼女は本当のことを言っていないということになりますね。
O・J　その通りです。
検察官　そういうことは実際にはなかったのに、彼女はメモや日記にあなたに殴られたと書いたわけですか。
O・J　はい、その通りです。
検察官　彼女はなぜそのようなことをするのでしょうか。
O・J　結婚前に交わした財産不分与の同意書を反故にしたかったからでしょう。それで彼女は弁護士たちと図って、そういうことを始めたんだと思います(1)。

▼困難な結婚生活

一九九六年九月、ダラス・カウボーイズの花形選手ディオン・サンダースの妻、キャロライン・サンダースが、離婚届けを出した。離婚の理由は、夫の「残酷な仕打ち」で、それは彼の不倫だとしていた。個人の責任と自制という概念のとらえ方が変わってきている今の時代、不倫をされたという訴えは多くなる一方だ。更に、有名人の乱れた性生活が暴露されても、それがどうしたという反応が一般的になってきている。そういった状況に乗じてサンダースは、妻の訴えを公に否定するより、結婚の破綻というのは今では珍しくないという点を強調して逃げを図った。「離婚は人生の一部さ」と彼は言った。「離婚率は今じゃ五十パーセントにもなっているんだからね」

サンダースの言った数字は、正式なデータに裏付けられたものではない。ただ、彼自身が結婚という制度の現状をどう受け止めているかを物語ってはいる。アメリカでは、六〇年から八〇年までの間に、年間離婚率が十パーセントから二十五パーセント近くへと上がり、九一年には、また二十パーセント強へと下がっている。また、結婚した女性千人当たりの離婚率は、六〇年の約十パーセントから、九〇年には約二十パーセントへと上がっている。年間の結婚率もまた、六〇年の約七五パーセントから九一年の六十パーセント弱へと下がっているこのデータからも、結婚をそれほど重要視しない傾向が全国的に広がっていることがわかる。

ところが、スポーツ選手の不倫を全国的な離婚統計と比べては、誤解を招きやすい。ここ何十年かの間に、結婚や貞節に対する従来の見方は変わってきているとはいえ、それをそっくりそのまま有名スポーツ選手に当てはめることはできないのだ。彼らの性を取り巻く状況は、我々の常識を超えているからだ。彼らには、性行為を追う機会が無限にある。何の罪悪感もなく妻以外の女性と関係を持ち、家族の一員としての責任を無視して平気でいられる有名スポーツ選手が多いのだ。そういった彼らの行動を、国の離婚統計から読み取ることなど不可能なのだ。こういう選手の考え方や行動は、従来の結婚観や貞節観を完全に拒否したものとなっている。

「他の女性と一緒にいる時は、いつもクッキー〔彼の妻となることになっていた女性〕の話をした」とアービン〝マジック〟ジョンソンは自伝に書いている。ジョンソンはロサンジェルス・レイカーズのスタープレーヤーだった。「ほとんどの女性は、僕と彼女のことはもう知っていた。僕は恋人を求めてるわけじゃないと、誰に対してもはっきりさせておいた。僕の言うことを理解した女性もいた。そうじゃない女性は、クッキーをライバルと見ていたらしい。こんなことを言う女性たちもいたくらいだ。『彼女のことなんか忘れるくらい、よくしてあげるわ』」

「でも、誰もそんなことはできなかった。クッキー以外の女性と一晩中過ごしたことなんかない。それはどうもしっくりこなかったんだ。よく、セックスするとそのまま泊まっていきたいと言う女性がいた。だから、僕はいつも前もって、眠るのは一人がいいと言っておいたし、その女性との間に何があっても、コトが終われば出ていってくれるように言った。そうすれば、こういう関係を持つのは彼女自身の選択ということになるはずだ」

「僕は、遠征先で出会った女性には、恋愛感情を持たないようにしていた」

他に類を見ないレベルでセックスの機会があるという状態は、今やプロスポーツ選手を取り巻く常識となっている。それが歴然とした事実である以上、引退するまでは結婚しないと決めている選手もいる。「プロでバスケットボールをしている間は、結婚はしないと決めていたね」とあるNBAプレーヤーは話した。「あのライフスタイルを知っているから、結婚生活を維持するのは大変なことだと思ったんだ」

結婚している選手の間でも、不倫を大目に見るという暗黙の了解がある。不倫を自慢するような風潮さえ多い。「NBAには昔からこういうジョークがある。これは他のスポーツでも同じだと思う」とジョンソンは書いている。「質問＝遠征に出かけるとき、一番難しいことは？　答え＝女房に、行ってくるよとキスするとき、思わずニタニタ笑ってしまわないこと」

「だが、こう聞いてショックを受けるのはおかしい。旅に出た男たちというのは、気分転換にいつもと違ったことに手を出したものだ。スポーツ選手だろうと出先のセールスマンだろうと、いつの時代でも。それは自然なことで、昔からずっとそうなのだ」

不倫はどんな職業の男性にも多々見られることだが、スポーツ選手の間ではそれが他の追随を許さない。全国世論調査センターが九四年に行った一般調査では、既婚男性の二十一パーセントと既婚女性の十一パーセントが、これまでに少なくとも一度は不倫をしたことがあると答えている。そしてその中身は、一度きりの性行為か、もしくは一人の相手との一連の行為が多い。更に、回答者の大多数は、四十三歳以降で不倫をしたと答えていた。このデータに相当するスポーツ選手のみを対象としたデータはないが、彼らは皆の憧れの的なので、妻を裏切る機会は一般人の数倍あると言ってよい。一般人と違ってスポーツ選手の不倫は一度や二度に限られたことではないし、またその不倫行為は、二十三歳から三十五歳までの間に多い。

「普通の人が教え込まれてきたような貞節観とは違う貞節観なんだよね」とあるＮＢＡプレーヤーは話した。「どんな道徳的な理由や哲学的な理由があるのか知らないが、ほとんどの人が、妻を持ったら他の女とやたら寝たりしてはいけないと信じている。でも、スポーツ選手は若くして結婚するやつが多いし、そのまわりにはいつも女性がいるという雰囲気、というか、環境があるんだよ」

またスポーツ選手は、自分の不倫行為を大目に見るべきだと妻やフィアンセや同棲中のガールフレンドに要求する。「僕の仕事は、地元でも遠征中でもとても疲れるものだった」とジョンソンは書いている。

「だからリラックスするのに、チームメイトと出歩いてる時以外は、女性と一緒にいるのが好きだった。僕は、知っている女性には全員、僕にとってはバスケットボールが最優先で、女性は二の次なんだと話した。たった一人の女性だけがそれを心から理解して受け入れた。それがクッキーだったんだ」

「僕が一人の女性を愛していながら、なぜ他の女性とも一緒にいられるのか、わからないという人もいる。でも、僕の一部はいつだってクッキーと一緒だった。それはきっと僕のアービンの部分だったんだろう。残りの部分はマジックだったと思う」

スポーツ選手の妻たちは、夫のほしいままの不倫行為を公に咎めることはめったにないが、実はこの夫の乱交癖が二人のいさかいの原因となっていることが多い。九〇年から九六年までの間に、プロのスポーツ選手とトップディビジョンにランキングされる大学のスポーツ選手を加害者とした妻、あるいはそれに当たる女性への暴力事件の訴えが、百五十件（警察への訴えと、他の社会福祉施設への訴え）正式に報告されている。その暴力の内容は、暴行、殴打、ストーカー行為、誘拐、過失致死、計画的殺人などだ(2)。家庭内で女性が暴行されることがあるという認識が高まり、法執行当局がいち早く対応するようになってきたことで、この百五十件のうち七十七件が、九五年から九六年の間に起訴されている(3)。この起訴された七十七件のうち七十件は、フットボールかバスケットボールの選手が加害者とされていた。また、被害者のうち七人は、被害に遭ったとき妊娠していたことがわかっている。

検事やスポーツ選手やスポーツ選手の妻たちにインタビューし、警察の報告書、被害者の陳述書、訴訟関係書類などに目を通すと、次の共通点が浮かび上がってくる。それは、妻に暴力をふるうスポーツ選手は、その性生活が乱れているという点だ。選手が堂々と不倫をやってのけることが家庭で口論の発端となり、それが暴力にエスカレートして警察が介入することになるというケースが多い。「女性たちが選手を追いかけるっていうパターンが、結婚してる二人や恋人関係の二人に問題を起こすのよね」とカンザスシティー・チーフスのある主力選手の妻は話した。「それで、両方が暴力をふるうようになるのよ。妻も夫もね。銃が持ち出されたこともあるし、つかみ合いの喧嘩もね。それも公衆の面前でよ」

チーフスの選手では、銃の持ち出された暴力事件で逮捕された者が数人いた。ランニング・バックのハービー・ウィリアムズは、九三年に二度、女性に暴行したとして逮捕されている。一度は、拳銃を持ち出して妻に暴行したというものだった。ウィリアムズは、九五年にロサンジェルス・レイダーズにトレードされたが、その年にもまた妻に殴る蹴るの暴行を加えたとして逮捕されている。チーフスのレシーバー、ティム・バーネットも、妻を殴打して二度逮捕されている。一度は銃で殴打したのだった。また、別件では、別の女性に性暴力を加えたとして逮捕されている。

こういったチーフスの選手たちの事件は、決して例外ではない。むしろ、ほとんどのプロスポーツチームの直面するジレンマがここにある。選手の見境のない性生活が引き金となって、妻や恋人に対する暴力が繰り返されることが多いのだ。スポーツ選手の度を越した不倫行為は、女性を見下す行為も同然で、結婚生活を維持していくのを非常に困難にしている。

スポーツ選手の無分別な不倫行為が、家族としての責任の放棄や妻への暴力などの問題を引き起こしているという典型的な例が、前述のバーネットだ。彼の暴力をなんとかしようと再三働きかけがなされたのだが、彼を止めることはできなかった。それは、性的に女性を服従させようとする彼の欲求が、野放しにされていたからだった。

▼妻への残酷な仕打ち

一九九三年六月、カンザス州オーバーランド・パークの自宅で、ティム・バーネットは逮捕された。妻を暴行、殴打したという容疑だった。暴行の最中、バーネットは妻を三五七ミリ口径のマグナム銃で脅した。一〇月、バーネットは有罪を認めた。

バーネットが妻の虐待で有罪とされたのは、これが二度目だった。九二年三月にも妻に暴行し、三十日間の刑務所入りを言い渡されていた。しかし、バーネットがカウンセリングを受け、今後二度と妻に手を上げないという条件で、判事はこの刑の執行を猶予した。ところが、バーネットは二度目の暴行を犯し、しかも今回は銃も持ち出したということで、猶予されていた刑が執行されるはずであった。一方バーネットは、五人の子供の父親として認知されていたが、その養育費を払わないとしてそれまでに何度も提訴されていた。これは、性行為だけを追って、その結果できた家族に対する責任を顧みないというスポーツ選手の典型的な態度を物語っている。

ピッツバーグ・スティーラーズとのプレーオフゲームを四日後に控えた一九九四年一月四日、バーネットはジョンソン郡裁判所に出廷した。九三年一〇月二八日に有罪を認めた妻殴打事件に対する刑を言い渡されることになっていた。バーネットは、クウォーターバックのジョー・モンタナからパスを受け取る主力のレシーバーの一人だったので、彼はチームの勝機を握る存在だった。そこでバーネットの弁護士は、判事のジョン・アンダーソン三世に次のように訴えた。「バーネットが土曜日のプレーオフゲームに出られないとなると、彼のチーフスとの契約が危うくなります」。しかし、アンダーソンは聞き入れなかった。彼は、バーネットに十日間の懲役を言い渡し、ただちに服役するように命じた。

「あなたがカンザスシティー・チーフスの選手だからというだけで、他の人と全く違う処遇をするわけにはいきません」とアンダーソンは主張した。「今度こそは、あなたが執行猶予の条件を守って、次回また誰かに大変な傷を負わせてまたここに来るようなことはないと、ただ漠然と期待していればいいわけですか。そんなことはできませんね」

アンダーソンは、その日たまたま、具合が悪いのを理由に早退した。バーネットの弁護士は、控訴の手続きをとった。アンダーソンの代理として、ロバート・モーズ判事が控訴中の有罪犯の保釈金設定を担当した。保釈金設定は法的義務だと述べた後、モーズ判事はその額を千五百ドルとした。バーネットの弁護士はその額をただちに支払い、バーネットを控訴中として土曜日のゲームが終わるまで自由の身とした。バーネットの弁護士は、懲役十日間の刑に不服はないと譲ったが、バーネットの仕事が仕事だけに、彼とその家族に非常な困難を強いることになると主張した。留置所にわずか数時間入れられただけで、控訴中としてバーネットは自由の身となった。

その土曜日、カンザスシティーのアローヘッド・スタジアムでは、ゲームの終盤になってチーフスがスティーラーズを追い上げていた。残り一分強という時に、バーネットが見事なタッチダウンをきめ、ゲームを延長に持ち込むと同時に、ファンを興奮のるつぼへと落とし込んだ。バーネットが得点をあげた時、ABCスポーツの解説者アル・マイケルズが、バーネットの刑事事件に触れた。すると、マイケルズとともに解説を務めていたダン・ディアドーフがこれに答えて言った。「もしこれが陪審員による裁判だったら、バーネットは無罪になっていたでしょう」

チーフスはそのまま延長で勝ち、スーパーボウル出場へ一歩近づいた。翌日、『カンザスシティー・スター』紙は、バーネットを「わが街のヒーロー」と讃えた。バーネットは、記者団に誇らしげに告げた。「自分は、私生活での困難な状況をいくつも乗り越えなければならなかった。でも、それらを乗り越えられたと思っている。今では、家庭生活に満足している。問題があったのは、一年以上も前のことさ」

しかし、家庭内で暴力をふるう傾向のある男性は、そのライフスタイルや行動パターンを変えない限り、それがなおることはまずない。バーネットの女性を見下した態度は、彼の見境のない性生活で明らかで、その態度はやはり変わることはなかった。その結果、バーネットが再び「誰かに大変な傷を負わせて」しまうかもしれないというアンダーソン判事の不安が的中してしまった。それも、バーネットが控訴審待ちで自由の身となっている間にだった。

一九九四年六月二四日、バーネットに言い渡された懲役十日間の刑が棚上げされてから六か月とたたないその日、バーネットはミルウォーキーのホテル、マンチェスター・スウィーツに泊まっていた。そこでバーネットは、タニシャ・ウォレン（仮名）と出会った。ウォレンは十四歳で、このホテルの清掃係をしていた。この仕事は、彼女が初めてしたパートの仕事だった。午前十一時頃、ウォレンは二一五号室のドアをノックしたが、返事はなかった。ドアは既に少し開いていたので、ウォレンは「お掃除です」と部屋の中へ呼びかけた。返事はなく、彼女は繰り返した。「お掃除です」。返事がないので、ウォレンはドアを開けて部屋に入った。そこには、三人の男がいた。「お掃除いたしましょうか」とウォレンはきいた。「そうだね」と一人が答え、ベッドにいたバーネットに声をかけた。ウォレンは新しいタオルとコップを部屋に運んで、バスルームを掃除した。仕事を終えて部屋を出ようとすると、バーネットに声をかけられた。「ちょっと、きいていい？」「ええ」とウォレンは答えた。「きみの電話番号は？」とバーネットはきいた。

不安になったウォレンは、マンチェスター・スウィーツの名入りのカードを取り出し、そこにわざとつづりを間違えた自分の名前を書き、適当な電話番号を書いた。「本当の番号は教えたくなかったんです」と後に彼女は法廷で証言している。

カードをもらって、バーネットはまた尋ねた。「ちょっと、きいていい？」ウォレンが「ええ」と答えると、バーネットは彼女の手をとって、彼女をベッドの上に引き寄せた。

そしてバーネットはウォレンの清掃係用の服に手を当ててこうきいた。「だれもまだこの中に入ったことはないの」。ウォレンは、今までにセックスしたことがあるのかときかれたと思って、怯えて「いいえ」と答えた。

するとバーネットは、彼女の肩をベッドの上に押しつけて、仰向けにさせた。「彼は、私の服をまくり上げて、胸をさわり出しました」とウォレンは後に証言した。『気持ちいいかときいてきました。それから、私の膣をさわり出しました。私はやめてと言い続けました。足をベッドから下ろして立ち上がろうとしたんだけど、彼がその足をまたベッドの上に持ち上げたんです。それから彼は、私の上から掛け布団をかけて、私の耳をなめ始めました。『気持ちよかったか?』って二回ぐらいきました。それから彼は、ズボンのボタンをはずして膝のところまで下げました。そして、ペニスを私の膣の外側にこすりつけてきました。彼は、入れるぞ、と言いました。それから、また私の胸をさわって、ペニスを膣にものすごく速くこすりつけてきて、そこが痛くなってきたんです」

やめてと懇願して、ウォレンはバーネットの胸板を押し返した。やっとバーネットはウォレンからおりると、バスルームへ駆け込んでいった。ウォレンの両股の間は濡れており、パンティーには精液がついていた。ウォレンは急いで服を下ろすと、ホテルの備品でいっぱいのカートをつかみ、部屋から走り出た。そして、ホテルで同じように清掃係をしている姉に助けを求めた。

ウォレンは、女性健康査定センターへ連れて行かれて、診察を受けた。そして、残された血液や、陰毛、頭髪などの採取を受け、膣内の診察も受けた。彼女の着ていた服も、証拠として保管された。

ウォレンは、両親に励まされて、この性暴力事件をミルウォーキー警察署に届け出た。そして、調査が開始された。一九九五年六月一二日、ミルウォーキーの陪審員たちは、子供への性暴力の罪でバーネットを有罪とした。これを受けて八月二一日、バーネットに懲役三年の刑が言い渡された。ウィスコンシン州の刑務所で一年強服役したたけで、バーネットは仮出所を許された。ところが出所後間もない一九九七年一月一〇日、今度はカンザス州で彼に刑務所入りが言い渡された。これは、一九九三年に起こした妻に対する暴力事件から保護観察処分になっていた彼が、その条件を破ったことに対する処分だった。

スポーツ選手の不倫行為は、ほとんどの場合、双方合意の上でなされるので、スポーツ選手に自制という教訓を教えることは全くない。それどころか、彼らの自己満足癖を助長するばかりだ。妻を腕力でコントロールしようとする暴力性向のある一般男性の場合と同じように、スポーツ選手が暴力に訴えるのにも様々な要因が考えられる。しかし、その最有力要因は、スポーツ選手が奔放に不倫に走るという事実なのだ。妻や恋人を虐待する選手に特徴的なのは、一度や二度の不倫とは程度の違う性生活の逸脱だ。

▼夫を告発しない妻

こうしたスポーツ選手の妻たちは、公的にも私生活でも非常な辱めを受けるわけだが、彼女たちは敢えて夫を告発しようとはしない。そうすることでなおいっそう夫の怒りをかうことを恐れていることはもちろんだが、その他にも彼女たちをためらわせる理由が二つある。一つは、有名人に向けられるマスコミの過剰な詮索の目を嫌うこと、もう一つは、夫が有罪とされた場合、自分の名声や生活水準も失ってしまうことへの恐れである。

虐待された妻で、スポーツ選手の夫を訴えなかった顕著な例が、フリーシャ・ムーンだ。彼女は、ミネソタ・バイキングスの花形クウォーター・バック、ウォレン・ムーンの妻である。一九九五年七月一八日の朝、ミズーリシティー警察の警官派遣係ケリー・ファンタックは、九一一番緊急電話で助けを求められた。ヒューストン郊外の高級住宅街、レイク・オリンピア・エステートの一家庭で暴力沙汰が起きている、という通報だった。通報したのは、ウォレンとフリーシャの八歳の息子、ジェフリー・ムーンだった。

派遣係　ミズーリシティー九一一番です。どんな緊急事件ですか。
ジェフリー　〔泣いている〕
派遣係　もしもし、大丈夫ですか。
ジェフリー　ぼくの……、来て……、早く……。
派遣係　何、何が起きたんですか。
ジェフリー　ぼ……、ぼくのパパ。
派遣係　パパは大丈夫?
ジェフリー　パパがママをぶとうとしてる。早く来て。
派遣係　わかりました。落ち着いて。おまわりさんが行くからね。ちょっと待っててね。

ジェフリー　今、通りを歩いてってる。早く来て。
派遣係　わかりました。
ジェフリー　お願い、早く。
派遣係　うん、ちょっと待って。パパがママをぶったんだね。
ジェフリー　うん。
派遣係　それで、今二人は通りを歩いているんだね。ママは救急車に乗せた方がいいの？　もしもし？　もしもし？(4)

フォート・ベンド郡の治安局は、一九九五年の一年間に、暴力事件の通報を約千件受けたが、その大半は家庭内で起こる暴力事件だった。それで、このジェフリーからの通報も特に珍しいものではなかった。ただ、その加害者が有名人だったのだ。警察が、百万ドル以上かけてつくったムーンの九千平方フィートもある豪邸にかけつけると、そこにはウォレンもフリーシャもいなかった。フリーシャは頭を殴られ、意識不明になる寸前まで首を締められたという。それで彼女は、車に飛び乗って逃げようとしたが、夫がもう一台の車で猛スピードで追いかけていったという。フリーシャが助けを求める声をメイドが聞きつけて、警察に通報した。しかし、メイドはスペイン語しか話せず、この緊急事態が伝えられなかったので、八歳のジェフリーに受話器を渡したという。フリーシャとウォレンは、メイドが警察に電話をしたことは知らなかった。

猛スピードでの追跡を逃れて家に戻ってきたフリーシャは、そこに待機していた女性警官の腕の中へ倒れ込んだ。たまたまフリーシャは、この警官とは知り合いだった。「メアリー、彼にめちゃくちゃ殴られたのよ」とフリーシャは泣いて訴えた。警官たちは、フリーシャに落ち着くよう言い聞かせた。「彼女の顔の右側と首は、血にまみれていた」と警察の調書にはある。「顔にはひっかき傷があり、首には擦り傷があった。その傷は痛むようだった」

警察がこの暴行の原因を尋ねると、フリーシャはこう言った。その日の朝家に帰ってきた夫が、庭で聖書を読んでいた彼女に殴りかかってきた。夫はその前の晩、帰宅しなかったのだが、どこに泊っていたのかは知らないと彼女は話した。「ウォレンは、私の耳際を平手でひっぱたき始めました」とフリーシャは言った。「それから、首を締められたので、何も言えなくなったし、息もできなくなりました。その時、彼は自制心を失いかけて、いつその手を緩めたらいいのかわからなくなっていると感じました。それで、自分の命が危ないと思ったのです」

フリーシャは、家庭で虐待された女性の避難所を運営しているフォート・ベンド郡女性センターという組織の元理事だったが、彼女自身の話も、虐待を受けた他の多くの女性たちの話と似ていた。家庭という密室の中で妻を虐待するという行為は元来、外からはわかりにくく、それでなおさら危険なのだが、虐待者がスポーツ選手となるとそれはますます危険になる。体格と腕力がまず被害者とは比べものにならないし、激しいぶつかり合いを耐え抜くように訓練されているからだ。

例えば、一九九三年九月二七日には、レベッカ・スミスが病院に担ぎ込まれて頭部の手術を受けている。彼女の夫でオイラーズの選手のダグが、口論の末、その三百十ポンドの巨体で彼女の首を締め、顔面に頭突きを食らわせ、目がつぶれるほどパンチを食らわせたのだ。後にダグは、法廷で容疑をすべて認めた。

一九九四年二月一八日には、ルイスビル大学のバスケットボール選手トゥロイ・スミスが、口論の果てに、自分のフィアンセを殺した。スミスはチームメイトたちからは「優しい巨人」とか「くまちゃん」などと呼ばれていた。スミスは、六フィート八インチの長身で二百四十ポンドという体格だったが、事件の時、二十歳のケリー・ドワイヤーを担ぎ上げ、自分たちの住んでいたアパートの床にたたきつけた。「彼女は、全身を打ちつけられたんです」とロバート・ディスベネット巡査は話した。ドワイヤーは、病院で救命装置につながれたが、意識を回復することなく二十四時間もしないうちに死亡した。スミスは、傷害致死罪で有罪判決を受けている。

テレビで宣伝されるスポーツ選手のイメージは、妻を虐待する男の一般的なイメージとはかけ離れている。しかし、暴力をふるうスポーツ選手は、その妻たちの命さえ脅かすのだ。ところが、命まで危険にさらされた妻たちが一番心配することは、それで夫のイメージが傷つけられないかということだった。

フリーシャ・ムーンが、被害の証拠として写真を撮りに警察署へ連れて行かれた時、彼女が一番心配したのは、新聞社がこの件をかぎつけないかどうかということだった。彼女の夫は、プロスポーツ界では希少な、真のロールモデルの一人とみなされていた。心から家庭を大事にする男で、自分の名を冠する慈善組織も設立し、一九八九年にはＮＦＬの最優秀選手にも選ばれている。こうしたイメージからムーンは、企業の宣伝によく起用される人物だった。警察署員がフリーシャの傷の写真を撮ると、彼女はすぐさまきいた。「これで、この件があしたのニュースに出るってこと？」

彼女が正式に訴えの手続きはしないというなら、この件は公にされずにおさまると署員は話した。それで安心したのか、フリーシャはせきを切ったように夫の暴力のひどさを語り始めた。彼女は結局、正式に訴えはしなかったのだが、ことの重大さによっては検事が独自に立件することはありうる、ということを知らなかった。

この事件の翌日、ウォレン・ムーンはヒューストンのＫＰＲＣテレビの取材に答えて、この件は家庭内のささいな出来事だと話した。「妻と口喧嘩になってしまって」とムーンは言った。「妻虐待なんかじゃないよ。単なる妻との口論だよ」

あの朝何が起こったのかを彼の口から聞くために、警察はムーンに出頭を要請したが、彼はそれを三日間無視し続けた。それでとうとう七月二一日、ムーンに出頭命令が出された。その日の午後六時までに郡警察本部へ出頭するようにというものだった。その日の午後、ムーンは自宅に地元及び全国ネットのマスコミ関係者を招き、記者会見を行った。自分のエージェントと弁護士を従え、妻と子供たちと並んで居間のソファに座ったムーンは、この体裁の悪い一件を家族とファンに詫びた。もう二度とこのようなことは起こさないとムーンは繰り返し、カウンセリングを受けることを約束した。

ところが、ムーンがこうして公に謝罪をした数時間後、地区担当検事のジョン・ヒーリーは、Ａ級軽犯罪でムーンを起訴することを決定した。そのニュースを聞いたムーン夫妻とその弁護士たちは反発した。フリーシャは、夫が有名人なばかりに見せしめにされるんだと言って怒り、裁判になっても夫に不利な証言はしないと宣言した。

フォート・ベンド郡では、軽犯罪とされた妻虐待容疑で初犯のケースは、通常裁判には持ち込まれていなかった。その代わりに、罪状を認めた上でその償いのための活動をするということが行われていた。「ムーンには、他の容疑者と同じようにチャンスを与えるつもりでしたよ。カウンセリングも受けさせるし、罰金も名目上のわずか百ドル、地域奉仕活動などもしてもらってね」とヒーリーは言った。「彼が非を全面的に認めれば、六か月の執行猶予にするつもりでした」。それでもムーン夫妻は、全くの不起訴を要求した。しかし州当局は、犯罪に目をつむるわけにはいかなかった。

マスコミはこの裁判を、被害者が無理やり夫に不利な証言をさせられるケースだと報道した。ところが弁護側は、彼女の証言をむしろ歓迎したのだった。それが陪審員たちの同情をかうと踏んだからだった。それだけでなく、ムーン夫妻のこれまでのいさかいまでも弁護側は強調した。「それを持ち出したのは、我々ではありませんよ。そういういさかいは、これまでに何度もあったわけですがね」とヒーリーは言った。「一度彼女は離婚の申請をしています。その時にも、真実のみを述べると宣誓してから夫が暴力をふるったと訴えています。それ以前にも、少なくとも一度はひどい暴行を受けていますね。そういうことも、我々が持ち出したんじゃないんですよ。弁護側が持ち出したんです、陪審員たちに教えるためにね。なぜそんなことをしたか。それは、こういう戦法だったからです。『二人の結婚をぶち壊して、陪審員たちの同情をかおう』とね。そこまでして、彼を弁護しようとしたんです」

フリーシャ・ムーンは、次のように証言して証言台を降りた。夫が自分の首をつかんだのは、自分を落ち着かせようとしたからだ。それで自分は咳をしただけだ。自分が息をするのが困難なのを見て夫は手を緩めたが、それでもまだ自分を落ち着かせようと首に手をあてていた。これを聞いた陪審員たちが、無罪判決を下すのに時間はかからなかった。「あの夫婦のいさかいは、どちらの落ち度が原因かわからないね」と陪審員長のジェームズ・ロジャーズは言った。「ムーン夫妻にはもう一度やり直すチャンスを与えるべきだと、私達は思ったんです。自分たちの間で話し合って変えていかなきゃならないことじゃないですか。彼は超有名人だってことで、起訴されたように思いますね」

ただ二人だけの男性陪審員のうちの他の一人、フランク・スパークスも、同じ考えだった。ムーンの知名度のために、夫妻はやり玉にあげられたのだと言っていた。「あれは、妻の虐待なんかじゃないですよ」と彼は言った。「ウォレン・ムーンの件は、妻の虐待じゃないですね。あれは違いますよ。私は虐待のシーンを見たこともあるし、聞いたこともありますが、あのケースは虐待じゃない。あれは、単なるひっかきっこみたいなもんですよ。家庭内で自分たちで解決できた問題です。ムーンは奥さんを殴ってなんかいませんよ」

フリーシャ・ムーンがそこまでして夫を守ろうとしたことは、虐待された女性のための支援グループやムーン一家と親しい近所の人々を唖然とさせた。「フリーシャが彼を無傷で帰すなんてねえ」と近所の一人は話した。「前にもさんざんいさかいがあって、その度にウォレンがしばらく離れて暮らしていたこともあったくらいよ。フリーシャは気さくで親しみやすい人で、子供たちのことをよく気づかってたわ。それに、素晴らしい隣人ですよ。彼女がウォレンを訴追しなかったのは、マスコミがうるさいからじゃないかしら」

裁判の一週間後、ムーン夫妻はそろって「ラリー・キング・ライブショー」に出演し、無罪判決を賞賛した。「僕が人気スポーツ選手じゃなかったら、裁判なんかにはならなかったでしょう」とウォレン・ムーンは言った。「僕が〔O・J・シンプソンと〕同じような状況の花形フットボール選手だから、検事側は世間の教訓にしようとしたんじゃないかな」

シンプソンが「妻の虐待というのは、両方に責任があるんだ」と言ったらしいと、キングがムーンに水を向け、これは当を得ているかとムーンにきいた。「そう思うよ」とムーンは答えた。「夫婦間の暴力の三十五パーセントは、女性がしかけるか、女性が挑発しているという統計もあるっていう。そのうちで、男性が認めるのはたったの二パーセントだけどね。女房にやられているなんて、認めたがる男はそういないからね。でも事実、そういうケースはあるんだ」

「男が、アルコールや麻薬なんかの影響で、つい奥さんにあたっちまうってこともあるだろう。それに、何かで滅入ってて、奥さんに八つ当たりするってことも考えられる。そうでなければ、どうしても仲良くできない夫婦っていうのもいるもんで、そういう場合は暴力的になるときもある。僕たちも、結婚生活で二、三問題はあったけど、みんなが想像するような深刻な問題じゃないよ」

フリーシャ・ムーンは、腕力を行使したのは自己防衛のためだったという夫の主張を支持する発言をした。「あの七月一八日、私は全く自制心を失っていたんです」と彼女は言って、自分が夫の怒りを触発したのだと言いたげだった。ムーン夫妻は、問題の事件は夫婦間の単なるもめごとが大げさに報道されただけだ、という印象をうまく与えたが、奥に潜む問題の核心に迫ることはなかった。それは、ウォレンのほしいままの不倫行為と、それが二人のいさかいの引き金となっていたという事実だった。

「同じような問題が、私達の間に何度も起こるようになっていました」とフリーシャ・ムーンは番組で認めた。ウォレン・ムーンが、「僕たちは、別々の生活をするようになってきたんだ」と説明する。彼は、自分の不倫行為を「弱点」だと表現した。「そういうことは、たぶんあってはいけなかったことでしょう。でも、僕は家であまりかまってもらえないみたいだったんで、別の場所に足が向いてしまったわけさ」とウォレンは言った。「それが僕には必要なことだと思ったんだ。そうしたら、それが問題になってしまった。僕は聖人ではなかったね、それは確かさ」

ウォレン・ムーンのこの見方は、実際に彼がどのくらい不倫行為にふけっているのか、そしてそれが彼の結婚生活と妻への暴力行為にどのくらい影響しているのかを、過小評価しすぎている。ウォレンのような有名スポーツ選手には、公にしにくい出会いや関係が多々あって、今回ウォレンが妻への暴力行為で逮捕される前にもそれらがちらついていたのである。

▼乱れた性生活と妻への暴力

一九九〇年に、ウォレンはキンバリー・コールマンと関係を持ち始めた。コールマンは、ヒューストン地区で活動していたモデルで、「陽気で、たくましい美しさをもつ女性で、笑いながら豊胸手術をしたバストの上までブラウスをたくし上げて、相手をその気にさせるような感じ」だと評されていた。ムーンとコールマンは、有名スポーツ選手と元トップレスダンサーからなる一団と、ナイトクラブにひんぱんに出入りしていた。一九九三年九月、コールマンは飛行機の墜落事故で死亡した。個人所有のリアー・ジェット機に乗っていたが、そのジェット機がニュー・メキシコ州サンタフェ付近の山肌に激突して、他の五人の乗客と共に命を落としたのだった。

コールマンは、ムーンの遠征について行ったり、ヒューストンのナイトクラブやイベントにムーンと一緒に現れたりしていたが、彼らの関係がまともに取り沙汰され始めたのは、コールマンが死亡してからだった。『ヒューストン・プレス』誌は、こう報道している。コールマンは、九二年と九三年に、雑誌『プレイボーイ』掲載用に自分のヌード写真を数多く撮らせていたが、そのことがムーンを怒らせ、二人が別れ話を持ち出すきっかけとなったという。

死亡する数か月前、コールマンは、ムーンの子供がおなかにいると話していた。彼女は、ムーンと関係のあった三年間ずっと、月々現金を受け取り他にもさまざまな贈り物を受け取っていたのだが、いよいよ別れるという段になると、それ相応の示談金がほしいと要求していた。飛行機墜落事故の起こるすぐ前のことだった。事故の後、ムーンはオイラーズでの成績が冴えず、プロ入りして初めてベンチ入りさせられた。そして、九四年にはヴァイキングスにトレードされた。

このトレードに伴ってムーンはミネソタに居を移したが、彼の妻と子供たちはテキサスに残った。引っ越してしばらくして、ムーンはまた別のモデルに熱を上げ始めた。その女性は二十四歳のミッシェル・イーヴズで、元ミス・ハワイアン・トロピックスでもあり、ヌードダンサーをした経験もあった。ムーンがイーヴズに出会ったのは、九四年に彼女がヴァイキングスのチアリーダーとして雇われた時だった。九五年四月二八日、イーヴズは訴訟を起こして、ムーンから再三にわたって性的嫌がらせを受けたことと、それがある時性暴力にエスカレートしたことを訴えた。

ヴァイキングスに雇われた時、イーヴズは結婚していて子供も一人いた。それを知りながら、ムーンは最初から彼女と性関係を持とうとアプローチしてきたという。イーヴズの提訴状によると、ムーンは、彼女と性関係を持とうと何度も近づいてきた末、ある遠征先のホテルの部屋で、彼女に電話をかけてきた。ムーンが彼女にちょっと部屋まで来てほしいと言うので、イーヴズは訝しんで、同僚のチアリーダー、エイミー・ケロッグに一緒に行ってもらった。

するとムーンは、ケロッグを部屋から追い出して、「〔イーヴズに〕オーラルセックルをしつこく迫った。あまりしつこいので、〔イーヴズは〕同意せずに、いやいやながらオーラルセックスに応じた。するとムーン被告は、今度は〔イーヴズに〕性交を強要しようとしたが、〔イーヴズは〕それを拒否し、やっと部屋を出ることができた」

ムーンもチーム側も、イーヴズの言い分を断固として否定した。そしてムーンの弁護士たちは、ミネソタ州判事を説得してこの訴えを封じてしまった。一方、イーヴズは、この裁判を起こす前にヴァイキングスから解雇されていたが、その腹いせにムーンを標的にしたのだと非難された。彼女を解雇したのは、遠征中に彼女が相手側の選手と親しくなったからだとチーム側は説明したが、イーヴズは、自分が解雇されたのはムーンとのもつれがあったからだと主張していた。

過去にも遠征中、選手の間で問題行動が見られたため、ヴァイキングスの幹部たちは、選手用にホテル宿泊中のルールを定めた。ヴァイキングスの社長、ロジャー・ヘドリックは、チームが遠征中にはチアリーダーも選手もこの厳しいルールを守ることになっていると話した。「遠征先のホテルのどの階にも、警備員を配置します」とヘドリックは言った。「門限もあって、夜の十一時ということになっています。選手たちが一度ホテルの部屋に入ったら、誰かに見とがめられずにそこを出るということはありえません。もし出たら、チームから解雇されます。彼らはそれに納得しています。実際に解雇のケースもありました」

「誰もが知りたがるのは、『もし、ウォレン・ムーンが部屋を出たら、彼も解雇されるのか』です。私には、何とも言えませんね。彼がルールを破ったというような話は聞きますけど、本当にそうなのか私にはわかりませんから」

チームの主力選手であるムーンは、チーム内での地位と給与で他の選手とは格段の差があった。どのスター選手もそうであるように、彼もまた破格の扱いを受けていたのだった。イーヴズが言うには、ムーンはそういった特権を濫用して、チアリーダーたちにも近づいたという。「彼女が首を切られて、その腹いせに誰かを訴えたなんていうと、負け犬の遠吠えみたいだけど」とヴァイキングスの警備員の一人は言った。「実は、彼女の訴えにはそれなりの裏付けがあるんだよ」

ヴァイキングスに雇われた警備員たちの中には、イーヴズの訴えを信じる者が多かった。彼らはムーンと接した経験もあり、ムーンだけはホテル滞在中のチームルールに従わなくてもよかったということも知っていたからだ。「私たち警備員は、ドアをノックして返事を待たずにドアを開け、部屋に入ってざっと部屋の中を見回します」と一人の警備員は言った。「そして、その部屋をあてがわれた二人の選手がちゃんとそこにいるかどうか、女性はいないかどうかを確かめます。選手全員の部屋を回り終えると、朝の六時まで廊下に座って、誰も部屋から出てはいないか、また、女性が部屋に入って行くことはないかと見張っているのです」

こういうルールは、選手と女性たちが時間外に接触することのないように定められたものだが、それはムーンだけには適用しなかった。「ホテルの警備をするときは、夜の十一時を過ぎたらどの選手も自分の部屋に入ることになっていました。廊下にいてもいけないし、自分の部屋以外の部屋にいてもいけない。ところが、ウォレン・ムーンだけは別だという暗黙の了解があったんです。それに、彼だけには自分一人の個室があてがわれていました」とこの警備員は話した。

ストリップ・バーの常連客だったムーンは、かなりの大金をつぎこんでヌードの女性達を眺めていた。フットボールをしていないときは、性行為をしていることが多くなった。麻薬中毒患者と同じように、性をむさぼって自己満足ばかりを追っているようなスポーツ選手の生活は乱れ、結婚生活とは相いれなくなる。このようなスポーツ選手は、結婚していても口論が絶えず、それが往々にして妻に対する暴力にエスカレートする。

五月二四日、ムーンはイーヴズと示談を成立させたが、その内容は公開されなかった。しかしそこには、イーヴズが今後この訴えを蒸し返さないこと、また、この示談がどのようになされたかを公開しないことなどの条件が含まれていた。

七月一七日、ムーンは九五年シーズンのトレーニング・キャンプに参加するため、テキサスからミネソタへ出発しようとしていた。その日の晩、ムーンはヒューストン郊外にあるストリップ・バーで飲み明かし、次の日の朝自宅へ戻ったのだった。そのときに彼は妻と激しい口論になり、息子のジェフリーが九一一番に助けを求めることとなったのだった。後にムーンが起訴されたとき、この暴行の前の晩ムーンがどこにいたかを検事側は敢えて持ち出さなかった。それを持ち出すと、ヒーローの信用を落とそうとする不当なやり口だと一般大衆や陪審員たちから反感を買うかもしれないからだった。それで、有名スポーツ選手の行動が極端に常道からはずれたものであっても、検事側はこの種の事実を通常持ち出したがらないのだった。

「調査の結果、ムーンには愛人がいて、事件の前の晩はトップレス・クラブにいたことを我々は突き止めていました」と地区担当検事のジョン・ヒーリーは言った。「でも、それを持ち出して裁判の質を低下させたくなかったんです。我々がムーンの英雄的イメージを壊すようなことをしたら、陪審員たちが我々の言い分に耳を傾けないようになってしまうと考えたのです。それどころか、その反動で逆にムーンに同情が集まってしまったでしょう。それに、検事側は事件そのものの重大さで立件できないから、こうしてムーンのイメージ破壊策に出たと思われるでしょう。そして、陪審員たちにきまりの悪い思いをさせて、ムーンに対して嫌悪の情を抱かせ、それで我々の思い通りムーン有罪の判決を下させようとしたと見られてしまうと思いました」

ムーンの再三にわたる不倫行為が妻を傷つけ、怒らせたことは疑いの余地がない。彼の乱れた性関係について、常にうわさ話や当てこすりを聞かされていたので、それが二人の関係をぎすぎすさせ、口論が簡単に暴行にエスカレートするような素地が生まれていたに違いない。ヒーリー検事は、妻に対する暴力事件を五百件近く扱った経験があるが、彼もムーンの度を越した不倫行為が暴行の原因になっているのは明らかだと指摘した。「妻への暴力事件の裏には、夫の不倫行為があることが多いんですよ」と彼は言い切った。

九〇年から九六年の間に、スポーツ選手を加害者とする妻への暴力事件の訴えは百五十件あったが、有罪とされたのはそのうちの二十八件だけであった。それも、ほとんどは司法取引で解決されてしまっている。大多数の事件は、被害者の意向で起訴さえもされなかった。刑事訴訟まで持っていかれたのはたったの十件で、そのうちの六件に有罪判決が下された。その六件のうちの四件では、被害者が殺されたか、殺されそうになったかしている。

註

(1)O・J・シンプソンの証言。*USA*, January 23, 1996.

(2)この数字は、次のようにして得られた。まず、AP電とアメリカ国内中の大手日刊新聞、それに、トップディビジョンに入るスポーツチームを擁する大学の学生新聞の記事で報道された事件を調べる。次に、地区検察局へ電話で問い合わせて、スポーツ選手を加害者とする被害届けの出された事件を聞き出す。これらを合計すると、百五十件となった。

(3)この数字は、一九九五年一月一日から一九九六年一二月三一日までAP電を毎日調べて得られた。そして、地区検察局に電話をして、訴えが実際に起訴されたかどうかを確認した。

(4)ムーン事件の警察記録にある九一一番緊急通報の録音テープを書き起こしたもの。

11章　流血を止めるには

▼スポーツ・ヒーローは何をしても許されるのか

スポーツ選手が、自分たちの愚かな行動を恥ずかしいとも思わなくなっているのに比例して、彼らが逮捕される事件も多くなっている。それも、特に女性に対する犯罪事件が多い。自分たちの性的自己満足を追うことばかりを考え、それが犯罪に結びつくという例が、業界でも高収入をあげるスポーツをプレーする選手によく見られる。それは大学選手もプロ選手も同じことで、最近とみに女性に対する暴行の頻度がエスカレートしている。彼らの犯罪が特に凶悪になってきていることを考え合わせると、何らかの対策を講ずることが急務だ。理想のモデルなどとはやし立てられている男たちが法に触れるような行動をしなくなるように制御していく必要がある。有名スポーツ選手が、女性にひどい暴行を加えたり、強姦や誘拐をしたり、公にできないような性関係の絡む犯罪、あるいは、麻薬や銃器の絡む犯罪を犯したりすることは、今日ではあまりにも日常茶飯のことになってしまっているのだ。

ところが、こうしてスポーツ選手が違法行為をしているということがはっきりしてくるにつれ、コーチやスポーツ業界を弁護する者たちがそれを否定する声もクレシェンドをむかえた。「スポーツ選手やコーチたちの違法行為が新聞などで取り沙汰されるのをよく見かけます」とリチャード・ラプチックは言う。彼は、『スポーティング・ニュース』誌のコラムニストで、ノースイースタン大学にある社会とスポーツ研究センターの所長でもある。「そのイメージを否定することはできません。最悪の事態でさえ簡単に信じてしまう人が多いようです。女性に暴行したとされるフットボール選手やバスケットボール選手の大部分――それも、極端な数ではない――のケースは誤解なのです。スポーツをしたり、そのコーチをしたりすることで、彼ら〔犯罪容疑をかけられた選手たち〕が凶悪化すると納得させられるような現象は、一度も見たことがありません」

単に「スポーツをする」ことで、人が暴力犯罪を犯すようになる、ということはもちろんありえない。それは、若者からお年寄りまで何百万もの人がアマチュアスポーツに参加していて、何百万もの暴力犯罪者が出ていないことを見れば明らかである。スポーツ自体は犯罪行為の横行と何の関係もないことは衆知のことなのだ。有名スポーツ選手が違法行為を犯した場合、それは、彼らがスポーツ選手としての訓練を受けているからというより、彼らの名声や生い立ちがそうさせるのだ。「そもそもなぜ私達は、子供にスポーツをさせるのでしょうか」とグレッグ・ギャリソンは問いかけた。ギャリソンはマイク・タイソンを強姦容疑で訴追した検事だった。「それは、チームワークや規律や練習の大切さや、個人が集団のために犠牲になること、スポーツマンシップ、目標を立てること、などの大切さを子供たちに教えるためでしょう。ところが、金持ちになって女性を大勢手に入れるためにスポーツを始めたとしたら――確かにそれは今日のスポーツ界でもあるのですが――全く道を見失ってしまうことになりますね」

「もし自分が、貧困層の住む地域をドライブしていて、マジック・ジョンソンの代わりに地元の黒人神経外科医の顔が印刷してあるTシャツを子供が着て走り回っているのを見たとしたら、ああ、我々も一歩前進したのだと思うでしょう。ジョンソンの最大の功績は、エイズのスポークスマンになったことですけどね。『マジックがかかるくらいなんだから、エイズもそう悪いもんじゃないだろう』ってね。ところが、自分自身の悪行から彼はエイズになったわけですが、誰もそれを指摘しようとしない。彼がマジック・ジョンソンだからですよ。こうしてスポーツは脱線して、高い理想を追い求める手段でなくなってしまったんです」

業界に高収入をもたらすスポーツ選手の違法行為が増えている、という事実をあくまでも否定することは、更にその犯罪が増え、しかも凶悪化することにつながるだけだ。次の例がそれを物語っている。九五年から九六年までに、大学とプロのスポーツ選手、実に九人が、殺人がらみの犯罪で起訴されている。事件で死に至った人は実に七人、そのうち五人は女性だった(1)。更に驚いたことには、この九件で容疑者は全員、自分の行為に責任の持てる状態ではなかったと主張していた。三件を除く全件で、スポーツ選手は無罪放免とされた。

人は、スターの座にいると社会規範を無視しても許されるような気になり、法に触れるような誘惑にもしょっちゅう手を出すようになる。社会的、経済的に恵まれない環境で育った者が金持ちのスーパースターになることが今では多くなっていて、そういう者は特に、こういった誘惑に弱い。一九九六年には、四十二人という空前の数の大学一、二年生が、NBAのドラフトに名乗りをあげた。高校生も三人いて、大学でプレーすることは最初から考えていなかった。このように、十代や二十歳の若者たちが、大学を卒業するどころか入学もしないで、プロスポーツに大量に流れ込んでいるが、その理由として、経済的困難を克服するためと、女の腕一つで育ててくれた母親を不健康で危険な住環境から解放してやりたい、という二つの理由が最もよく挙げられている。

崩壊した家庭、犯罪の横行する住宅街、そして家族間での暴力行為などの問題の元凶は多岐にわたる。プロスポーツには華やかで魅惑的なイメージがあるが、プレーする若者たちは、この三つの問題全部を抱えて育ってきた者が多いのだ。ミネソタ・ヴァイキングスの社長、ロジャー・ヘドリックも、これを認める。「彼ら〔プロスポーツ選手〕は、そういう環境から来ることが多いのは確かです」

それなのに、プロスポーツ連盟や企業の宣伝マンたちは、ファンの財布のひもがゆるまることを狙って人気スポーツ選手を担ぎ出す。そして選手たちに、模範的市民であれと暗に期待するわけだが、それはあまりにも一方的すぎる。なぜなら、この若者たちは、四六時中みんなに観察されていてもぼろを出さないような、そんな環境で育ってはこなかったからだ。現在のプロスポーツ選手像を、ヘドリックは次のように描いた。

「私の描く典型的なプロスポーツ選手は、まず、十二歳の時に既に、クラス内の他の男の子たちより体が大きいか、足が速いか、強いかしています。そして、学校の男の子たちはその子を賞賛の目で眺めますから、その子もそれを誇りに思い、一目置かれていると感じるようになります。中学三年か高校一年になる頃までには、女の子全員の注目を集めます。女の子は学校のスタースポーツ選手に憧れますからね。高校三年になる頃には、金曜のナイトゲームに出るため遠征に出かけるようになる。それで、金曜は学校を休むわけですが、金曜には普通テストがあって、それが受けられない。ところが月曜になると、ガールフレンドがテストを渡してくれる。それで彼は、月曜の午後か火曜にテストを受けて、通るわけです。こういう感じでいろいろ助けてもらって、高校はなんとか卒業するわけです」

「大学に入ると、家庭教師をつけてくれる。もちろん、大学が払うんですよ。彼は、なんといっても奨学生ですからね。そうして、家庭教師の力で彼は大学を卒業します。夏休みの仕事は、同窓生が用意してくれるしね。三年か四年になる頃には、もうエージェントがついて、卒業後の契約を踏まえてもう前金を渡すんですよ。その金で、彼は車でも、ステレオシステムでも、何でも欲しいものを買えます。ドラフトの上位で指名されるとして、いや、上位じゃなくても、NFLの今年〔一九九六〕の最低年俸は十二万九千ドルです。二十二か二十三の若造で、年収十二万九千ドルもらってる奴なんか、そういないでしょう。そんなわけで突然、生まれて初めて自分の足で立っていかなければならなくなったわけです。それまで、交渉ごとをしたり、小切手をきったり、アパートの賃貸交渉をしたり、家具を買ったり、といったことは一度もしたことがなかった人間です。それで、考えるわけです。『めんどくさいこと言ってないで、これ、オレにくれたらどうなんだ？　オレは××のメンバーだぜ。家具くれよ。アパートもくれよ。あれもくれよ。これもくれよ』ってね」

「生まれてこのかた二十二年、すべてのものは彼に与えられてきたんです。それを考えると、これは環境の大変化ですね。適応する者もいるし、全くできない者もいる。まだ未熟だし、そんなに教育があるわけでもない。目を見張るような賢い人間じゃないってことですよ。それでもいきなり彼らは皆の注目の的になって、そこで〔大部分の人が〕首をかしげるようなことを言ったりしたりする。彼らは、そういう場に対応する術を知らないんですよ」

　もちろん、この描写がすべての大学選手やプロ選手に当てはまるわけではない。しかし、これが今アメリカで一番人気の理想モデルをある程度的確に描いているのは確かだ。しかも、こういうモデルの数は増える一方だ。世の中が、真のヒーローを捜し求めている今、ヒーローたる従来の資質——勇気があって、正直であって、勇敢で、自己犠牲も惜しまない——は、目立つことと、富と名声があることにとってかわられつつある。「スポーツ選手は、今まで以上に目立った存在となり、大金を稼ぐようになりました」とあるＮＦＬの役員は言う。「多くの人にとって、スポーツ選手になることは生活を向上させる手段なんです。少なくとも、そう思われてますね。ロサンジェルス市内の中学三年生で、バスケットボールをしている男の子たちに聞いてみると、多分七十五から九十パーセントの子が自分はＮＢＡでプレーできると信じていますよ。現実は、そのうち一パーセントか二パーセントぐらいしかそこまでいけませんがね。ところが、七十五パーセントもの子供がＮＢＡにいけると信じているなら、それがその子にとっての現実でしょう。その時点での現実から生まれた夢と希望がＮＢＡなんですから。スポーツ選手は、自分は普通の人とは違うんだという事実に伴う責任を認めなければならないと思います。それに見合う金は受け取るわけですからね。その金を受け取る以上、それに伴う責任も受け止めなくちゃいけません」

しかしながら、有名人だというだけで真のリーダーだと見なされるのは、荷が重すぎるのだ。考えてもみよう。スポーツ選手の元来の役目は、人を楽しませることだ。そしてこの役目は、責任ある市民としての役目を犠牲にすることが多く、道徳観念も人それぞればらばらなものを容認していってしまう。「プロスポーツは、今ではもう絶対的な存在になっていますから、地域に根づいた道徳観など無視してしまうことがあるんですね」とギャリソンは言う。「スーパースターのすることなら何でもオーケーだ、ということになってしまうんです」

スポーツ選手としての名声のおかげで、選手は一般の人々が従う行動基準に従わなくてもいいように思われている。常道から外れた行為を犯した者が人気スポーツ選手となると、アメリカ人はそれをなんとしてでも大目に見ようとする。彼らの行為が普通の犯罪者の行為より数段ひどい場合でも、スポーツファンは彼らを非難しようとしないのだ。自分たちのアイドルを応援したいという衝動を抑えて、非難するだけの決意を示すことはめったにないわけだ。ある社会政策専門家はこう警告している。「社会がいったん、悪いことは悪いのだときっぱり宣言する能力を失ってしまうと、永久に、一時的な言い訳を探す羽目になる。そしてそのたびに善悪を区別する線を書き換えることになり、悪が善の方に押し寄せて、社会は善悪を区別する能力自体を失ってしまうのだ」

お金を払って観戦するスポーツファンから何の抗議もないので、スポーツ業界は、刑事犯罪で有罪となった選手に奨学金や何百万ドルという契約金を渡して、彼らの犯罪行為に目をつぶり続けている。ネブラスカ大学のランニングバック、ローレンス・フィリップスを巡る言動がこの問題を如実に示している。フィリップスは素晴らしい素質を持ちながら、一方では深刻な問題を抱えていた若いフットボールプレーヤーだった。フィリップスを入団させようと考えていたチームのオーナーや、経営責任者や、コーチたちは、ドラフト準備期間中に次のような分析をしていた。

「トム・オズボーンほどの人物が選手の人柄を保証するなら、それに間違いはないはずです」と、バッファロー・ビルズの経営責任者ジョン・バトラーは言った（フィリップスが元恋人を残酷に暴行したとして有罪判決を受けたことは広く報道されていたが、オズボーンはこの判決の後で、すべてのNFLチーム宛にフィリップスの人柄を讃える手紙を書いていた）。

「彼は天使ではないと思うけど、まあ、そこそこいいんじゃないですか」と、あるチームの役員（匿名希望）は言った。「人事について一通りは知ってて、正気の人間なら、彼をとらないなんてことはありえないでしょうね」。バルティモア・レイブンズのオーナー、アート・モーデルはこう言った。

「あの若者には、感心したね。もの静かで、ユーモアのセンスもある。見事に鍛えられた体、恐ろしいほど強そうな顔つき、それに、幅広の肩。どことなくマイク・タイソンを思わせるね」

あるチームのスカウト担当者は、率直に次のように言っていた。フィリップスのランニングバックとしての一番の資質は、「怒っていて、飢えている」ことだ、と。

結局フィリップスは、セントルイス・ラムズへの入団が決まり、チームは彼に年俸五百万ドルを約束した。「誰にでも、チャンスは二度与えられるべきです。場合によっては、三度でも四度でもね」と、ラムズのアシスタントコーチ、ジョニー・ロランドは言った。「ローレンスのしたことは、麻薬とは何の関係もなかったんです。あれはただのセクハラですよ。誰かを殺したわけでもないし、刺したわけでもない」

残念なことに、このフィリップスを巡る言動は特殊な一例ではなく、既にパターン化しているものの一部にすぎない。現に、ラムズには前例がある。フィリップス入団の前、ラムズはディフェンスバックのダリル・ヘンリーをチームに据え置くことにしていた。彼は、保釈金を払ったので拘束されてはいなかったが、麻薬取引容疑で合衆国裁判所に起訴されており、裁判待ちの身であった。ヘンリーはこの問題で、前シーズンの大半を棒にふっていた。ラムズの一九九四年版マスコミ用ガイドには、「[ヘンリーは] 私的な理由でチームからオフの許可をもらい、今シーズンはほとんどプレーしなかった」とあった。

ディフェンス強化に四苦八苦していたラムズは、裁判待ちのヘンリーをすぐさま復帰させた。ところが一九九五年三月、ヘンリーに有罪判決が下された。この判決には、ラムズのチアリーダー、トレーシー・アン・ドノホの証言がある程度決め手となっていた。ヘンリーは彼女を使ってロサンジェルスからアトランタまで二十五ポンドのコカインを運んでいたのだった。刑務所で服役中、ヘンリーは、ドノホと、刑を言い渡した連邦地方判事ガリー・テイラーの殺害計画を立てた。殺し屋を雇う金をつくるために、彼は、合衆国を横断する百万ドルの麻薬密売計画を立てた。しかし、一九九六年七月、十三件の罪状をつづる起訴状の中で、この殺害計画は告発された。そして同年一〇月一六日、ヘンリーは有罪判決を受けた。一九九七年三月一〇日、連邦地方判事ジェイムズ・アイドマンは、ヘンリーに懲役四十一年の刑を言い渡した。「一日二十四時間監禁しておかなければならない男がいるとしたら、それはヘンリーです」とアイドマン判事は言った。「この被告は明らかに、凝り固まった犯罪者以外の何者でもありません」

ヘンリーに有罪判決の下った翌日、テキサス州サンアントニオの陪審員たちも、NBAプレーヤー、アルビン・ロバートソンを有罪とした。彼の犯罪は、元恋人シャロン・レイフォードに対する暴行だった。彼は、レイフォードの家のドアを蹴り開け、彼女の財布を奪い、家の中の物を壊し、家具を切り裂き、家に火をつけようとした。この事件の数か月前、ロバートソンはトロント・ラプターズから契約を持ちかけられていたが、その時、ラプターズの経営陣は、ロバートソンが以前にも女性に対する暴行で有罪判決を受けていたことを知っていながら、それでも彼と契約することの申し開きをしていた。ところが、この契約が成立して間もなく、ロバートソンは、トロントのホテルの一室で女性に暴行したとして逮捕された。その後には、テキサス州でまた女性を暴行したとして、別々の二件でそれぞれ有罪判決を受けている。

犯罪者であっても、スポーツに秀でていれば抱き込んでしまうという悪習は、なにもプロスポーツ界に限ったことではない。大学スポーツ界でもそうだ。ヘンリーとロバートソンに有罪判決が下る一か月前には、大学スポーツ選手たちが第二級、第三級犯罪容疑でアメリカ中の法廷に続々と出廷していた。一九九六年九月一三日には、テキサス・キリスト教大学のフットボール選手ライアン・タッカーが、チームメイト三人とともに法廷審理を待っていた。彼らの容疑は、同じ大学の学生に残虐な暴行を加えたことだった。被害者はブライアン・ボイドという男子学生で、四人の選手は後ろから彼に飛びかかり、頭をブロック塀に打ちつけ、更に頭をひどく殴ったり蹴ったりした。この暴行で、ボイドの脳は腫れ上がり、頭蓋骨にはひびが入り、顔面は麻痺してしまった。

この事件の起こる前にも、タッカーには別の二件で暴行容疑がかけられていて、その前の年には、公衆の面前での泥酔行為により逮捕されていた。ところが、タッカーは、ボイド暴行事件の裁判待ちの間、大学のフットボールチームからはずされることもなく、奨学金を差し止められることもなかった。

同じ日の九月一三日、こちらはミシシッピ州ギルフォードの法廷に、ミシシッピ州立大学バスケットボールスター、マーカス・ブラードが出廷した。そこで彼には、懲役三年の刑が言い渡された。麻薬不法所持で執行猶予処分となっていた彼は、その条件に違反したのだった。この五か月前、ブラードはチームをNCAAの準決勝まで導いていた。全米一の座を狙うチームでずば抜けた素質のあった彼は、以前、販売目的のコカイン不法所持で有罪判決を受けていたにもかかわらず、奨学金を差し止められることはなかった。そして一九九六年八月、今度は大学構内で、他の学生を拳銃で何度も殴ったとしてブラードは逮捕された。「法廷がこれから私にどのような刑を言い渡すのか分かりませんが、どうかお手柔らかにお願いします」とブラードは法廷で言った。しかし、ロバート・ウォルカー判事は、バスケットボールコーチたちがブラードに与えてきたような寛大な措置は与えなかった。「私はあなたを気の毒だとは思いませんよ、ミスター・ブラード」とウォルカー判事は言った。「なぜなら、あなたは今までに、一人の人間が見逃してもらっていい程度をはるかに超えて、見逃してきてもらっているのですから」

コーチが犯罪者を喜んで起用することで、彼らの競技場外での問題行動はますますはびこることになる。そしてそれは事実上、問題を起こしやすい選手を常習犯化することになるのだ。コーチたちは、このような悪習を弁護して、問題のある選手に一番いいと思うことをしているのだと言う。しかし実際には、出世欲、金銭欲などの我欲が彼らを動かしているのであり、それで選手の犯罪行為を正当化しているのである。

▼三つの提案

スポーツ業界に対して公平を期すために、ひと言指摘しておかねばなるまい。それは、スポーツ選手の犯罪という問題は一夜にして起こったものではなく、何年も積み重なってきた社会の崩壊という問題の産物である、ということだ。女性に対する暴力という問題は我々の社会に広くはびこり、娯楽産業に解決しろと言うにはあまりにも複雑すぎる問題だ。そうは言っても、スポーツ選手の雇用主たちは全く無力ではない。自分たちの立場から問題に取り組む余地は十分にあるのだ。次に掲げる三つの提案の目的は、まず第一に、スポーツ選手による暴力犯罪の絶対数を減らすこと、第二に、そのような暴力犯罪は許さないというメッセージを送ることである。別の言葉で言えば、暴力を生む根の深い症状を治療しようというのがこれらの提案の目的ではない。そうではなくて、急場しのぎにとりあえず傷口を塞いでおくための対策なのである。

第一に、スポーツをすることで生活していけるという特権を与えられた男たちの守るべき、行動規約というものが定められるべきである。そしてその行動規約は、犯罪行為のすべてを——とりわけ女性に対する暴力犯罪を——断固として禁止すべきだ。スポーツ選手は、アメリカ文化でその位置づけを見れば、男らしさとヒロイズムの象徴となっている。その男らしいヒーローたちが、強姦や妻への虐待などでしょっちゅう逮捕され、それでもスポーツ選手としての名声や収入には何のダメージもないとなると、そこにこめられたメッセージの害悪ははかりしれない。

専門職につく者は、ある種の道徳基準と行動基準を守るよう義務づけられていることが多い。そのような基準があるのは、それらの専門職に寄せられる人々の信頼があるからである。スポーツをするという職業は、例えば医師や弁護士や行政職ほど重要ではないとは言え、プロスポーツ選手ほど目立つ職業もそうないのである。また、こうして目立っていることと彼らの給与が高いことは無関係でもない。

現在、NCAAとプロスポーツ連盟では、ある種の行動を禁止する規約がある。それには、麻薬や運動能力強化薬物の使用の禁止や、賭博の禁止などがある。これらの規約の幅を広げて、暴力犯罪の禁止を盛り込めばいいのである。

大学選手の場合、こういった規約は個々の大学が定めるのが普通だ。NBAとNFLの場合は、選手側とオーナー側で合意された労働協約に基づいてこういった規約が定められる。現行では、大学選手とプロ選手が強姦のような犯罪を犯した場合、その対応は法廷のみに任されていることが多い。大学が独自にその選手に制裁を加えることもあるが、スター選手を出場停止処分にするようなことは稀である。

NCAAやプロスポーツ連盟が、麻薬やアルコールや賭博に関して選手の行動を規定することができるなら、強姦や暴行など、競技場外で起こる暴力犯罪に関してもその処分などを規定することができるはずである。ところが、連盟の役員たちは、そのようなことにまで首を突っ込むのをためらう。あるNFLの役員は、こう言った。「『全米フットボールリーグの利益をおびやかす』と考えられる行動に関しては、労働協約の中にその制裁処分が謳われています。ところが問題は、何が『全米フットボールリーグの利益をおびやかす』のかが、はっきりしていないことです。どこまではよくて、どこからがよくない行動なのかが分かるような、具体的な行動規約やはっきりしたガイドラインなどはないのです」

「競技場外での選手の行動や、選手のプレーに直接影響のない行動などについては、余計にはっきりしなくなってしまうんですよ。そうなると、より一般的な社会規範の方が介入しなくちゃならない、ってことになりますね。選手の競技場外での行動については、何が社会では許されているのか。何が暴力犯罪で、何が違法行為なのかってね」

行動規約や制裁措置を設けることを、ほとんどの選手は支持している。彼らは、一握りの選手の悪行のために、自分たちの顔にまで泥を塗られることを再三経験してきたからだ。「連盟は、あるところまで介入する権利があると思う。特に今は、選手がオーナー側と団体交渉できるようになっているから、選手は組合を通して制裁措置が公正であるように主張できるわけだから」とあるベテランのNFLプレーヤーは言う。このプレーヤーの所属するチームでは、選手の逮捕者が続出していた。「どんな企業や会社でも、従業員が外で何かやらかした場合には、その組織内でも責任をとらせるようにする権利があると思う」

もう一人別のNFLプレーヤーは、次のようにも言っている。「僕たちは常にみんなの視線にさらされているわけだ。だから、僕たちがグラウンドの外ですることも、直接影響があると思うよ、みんながそのチームをどう思うかっていうことにね。グラウンドの外で起こった事件を、ファンは知ってるから、それで、チームグッズを買わなくなったり、ゲームのチケットを買わなくなったりすることだってありうる。そうなると、チームの売り上げに影響するわけだ。でも、よく考えもしないで、こんなことを言うやつもいるかもしれない。『何言ってんだよ。ロッカールームを出たら仕事は終わりさ。外では何でも好きなことがやれるんだ』ってね。でも現実には、僕らは水鉢の中の魚さ。見られていないときなんかないんだよ。だから、自分のしていることにはいつでも注意してなきゃならない。自分たちの仕事自体や仕事の出来にはね返ってくるわけだから。それが結局チームの収入にも影響するわけだし」

提案の第二は、行動規約に従わなかった選手には制裁を加えるということである。しかもその制裁は、犯罪行為を犯した選手の場合、罰金ではなく、ゲームに出られる時間を減らすものとする。そして犯罪が重罪であればあるほど、その時間を長くする。あるNFLプレーヤーはこう言った。「罰金ってのは、あんまり効き目がないね。給料がそんなに高くない選手にだってね。ほんとに効き目があるのは、ゲームに出られるか出られないかだね。ゲームに出るために練習だって必死になってやるんだし、ゲームでチームに貢献できることが誇りになるんだ。連盟側に出場停止処分にされてゲームに出られる時間をとりあげられると、それはこたえるね。金をとられるより、ずっとね。金なんて、いつでも稼げるんだし、なんてったって、実感が湧かないんだ。僕ぐらいの年の選手だと、金がありすぎて、金の価値なんてわからなくなってるやつもいるよ。罰金を一万ドルとられたやつらもいるけど、そんなの、やつらが一週間で稼ぐ金の十分の一ぽっきりさ。だから、金よりゲームに出られる時間がとられると、それが一番こたえるんだよね」

以下に提案する基準は、単純明快で、広範囲にわたって運用できるはずである。

大学スポーツ選手が逮捕されたり、他の学生に対して罪を犯したとして正式に容疑をかけられたりした場合には、大学側はただちにその選手の奨学金を差し止める。これは、もともとの訴えが真実に基づいているのかどうかを調べる前に、まずとるべき措置である。こうして奨学金をまず差し止めてから、その後どうするかを大学側は決めればよい。犯罪の法的措置が済むまで奨学金を差し止めておくだけか、あるいは全く取り消してしまうかである。犯罪の法的措置とは別に、大学独自の調査で事件の真偽を決めかねた場合でも、選手に正式な容疑がかけられていれば、大学側はその選手の奨学金を取り消すことができる。それは、以下の状況のうち一つが確認できた場合である。一、この選手が、大学の定める学生行動規約を同時に破っている。この規約違反行動自体は犯罪ではないが、今問題とされている犯罪行為に関わる違約行為である。二、この選手に前科がある。今問題とされている犯罪行為とは関係ないが、以前にも別件で逮捕されていたり、起訴されていたり、有罪判決を受けていたりする。

この状況一を確認して対処した大学のいい例が最近あった。ブリガム・ヤング大学で奨学金を得てフットボールをしていた選手五人が、一九九五年、ある女性を輪姦したとしてプロボ市警察に訴えられた。警察も大学側もそれぞれ調査を始め、事件はアルコールの絡んだものと分かった。また、選手は全員、セックスは合意の上だったと主張していた。最終的に警察側は、証拠不十分の理由で正式な容疑をかけることを断念した。大学側も、訴えの真偽を見定めることはできなかったが、それでも、五人の選手全員を退学処分とした。それは、五人とも大学の定める学生行動規約の他の条項も明らかに破っていたからだった。このことが大学の調査で分かると、大学側はただちに体育学部に連絡をとり、五人の選手はスポーツ奨学金を受けて大学に在籍する資格がなくなったと伝えたのだった。

強姦などの深刻な犯罪容疑がかかる学生は、犯罪ほどの深刻さではないにしても、他の学生行動規約もいくつか破っているのが普通である。犯罪容疑をかけられた学生スポーツ選手に対して、奨学金を差し止めるだけか、完全に取り消してしまうかを決める際、このような学生の規約違反の数々は、奨学金取り消しの十分な理由となりえる。そしてそれは、学生の処分として決して不当なものではない。

犯罪容疑をかけられたスポーツ選手に前科があったとしたら、それを理由に大学側は選手の奨学金を取り消してもいいのである。犯罪容疑のかかる学生スポーツ選手の数は非常に少ないのだが、その少ない数の選手たちは往々にして以前にも違法行為を犯している。そしてそれは、彼らの高校時代にまで遡ることが多いのだ。以前に逮捕されていたり、有罪判決を受けていたりすることは、裁判では証拠としては認められないが、大学が問題の選手の奨学金をどうするかを決める際には、こういった前科をもちろんふまえてよいのである。

大学は、体育学部とは別に独自の調査を行って、独自の結論を出すべきだ。コーチたちというのは概して、自分のチームの奨学金選手を適切に処分することができないからだ。この方針をしっかりと打ち出せば、第九章で見たような大学ぐるみの遅延戦術はなくなるはずである。

プロの選手が逮捕された場合の対処法は、各チームに任されるべきだ。しかし、選手の有罪が法廷で確定した場合は、連盟が正式に選手の責任を問うべきだろう。重罪で有罪判決の場合は、最低一年は出場停止処分にすべきだ。重罪で有罪とされた選手が再犯である場合は、無期限の出場停止処分を課す。一方、軽罪で有罪とされた選手の場合は、その年に予定された公式ゲームの二十五パーセントの期間、出場停止とすべきである。暴力犯罪で、二度以上有罪判決を受けた選手は、その罪状は軽罪だったとしても一度重罪を犯したとみなされるべきだ。なぜか。それは、司法取引を成立させる過程で、暴力事件の深刻さが薄められてしまうことが多いからだ。例えば、二件の強姦容疑が、一件の軽犯罪で有罪とされる、というようなことである。

大部分の選手たちの本音は、連盟側のもっと厳しい措置を望んでいると言える。あるNFLプレーヤーはこう言った。「最終的には、イメージが売り物だからね、スポーツでは。特に、フットボールではね。強姦者や子供にいたずらする奴や妻を虐待する奴らがグラウンドを駆け回るのを、お金を払って見に来る客はいないよ。お客さんが見たいのは、身近に感じられて、親しみの持てる人間たちだよ。自分たちの子供がゲームを見に行って、金出してTシャツなんかをおみやげに買って、選手たちの悪い見本をそのまままねたりするのはいやだろう。だから、チームとしてもっと介入して、何か手をうつのはおかしいことじゃない。むしろ、道徳的な義務なんじゃないかな、それに賛成しようとしまいとね。僕等のすることが、自分たちの手本だと思っている子供たちがたくさんいるんだ。僕等は必ずしも手本じゃないし、そう思い込むことはいい判断だとも言えない。でも、現に子供たちは僕等を手本と見てるわけだし、僕等みたいに振る舞うのがかっこいいと思っている。それなら僕等は、まねされても恥ずかしくないように振る舞わなくちゃいけないと思う。少なくとも、そういう努力をする責任があるよね。チームとしては、僕等がそうしやすいような環境をつくる権利と義務があると思う」

三つ目の提案は、選手の選考審査を厳しくして、犯罪行為に走る選手の数を少なくすることだ。犯罪歴に重罪が二つ以上ある大学選手のドラフトを禁じるガイドラインを設ければ、プロに入ってからその選手を犯罪行為で出場停止処分にする必要もなくなる。更に、重罪か軽罪の一つでも有罪判決を受けたことのある大学選手には、ドラフト当日、「観察処分付き」という条件をつけるべきだ。この条件付きの選手で、プロ入り後犯罪を犯した者は、プロでプレーする資格を自動的に失う、ということにする。

プロのチームは、ドラフト指名予定選手のありとあらゆる面を徹底的に調査するという機能を既に備えている。「我々は、真剣に指名を考えている選手とは、できる限り機会を作って話すようにしています。少なくとも、上位三人、四人、五人くらいまではね」とNFLチームのある役員は言った。「三百三十人もの選手全員と話すことはできませんがね。でも、有力候補にはインタビューしますね。特に、ドラフトの早い回で指名する予定の選手にはね。どういう人物なのか、なんらかのヒントをつかもうとするわけです。これは、チームのスカウト期間中に行います。顔を合わせて、目を見ながら話すような機会をできるだけ作るわけです。連盟も、選手のバックグラウンドについて知っている人の話を聞き込みます。その気になれば、選手が十二歳のときまでさかのぼれるんです。どこの学校へ行ったかを調べれば、犯罪歴も調べられますからね。時には、薬やマリファナの使用といったことまで分かります。そういう情報は、各チームが医療機関から手に入れられます。そしてそれが、私のような役員たちに伝えられるわけです。ですから、薬に絡むリスクがあるのは誰かということも我々は知っているんです。チームとしても独自に調査します。連盟その他の情報源を通してね。ドラフトで指名予定の上位二人くらいの選手に関しては、彼らが育った州や町の警察に連絡をとって調べます。それに、ギャングとのつきあいがあるのかどうか、ということも調べます」

これだけの情報網が既に張りめぐらされているのだから、スポーツ連盟は犯罪歴のある選手はだれかよく承知している。したがって、これから入ってくる選手に関して、暴力犯罪歴があるかどうかをチェックするのに、余分なコストや手間がかかるわけではないのだ。必要なのは、競技スポーツから犯罪者を一掃するという決意と覚悟だけだ。

こういったステップを踏み出すのを嫌うチームオーナーやコーチたちもいることだろう。しかし、一旦踏み出せば、選手のパフォーマンスの質が向上してくることは間違いない。ある選手もこう指摘している。「しょっちゅう選手たちの手綱を締めているわけにはいかないんで、入団させる選手を選ぶってことが大事なんじゃないかな。まず、スポーツ選手として優れている者、そして、人間としてまともな者を選ぶことだね。グラウンドの外で問題を起こすことなんか考えられないような雰囲気に、すぐに溶け込めるような奴をね。僕のチームはそういう選手を見つけるのと、そうでない選手を追い出すのに骨を折ったんだ。だから、今ロッカールームを見回すと、みんなまともな人間さ。今年〔一九九五年〕は、僕の知る限りでは一番いい年だね。問題を起こしそうな連中がチームにいないっていう点でね」

この三つの提案は、スポーツ選手が女性を虐待するそもそもの原因にまでは取り組めない。しかし、彼らの暴走に歯止めをかけることはできる。脚光を浴びるスポーツ界に今日巣くう「無法行為」という癌を取り除くために、私はこの三つの提案を世に問いたい。足りない点がないわけではないが、これらの提案は簡潔ではっきりとしたガイドラインとなるはずだ。すべての関係者、とりわけ選手たちに、よくお分かりいただけると信ずる。

註

(1)一九九五年に立件されたスポーツ選手の事件は、次の五件である。O・J・シンプソンには、妻と男性一人を殺害した容疑がかけられていたが、無罪となった。コネチカット大学元フットボール選手、ジョージ・フランクリン・ブースは、元恋人殺害の罪で有罪となった。ルイスビル大学バスケットボール選手、トゥロイ・スミスは、婚約者

訳者あとがき

一九九七年一一月、都内のカラオケボックスで一九歳の女性を集団暴行したとして、翌年一月二〇日、帝京大学ラグビー部員五人が婦女暴行容疑で逮捕された。更に他大学の学生を含む三人がその後逮捕されたが、二月九日、被害者との示談が成立、告訴が取り下げられた。全員が処分保留のまま釈放になり、その後起訴猶予処分となった。

この事件は、たまたま被害者の女性が声を上げたことから表ざたになり、メディアでも相当取り上げられた。しかし、日本ではこの手の不祥事はもみ消されるケースがほとんどだと思う。大方の「事件」は、「監督不行き届き」という名目で密かに関係責任者が処罰され、「もう二度としません」という加害者の始末書つきで金銭などですっかりカタをつける。もちろん被害者になりうる女性にも反省すべき点はある。男性ばかりの中へ肌が露出した服や薄着で入ったり、酔っ払いの集団にひとりでいるというのはいかがなものか。自分をもっと大切にしなくてはいけない。

この件にかかわらず、スポーツ界で集団レイプなどという事件が起きると、選手・指導者をはじめスポーツ界にかかわる人々の甘え、世間知らずといった部分が浮き彫りにされる。スポーツ界が男社会であるというのも一端を担う。女性は飾り物であり、性的玩具、という意識がどこかしらないとはいえない。

スポーツに携わるすべての人とファンを含むスポーツを支える人々は、スポーツのなせる意味をもう一度考えてほしい。集団レイプや性暴力がどのような深層心理から端を発するのか、アスリートたちの性に対する歪んだ心の原因をいち早く突き止め、対処すべきではないか、と私は考えている。

そのためには、事実を正確に伝えるものが必要であり、それをとっかかりに問題提起すべきだろう。ところが、日本では「事件」を集めることが難しい。証言をしてくれる人々があまりに少ない。

だからこそ、本書は価値がある。著者のジェフ・ベネディクトは、研究者であり、ジャーナリストである。研究者として冷静な目で生々しい描写を淡々と描く一方、ジャーナリストとして「何かを訴えなくてはいけない」という強い使命感を持っている。スポーツ界の暗部をえぐり取った本書は、単なる報告書では済まされない。被害者や加害者双方、関係者からの赤裸々な証言は、初め読む人にショックを与えるかもしれないが、読み進めていくうちにその「価値」がじわじわと伝わってくる。決して米国スポーツ界だけの問題提起ではない。社会、慣習、文化が違うとはいえ、日本の事象ともどこかで何かがリンクしているはずだ。この本は、日本のスポーツ界にも一石を投じるものと信じる。

最後にこの場を借りて、二人の方に謝辞を述べたい。ひとりは担当の大修館書店・改発祐一郎さんだ。私が原書を手にしてから約一年半、本当に長らく待っていただいた。もうひとりは、今回の仕事の最大の協力者・金田千寿さんだ。在米カナダ一三年、日本語教育に携わりながらフェミニズム、ジェンダー、女性問題に強い関心を抱いている学者だ。妊娠➡出産➡育児という大変な時期にご主人のトレバーさん、お母様、ベビーシッターの助力を総動員して時間を割いて下さった。十年来の友人でもある彼女は今なお私の百人力のサポーターだ。ありがとうございました。

山田ゆかり

スポーツ・ヒーローと性犯罪

© Yukari Yamada 2000

初版発行――2000年9月20日

著者――――ジェフ・ベネディクト
訳者――――山田ゆかり
発行者―――鈴木荘夫
発行所―――株式会社大修館書店
〒101-8466 東京都千代田区神田錦町3-24
電話 03-3295-6231(販売部) 03-3294-2358(編集部)
振替 00190-7-40504
[出版情報] http://www.taishukan.co.jp
装幀者―――中村友和 (ROVARIS)
カバー写真――©LIAISON－amana images
編集協力――大西香織
印刷所―――広研印刷
製本所―――関山製本社

ISBN4-469-26452-0　Printed in Japan

Ⓡ本書の全部または一部を無断で複写複製（コピー）することは，
著作権法上での例外を除き禁じられています。

苦しみ抜いた人にしか、わからないことがある

壊れかけていた私から《コワレカケテイタワタシカラ》
壊れそうなあなたへ《コワレソウナアナタヘ》

豊田正義［著］

自分が壊れかけたとき、
どこへ行けばいいのだろう？

出社拒否、DV（ドメスティック・バイオレンス）、性的倒錯、摂食障害…かつて自らこうした問題に向き合い、修羅場ともいえる状況をくぐり抜けてきたカウンセラーたちを〈回復者カウンセラー〉と呼ぶ。自ら心の悩みを抱え、最良のカウンセラーを探し求めてきたノンフィクション作家が、彼らの経験と実践を通して現代日本社会が抱える日常の病理に鋭く迫り、その処方箋を探る渾身のルポルタージュ。

●四六判・220頁　本体1400円

大修館書店　書店にない場合やお急ぎの方は、直接ご注文ください。 Tel.03-5999-5434

を殺害し有罪判決を受けた。フレスノ州立大学バスケットボール選手、デリック・ライリーは、妻を殺害して有罪となった。サン・フランシスコ大学フットボール選手、ジョナサン・ボールガードには、恋人殺害未遂の容疑がかけられた。一九九六年に立件されたスポーツ選手の事件は、次の四件である。シアトル・シーホークスのワイド・レシーバー、ブライアン・ブレイズには、過失致死の容疑がかけられていたが、無罪となった。ニューヨーク・メッツの元ピッチャー、ジュリオ・マカードは、女性殺害で有罪となった。ロサンジェルス・ラムズのディフェンス・バック、ダリル・ヘンリーは、元恋人の殺害を依頼して、有罪となった。ネブラスカ大学フットボールチームのワイド・レシーバー、ライリー・ワシントンは、殺人未遂容疑で裁判待ちをしている。

している。「しょっちゅう選手たちの手綱を締めているわけにはいかないんで、入団させる選手を選ぶってことが大事なんじゃないかな。まず、スポーツ選手として優れている者、そして、人間としてまともな者を選ぶことだね。グラウンドの外で問題を起こすことなんか考えられないような雰囲気に、すぐに溶け込めるような奴をね。僕のチームはそういう選手を見つけるのと、そうでない選手を追い出すのに骨を折ったんだ。だから、今ロッカールームを見回すと、みんなまともな人間さ。今年〔一九九五年〕は、僕の知る限りでは一番いい年だね。問題を起こしそうな連中がチームにいないっていう点でね」

この三つの提案は、スポーツ選手が女性を虐待するそもそもの原因にまでは取り組めない。しかし、彼らの暴走に歯止めをかけることはできる。脚光を浴びるスポーツ界に今日巣くう「無法行為」という癌を取り除くために、私はこの三つの提案を世に問いたい。足りない点がないわけではないが、これらの提案は簡潔ではっきりとしたガイドラインとなるはずだ。すべての関係者、とりわけ選手たちに、よくお分かりいただけると信ずる。

註

(1)一九九五年に立件されたスポーツ選手の事件は、次の五件である。O・J・シンプソンには、妻と男性一人を殺害した容疑がかけられていたが、無罪となった。コネチカット大学元フットボール選手、ジョージ・フランクリン・ブースは、元恋人殺害の罪で有罪となった。ルイスビル大学バスケットボール選手、トゥロイ・スミスは、婚約者